上海对外经贸大学
法学文库

商标识别功能研究

刘润涛／著

法律出版社
LAW PRESS · CHINA
北京

图书在版编目(CIP)数据

商标识别功能研究 / 刘润涛著. -- 北京 : 法律出版社, 2021
ISBN 978-7-5197-6301-5

Ⅰ. ①商… Ⅱ. ①刘… Ⅲ. ①商标法—研究—中国
Ⅳ. ①D923.434

中国版本图书馆 CIP 数据核字(2021)第 273362 号

商标识别功能研究
SHANGBIAO SHIBIE GONGNENG YANJIU

刘润涛 著

策划编辑 沈小英
责任编辑 刘晓萌
装帧设计 汪奇峰

出版发行 法律出版社
编辑统筹 法治与经济出版分社
责任校对 王晓萍
责任印制 吕亚莉
经　　销 新华书店

开本 710 毫米×1000 毫米 1/16
印张 16.75　字数 317 千
版本 2021 年 12 月第 1 版
印次 2021 年 12 月第 1 次印刷
印刷 北京虎彩文化传播有限公司

地址:北京市丰台区莲花池西里 7 号(100073)
网址:www.lawpress.com.cn
投稿邮箱:info@lawpress.com.cn
举报盗版邮箱:jbwq@lawpress.com.cn
销售电话:010-83938349
客服电话:010-83938350
咨询电话:010-63939796

书号:ISBN 978-7-5197-6301-5
定价:89.00 元
凡购买本社图书,如有印装错误,我社负责退换。电话:010-83938349

总　序

“上海对外经贸大学法学文库”(以下简称“上外贸法学文库”)是上海对外经贸大学法学院科研成果的集体呈现,其目的不仅是提升上海对外经贸大学法学院的科研水平,促进法学各学科的发展,而且希望为加快我国法治建设和促进法学研究的繁荣作出贡献。

上海对外经贸大学法学院的前身是原对外经贸部(现商务部)直属高校上海对外贸易学院的国际经济法系,于 1984 年由全国人大常委会法制工作委员会原副主任、我国著名法学家、上海对外贸易学院名誉院长裘劭恒教授奠基,是教育部批准设立的第一批国际经济法学系。1985 年开始招收国际经济法专业硕士研究生,是上海最早招收国际经济法专业硕士研究生的法律院系之一,也是最早承担全国涉外律师培训的基地之一(华东涉外律师培训中心),具有深厚的法学教育传统。1995 年其改制成立法学院,是上海最早设立的法学院之一,我国中青年法学家,上海市政协副主席、民建主委,原上海对外贸易学院副院长周汉民教授担任首任院长(现为名誉院长)。

上海对外经贸大学法学院由其前身国际经济法系发展为法学学科门类较为齐全的法学院的过程,正是我国国内法治建设不断发展完善的过程,也是我国不断深化对外开放、加强涉外法治体系建设的过程。党的十八大以来,习近平总书记高度重视全面依法治国,用“十一个坚持”系统阐述了新时代推进全面依法治国的重要思想和战略部署,深刻回答了我国社会主义法治建设一系列重大理论和实践问题,形成了内涵丰富、论述深刻、逻辑严密、系统完备的习近平法治思想。在当今世界正经历百年未有之大变局背景下,习近平总书记进一步强调,改革开放越深入越要强调法治,需要坚持统筹推进国内法治和涉外法治。“上外贸法学文库”是新时代上海对外经贸大学法学院中青年教师对国内法治、涉外法治的思考与研究成果的集中展示,我们将以此为中国特色社会主义法治建设添砖加瓦。

是为序。

上海对外经贸大学法学院院长

2021 年 7 月 10 日

序

自1982年新中国第一部《商标法》制定以来，在40年的时间里，我国商标法律制度从无到有，从行政管理到司法保护等各个方面，均取得了举世瞩目的成绩。与此同时，商标法律适用的新问题、疑难问题层出不穷，正如巴顿·毕碧(Barton Beebe)教授所言，“在整个知识产权法律体系中，商标法最难理解，其适用的结果也最难预测”。商标法律问题的解决离不开商标法基础理论的指引，而实现商标法律适用的规范性和可预期性，往往需要回归于商标的目的和功能等原点。但是，商标保护的不确定性和复杂性还未得到足够的重视，商标理论界对商标的定义、商标的功能、商标显著性、商标的使用等核心概念和基本制度缺乏共识，商标理论研究的不足与蓬勃发展的商标法治实践存在差距。

商标识别功能是商标的基本功能。纵观商标保护史，就是一部商标识别商品来源功能产生与发展的历史。商标因识别商品来源而产生，识别功能决定商标的存在，影响商标权的保护范围。而科学界定和深入研究商标识别功能，不仅有利于夯实商标基本属性、商标权保护正当性、商标法律保护价值取向等基本理论，而且对明确商标立法宗旨、基本原则以及构建商标法律框架、商标注册、商标使用、商标侵权等具体制度与适用，具有重要的理论价值和现实意义。

刘润涛博士的《商标识别功能研究》一书，从商标根本属性出发，运用科学的方法界定商标识别功能，构建商标识别功能理论体系，同时，融会贯通了商标识别功能在注册审查及侵权判定等商标法律规则中的适用。本书通过商标识别功能的深入研究，丰富了商标保护基本理论，学术观点颇有见地，对商标保护的法律适用也有一定的指导性。

刘润涛博士谦逊好学，孜孜以求，攻读博士学位期间就公开发表了多篇高质量的论文，并获得中国法学会第十一届中国法学青年论坛征文一等奖，具有极强的科研潜力。刘润涛的博士学位论文以商标识别功能为研究对象，反映出其不畏艰难的学术追求和求真精神。更难能可贵的是，本书不仅理论研究颇显功力，而且把商标识别功能理论研究与商标保护实践相结合，凸显了学以致用的务实作风。作为刘润涛博士的导师，目睹他在学术道路上的成长和取得的成绩，我深感欣慰。百尺竿头更进一步，中流击水正当其时，衷心希望刘润涛博士潜心研究，期待他更多的学术成果面世。

2021 年 8 月 11 日

Contents

目录

导　言

一、选题背景与研究意义

随着我国社会主义市场经济的发展和商品交易方式的变化，商标在商业活动中发挥着越来越重要的作用，商标功能不断发展，商标法律保护不断加强，呈现明显的商标权扩张和商标财产化趋势，甚至是商标符号的垄断，商标恶意注册和囤积等"重注册、轻使用"现象，严重背离了商标权保护的初心。"什么是商标，如何在法律上做出定义，商标是怎样产生的，有何种功能，这是制定商标法时应有的基本认识，也是建立商标法律制度在认识上的重要起点。因为，如何认识商标，怎样评价商标的功能，会直接影响商标法的立法目的、立法指导原则，并表现于商标法律制度的导向上和规范化的要求中。"①但是，何谓商标？商标功能是什么？商标法律保护的基础和原因何在？这些看似简单的基本问题，理论上众说纷纭，莫衷一是。"表面上看，争辩激烈，但是由于各自对于赖以认识和分析问题的基本概念，在理解上相去甚远，实际上却是一种'假辩论'。"②仍停留在人云亦云、知其然而不知其所以然的层面，甚至存在习惯性偏见，商标法理论研究薄弱的局面一直未得到根本改

---

① 卞耀武主编：《中华人民共和国商标法释义》，法律出版社2002年版，第1页。

② 刘春田：《简论知识产权》，载郑成思主编：《知识产权研究》（第1卷），中国方正出版社1996年版，第42页。

观。“那些越是看似易懂、谁都可以说出道理的问题,往往越是争议较大和难以解决的问题。商标与反不正当竞争法适用中的许多问题多属于这种情况。不少人认为商标和不正当竞争的法律问题较易把握,我认为其实不然。许多此类案件中的法律适用问题常常令人绞尽脑汁、踌躇难断,这些问题的解决恰恰需要求诸商标法最基本的原理或者理论,如商标的目的和功能。”①因此,亟须回归商标本源,澄清商标话语,夯实商标基础理论。

商标功能决定商标存在,发挥商标效用,产生商标价值,保护商标功能是商标法的基本动因。“中国商标保护曾经走过的弯路——例如诱导出严重的‘符号圈地’现象和驰名商标制度的异化等,无一不是在观念上误读商标功能的结果。”②商标因具备识别商品来源能力而产生并受法律保护,识别功能是商标基础而核心的功能,识别商品来源能力的强弱决定商标保护的范围。准确界定和深入研究商标识别功能,不但事关商标和商标权的基本属性、商标法律制度正当性、商标保护价值取向等基本理论问题,而且直接决定商标立法宗旨与基本原则、整体框架等顶层设计,以及商标注册、商标使用、商标权保护具体制度安排及法律适用等重大实践问题,构成商标理论研究与法律实践的原点和基石,是一条贯穿商标整个生命周期和商标法律保护制度始终的主线,具有举足轻重的地位,从商标识别功能角度对商标保护基本理论与实践问题进行系统研究具有重大的理论意义和现实价值。

识别商品来源是商标法学和商标法律的基本范畴,③“具备识别商品或服务来源的能力,这是商标的本质特征,也是建立商标制度的根本意义所在”。④但以防止混淆为中心的商标显著性理论,未从识别商品来源基本范畴出发,仅在防止混淆层面对商标区分商品来源属性加以保护,构建的商标显著性理论未充分关注商标标示商品来源基本属性。商标显著性理论对商标显著性的静态分析存在明显缺陷。例如,固有显著性和获得显著性的分类认为,固有显著性取决于标志本身显著特征及其与特定商品的关联度,具有固有显著性的商标为强商标,获得显著性的商标为弱商标。认为标志与特定商品的关联程度弱就是

---

① 孔祥俊:《商标与不正当竞争法:原理和判例》,法律出版社2009年版,“前言”第1~2页。

② 李琛:《中国商标法制四十年观念史述略》,载《知识产权》2018年第9期。

③ 法学范畴是法学理论体系中最为基本的概念。作为哲学概念,亚里士多德将范畴界定为“反映事物本质的普遍的概念”。参见杨寿堪:《亚里士多德范畴学说简论》,福建人民出版社1983年版,第37页。

④ 郎胜主编:《中华人民共和国商标法释义》,法律出版社2013年版,第21页。

固有显著性强的商标,固有显著性比获得显著性更应受到强有力的法律保护的观点,不符合商标显著性取决于相关公众认知、源于商标实际发挥识别商品来源功能的使用,并随着商标识别商品来源的使用而不断增强的事实。某个标志与特定商品的关联度不强,不等于该标志使用在特定商品上就是显著性强的商标。某个标志与特定商品的关联度强,也不意味着该标志使用在特定商品上就是显著性弱的商标。

传统商标显著性理论对解决商标注册申请审查及注册商标侵权判定等实践中诸多问题也缺乏理论解释力,如商标构成要件与商标注册条件的区别,不能识别商品来源的标志如何通过"使用"获得识别商品来源功能,是否存在商标"被动性使用",证明商标能否识别商品来源,立体商标识别商品来源属性与非功能性的界限,商标正当使用与著作权合理使用的性质差异,非识别商品来源的商业标识能否被称为未注册商标,未经许可在相同商品上使用与他人注册商标标志相同的标志侵权判定是否需要混淆可能性要件等。以上问题都与商标识别商品来源功能密切相关,而且首先都源于商标的标识性,即作为商品来源标志对待的标识属性,解决这些问题有待于商标识别功能保护理论研究的深化及制度的完善。因此,从商标识别功能出发研究商标保护理论,对商标识别功能从"标识性"与"区别性"两个层面进行细分,尤其是重点从"标识性"层面深入研究,克服目前商标显著性保护理论研究过度倚重"区别性",因防止混淆而忽视商标作为商品来源标记对待的"标识性"认知缺陷,并指导商标注册申请的审查与侵权纠纷处理司法实践,凸显商标识别功能研究的理论价值和现实意义。

商标功能的发展、商标财产观念的兴起推动了商标权保护的明显扩张,表现为商标注册构成要素的扩大、商标所有人的"准作者化"①、混淆可能性标准的泛化,以及防止商品来源混淆向防止商誉受损的转变。商标识别商品来源基本范畴研究阙如导致商标保护理论缺陷与法律实践错位,在商标财产化趋势下,商标保护的法律效果与识别商品来源基本属性渐行渐远,商标保护的正当性基础和利益平衡机制发生动摇。商标不是禁忌,②只有回归商标本源,加强商标识别功能保护理论研究和制度建设,合理确定商标权保护范围,才能恢复保

① 冯晓青:《商标的财产化及商标权人的"准作者化"——商标权扩张理论透视》,载《中华商标》2004 年第 7 期。

② Prestonettes, Inc., v. Coty, 264 U.S. 359, 368.

护商标权、维护市场竞争秩序和保护消费者利益平衡机制，遏制商标权的过度扩张和商标的符号垄断。

二、国内外研究现状

国外商标功能理论研究起步较早。英国著名知识产权学者柯尼修(Cornish)教授将商标主要功能概括为指示商品来源、品质保证、投资或广告等。① 美国著名商标法学者麦卡锡(McCarthy)教授则将商标功能概括为表明来源、区分来源、品质保证、广告宣传、承载商誉五个方面。② 美国兰德斯(Landes)和波斯纳(Posner)法官从法经济学的角度将商标的主要功能概括为"通过指示商品的特定来源，降低消费者的搜寻成本"。③ 科津斯克(Kozinski)法官认为，商标不仅可以区分商品来源，而且已经成为商品本身的重要组成部分，传递着有关商品及品牌文化的信息。④ 库姆(Coombe)教授从文化角度认为，商标具有识别、戏仿和批判等多重功能。⑤ 日本学者江口俊夫认为，商标的功能包括表示商品出处、保证商品质量和广告功能。⑥ 可见，国外大多数学者都认为，商标功能不断发展，基本功能是识别来源，在此基础上逐渐延伸出品质保证功能、广告功能和表彰功能等。

国内理论研究主流观点一般将商标功能概括为识别来源、品质保证、广告

---

① William Cornish & David Llewelyn, *Intellectual Property: Patent, Copyright, Trade Marks and Allied Right*, Sweet & Maxwell Press, 2003, p. 587.

② 麦卡锡(McCarthy)教授认为，商标功能有：第一，识别某一提供者提供的商品，并与其他提供者提供的商品相区分；第二，表明标有同样商标的商品来源一致，或由其实施控制，即便该来源不为人所知；第三，表明标有同样商标的商品具有相同的品质；第四，作为广告宣传和推销商品的主要工具；第五，承载商誉的载体。See J. Thomas McCarthy, *McCarthy on Trademarks and Unfair Competition*, Thomson Reuters/West, 2013, § 3:2.

③ See William M. Landes & Richard A. Posner, *The Economic Structure of Intellectual Property Law*, Harvard University Press, 2003, p. 168.

④ See Alex Kozinski, *Trademarks Unplugged*, 68 New York University Law Review 960 (1993).

⑤ See Rosemary J. Coombe, *The Cultural Life of Intellectual Properties*, Duke University Press, 1998, § 20:70.

⑥ [日]江口俊夫：《日本商标法解说》，魏启学译，专利文献出版社 1982 年版，第 239 ~ 240 页。

宣传、表彰商誉等。[①] 有些学者认为，商标还有竞争功能、装饰功能、文化功能、投资功能等。[②] 因此，商标具有多重功能，能满足不同需求，产生不同效用。但是，所谓装饰功能、文化功能等实际是“标识”的符号功能，与“商标”功能不能相提并论。

关于商标识别功能的界定，目前国内外学者基本都表述为区别商品来源的属性，即通过商标将相同或类似商品的不同提供者区别开来。商标只有具有显著特征，即足以使相关公众区别商品来源的特征，才具备识别商品来源的功能，在此意义上才能将商标识别功能与商标显著性画等号。当然，有些学者认为，商标识别功能与商标显著性存在差异，但没有进行系统的论证。少数学者从识别商品来源与区分商品来源界定和划分的角度，一定程度地论证了识别商品来源功能与显著性的区别。

（一）国内研究现状

识别商品来源的称谓，不同学者使用了诸如“识别商品来源”“指示来源”“标示来源”“表明商品出处”“区分来源”等多种表述。究其内涵，归纳起来，主要有两种观点：一种观点认为，商标识别功能是商标使用在指定商品上、标示商品来源并与其他商品来源相区分的功能。如有的学者指出，“商标的首要功能是区分商品或服务来源，也即使消费者通过商标将相同或类似商品或服务的提

---

① 参见吴汉东主编：《知识产权法》，中国政法大学出版社2004年版，第234～235页。刘春田教授认为，商标的功能包括识别功能、保证品质功能、广告及竞争功能等。参见刘春田主编：《知识产权法》，高等教育出版社、北京大学出版社2003年版，第239～240页。王莲峰教授将商标的功能归纳为表示商品的来源、区别商品的质量、进行广告宣传、增强企业的竞争力、传递企业文化。参见王莲峰：《商标法学》（第2版），北京大学出版社2014年版，第3～4页。杜颖教授认为商标具有标示商品来源功能、品质保证功能、广告功能和文化功能。参见杜颖：《商标法》，北京大学出版社2010年版，第6～8页。王太平教授将商标功能概括为来源识别、质量保证、广告、表彰、商誉积累功能。参见王太平：《商标法：原理与案例》，北京大学出版社2015年版，第3～4页。冯术杰副教授认为，从法律角度看，商标有三种功能：识别功能、商誉承载功能和品质保障功能。参见冯术杰：《商标注册条件若干问题研究》，知识产权出版社2016年版，第3页。王坤研究员认为，商标唯一的功能就在于促进商品销售，并认为商标的这种销售功能主要体现在两个方面，即商标符号形式的区别来源作用与商誉信息的吸收作用。参见王坤：《知识产权法学方法论》，华中科技大学出版社2016年版，第98～99页。曾陈明汝教授认为，商标的功能包括表示商品来源或出处、表彰营业信誉、追踪商品来源、品质保证以及广告功能等。参见曾陈明汝：《商标法原理》，中国人民大学出版社2003年版，第10页。

② 参见徐春成：《论商标的存储投资功能》，载《西南民族大学学报（人文社会科学版）》2016年第7期。

供者区分开来。商标的这一功能被称为识别功能"①。这种观点认为,商标识别功能直指区分商品来源的属性,即商标识别功能包含作为商品来源标记的认知、与其他商标标示的商品来源相区分。另一种观点认为,商标识别功能与区分商品来源是两个不同层面的概念。商标识别性仅指相关公众将标识作为商标认知并以其标示商品的来源,即标志与商品之间的关系,不包括该商标与其他商标的关系,即商标的区分性。"识别性是指构成商标的符号能够使消费者识别、记忆,可以发挥指示商品或服务来源的功能。区分性是指一商标可以区别于他商标,与他人使用在同一种或者类似商品、服务上的商标不相同、不近似,不会引起消费者混淆。"②

基于对商标识别功能的不同界定,商标识别性与显著性的关系研究也呈现两种截然不同的观点。主张商标识别性与商标的显著性是相同范畴的学者认为,商标显著性和识别性都是指商标标示和区分商品来源的属性,商标显著性理论研究也就是对商标识别商品来源功能保护的研究,如吴汉东教授主编的《知识产权法》③、刘春田教授主编的《知识产权法》④、黄晖博士所著的《商标法》⑤等教材,彭学龙教授的《商标显著性新探》⑥、孔祥俊教授的《论商标的区

① 王迁:《知识产权法教程》(第5版),中国人民大学出版社2016年版,第392页。类似观点还有:"所谓识别性,系指依据一般生活经验判断,商标所指定使用之商品或服务,就相关消费者认知、实际交易情况及其使用方式,足以使相关消费者认识其为表彰商品或服务之标识,并得藉以与他人之商品或服务相区别。"参见林洲富:《商标法》,台北,五南图书出版股份有限公司2008年版,第53~54页。"商标的基本功能是区别商品和服务来源,此功能称为识别功能。"参见沈志峰、余静等:《从商标的功能角度探讨商标权的保护范围——以"功夫熊猫"注册商标VS"功夫熊猫2"电影名称为例》,载《中华商标》2011年第7期。"商人使用商标的目的是为了指示商品或服务的来源,从而将经营者的商品或服务区别开来。这种区分功能是商标的基本功能,商标法所要保护的首要功能就是商标的区分功能……商标所具有的区分商品或服务来源的基本功能,又称为商标的来源识别功能。"参见刘维:《商标识别功能损害判定研究》,载《知识产权》2014年第9期。

② 李琛:《知识产权法关键词》,法律出版社2006年版,第58页。类似的观点还有:"识别性决定了商标的功能为识别商品的来源,即识别商品来源的功能;区别性决定了商标还应当具备将一个企业的商品区别于其他企业商品的功能,即区分商品来源的功能。识别和区分(to identify and distinguish)是商标的原始功能,识别性和区别性是商标原始功能的基本保障,商标具备识别性是其区别性的前提,商标具备区别性,其识别性才具有法律意义。"参见汪泽:《中国商标法律现代化——理论、制度与实践》,中国工商出版社2017年版,第42页。

③ 参见吴汉东主编:《知识产权法》(第4版),北京大学出版社2014年版,第241~242页。

④ 参见刘春田主编:《知识产权法》(第4版),中国人民大学出版社2009年版,第272页。

⑤ 参见黄晖:《商标法》(第2版),法律出版社2016年版,第57页。

⑥ 参见彭学龙:《商标显著性新探》,载《法律科学》2006年第2期。

别性、显著性与显著特征》[①]、张伟君教授的《论"不具有区别能力"作为拒绝商标注册理由的适用——与孔祥俊教授商榷》[②]等文章,以及邓宏光教授所著的《商标法的理论基础——以商标显著性为中心》、何颖等所著的《商标显著性研究》等专著,都将商标显著性和识别性看作包含了足以使相关公众认识其为指示商品来源,并得与他人商品相区别的属性。[③] 立法机关也将商标的显著性与识别性作相同解释,即能够起到区别作用的特性。[④] 而主张商标显著性与商标识别性是两个不同范畴的学者认为,商标显著性与商标识别性存在明显的区别,如刘铁光教授的《商标显著性:一个概念的澄清与制度体系的改造》等文章,张林博士所著的《商标显著性研究》、李琛教授所著的《知识产权法关键词》、汪泽博士所著的《中国商标法律现代化——理论、制度与实践》等专著,都对商标显著性与商标识别功能或区别商品来源能力进行了严格区分。[⑤] 根据这些学者的观点,商标显著性不同于商标识别性,尤其是以防止相关公众混淆为中心的商标显著性与商标识别性具有明显的差异,识别商品来源功能是商标的内在功能,显著性是不同商标指定商品或服务之间的区别性。如有的学者指出,"显著性的制度目的在于防止通用性、描述性与功能性的标志被他人以商标权的方式独占而妨碍其他经营者公平竞争,而来源识别性的制度目的在于防止混淆以保护商标权人的公平竞争,显著性根本不是来源识别性……主流观点将商标显著性误读为来源识别性,导致显著性与来源识别性的制度体系杂混"[⑥]。

(二)国外研究现状

国外相关研究同样使用了诸如"identify the source of goods""capable of distinguishing""be readily distinguishable"等众多表述。《英国商标法》界定商标时使用了"capable of distinguishing"的表述,并将其与"distinctive character"并列

① 参见孔祥俊:《论商标的区别性、显著性与显著特征》,载《现代法学》2016 年第 6 期。

② 张伟君教授指出,"判定是否具有'区别能力'的标准或方法其实是判定一个标志本身是否具有显著性,是否能够识别商品或服务的来源"。参见张伟君:《论"不具有区别能力"作为拒绝商标注册理由的适用——与孔祥俊教授商榷》,载《知识产权》2015 年第 8 期。

③ 参见邓宏光:《商标法的理论基础——以商标显著性为中心》,法律出版社 2008 年版,第 36 页。

④ 参见郎胜主编:《中华人民共和国商标法释义》,法律出版社 2013 年版,第 21 页。

⑤ 参见刘铁光:《商标显著性:一个概念的澄清与制度体系的改造》,载《法学评论》2017 年第 6 期;李琛:《知识产权法关键词》,法律出版社 2006 年版,第 58 页;汪泽:《中国商标法律现代化——理论、制度与实践》,中国工商出版社 2017 年版,第 42 页;等等。

⑥ 刘铁光:《商标显著性:一个概念的澄清与制度体系的改造》,载《法学评论》2017 年第 6 期。

作为获得商标注册的条件。[①] 美国《兰哈姆法》对商标的界定同时使用了"identify"和"distinguish"两个不同的词汇。[②] 司法实践中,有的法官认为,商标是经营者使用的以识别(identify)商品,并与其他经营者提供的商品区别开来(distinguish)的标记。[③] 但是,"distinguishing"与"distinctive character"两者之间的关系,商标保护理论鲜见深究,实质上是将两者统称为显著性。作为商标注册申请规范性文件的审查和审理标准或指南虽然运用不同条款对两者进行分别规定,但两者之间的区别未作说明。而商标权的保护主要围绕商标显著性展开,以保护商标区分商品来源、防止相关公众混淆和误认为中心,"'混淆可能性'是普通法侵犯商标权和联邦制定法侵犯商标权的基础测试"[④],主要是从区分商品来源角度界定和研究商标识别商品来源功能,并结合具体案件对商标区分商品来源功能保护问题进行实证分析。

有些学者沿着历史分析的路径对商标的起源和功能进行了详细的研究,并从商标功能的角度对商标及其识别商品来源属性进行界定。[⑤] "商标有区别地指出商品的来源或出处,将该商品与其他商品标示和区分。"[⑥]"商标法的保护,除了防止消费者混淆误认外,别无他物。"[⑦]从防止混淆的角度来看,"判断一个标志是否具有区别能力,实质上也是分析某类商品的相关公众或普通消费者是否将该标志看成是与众不同的或者说具有显著性的"[⑧]。相关判例逐步确立了经典的商标显著性分类方法,即根据商标标志与其识别商品之间的关联程度大小将显著性从弱到强分为通用名称(generic name)、描述性(descriptive)、暗示性(suggestive)、任意性(arbitrary)和臆造性(fanciful)五种类型,某一标志是否

---

① The United Kingdom Trade Marks Act (1994) §1(1), 3(1).

② The Lanham Law Article 45, 15 U.S.C. §1127.

③ Clairol, Inc. v. Gillette Co., 270 F. Supp. 371 (E.D.N.Y. 1967).

④ J. Thomas McCarthy, *McCarthy on Trademarks and Unfair Competition*, Thomson Reuters/West, 2013, §23:1.

⑤ See Sidney A. Diamond, *The Historical Development of Trademark*, 73 Trademark Reporter 222 (1983). Thomas D. Drescher, *The Transformation and Evolution of Trademarks-From Signals to Symbols to Myth*, 82 Trademark Reporter 301 (1992).

⑥ Richard L. Kirkatrick, *Likelihood of Confusion in Trademark Law*, Practicing Law Institute, 2010, §3:1.

⑦ American steel Foundries v. Robertson, 269 U.S. 372, 381(1926).

⑧ Lionel Bently & Brand Sherman, *Intellectual Property Law*, Oxford University Press, 2001, p. 772.

具有显著性取决于所涉商品及相关公众的认知程度,并以显著性的大小确定商标保护的范围和力度。① 在此基础上,又将商标显著性分为固有显著性和获得显著性,商标权保护与商标显著性的强弱相关。

随着商标功能的发展,为应对商标"财产化"观念的法律承认,商标保护显著性理论被赋予了更多的内容,仅从标志本身及其与指定使用商品关联程度划分的传统商标显著性分类理论的缺陷受到了批判。如有的学者尖锐地指出,"商标显著性五分法经典分类系统建立在消费者将标志含义作为识别商品来源的唯一依据这一错误的假设基础上"②。商标显著性的强弱不仅取决于标志本身及其与指定使用商品的联系,更是由商标使用决定的,经过长期使用的描述性商标的识别作用丝毫不比一般的暗示性商标、随意商标和臆造商标弱。③ 巴顿·毕碧(Barton Beebe)教授将商标显著性分为来源显著性和区分显著性,"与符号的意义关系相一致,来源显著性描述了商标能指区别其所指的程度。与符号的价值关系相一致,区分显著性描述了商标制度中的商标能指和其他能指相区别的程度"④。毕碧教授还从符号学、消费者搜寻与说服经验等方面分析了来源显著性、区分显著性与商标保护范围的关系,提出商标权保护涉及的商标侵权和商标淡化分别对应显著性理论中的来源显著性和区分显著性。⑤ 另外,国外学者还运用经济学、心理学等理论和工具以及对单一颜色、声音、商业外观等特殊标志的显著性判断问题进行较为细致的研究。由于商标的功能不断发展,谢克特(Schechter)教授通过历史分析方法研究商标保护的理论基础,提出了商标的独特性(uniqueness)是商标保护的唯一合理基础理论,为商标的反淡化保护奠定了理论基础。⑥

可见,根据商标标志与其识别商品的关联程度构建的商标显著性模型,以

---

① See Abercrombie & Fitch Co. v. Hunting World, Inc., 537 F. 2d 4, 9 (2d Cir. 1976).

② Lucy C. Ridgway, *Has Abercrombie Become Unfashionable? A Review of Trends in Product Configuration Trade Dress Case and A Proposed Test for Uniformity*, 20 Mississippi College Law Review 181 (2000).

③ See Thomas R. Lee, Eric D. DeRosia & Glenn L. Christensen, *An Empirical and Consumer Psychology of Trademark Distinctiveness*, 41 Arizona State Law Journal 1033 (2009).

④ Barton Beebe, *The Semiotic Analysis of Trademark Law*, 51 UCLA Law Review 621 (2004).

⑤ See Barton Beebe, *Search and Persuasion in Trademark Law*, 103 Michigan Law Review 2020 (2005).

⑥ See Frank I. Schechter, *The Rational Basis of Trademark Protection*, 40 Harvard Law Review 813 (1927).

及在此基础上发展出来源显著性和区分显著性二分理论，对商标保护理论与实践具有很强的解释力和指导性。但传统商标显著性理论固化了商标固有显著性的静态保护，忽视商标显著性的动态变化。对商标识别功能与商标显著性也未能进行有效区分，不仅忽视商标显著性与商标识别商品来源属性的区别，也没有进一步深入研究商标的标示来源属性和区分来源属性的关系。

三、研究思路与内容

（一）研究思路

目前，商标法学理论和制度研究主要以保护商标区分商品来源功能、防止混淆误认为理论中心构建商标显著性理论，对商标识别商品来源基本属性的认识和重视不够，尤其是缺乏对作为区分商品来源基础的商标标识性的深入研究。商标显著性是问题的结果，商标识别商品来源才是问题的根源。本书尝试直接从商标识别功能角度对商标及商标法上的重大理论与实践问题进行解释和论证，弥补传统商标混淆理论对作为商品来源标记的标识性保护及非构建于混淆理论商标保护的不周。

本书首先对商标识别功能进行法理探究，即将商标识别功能界定为生产经营者在商品上使用的标志用于标示和区分商品来源、足以使相关公众以其标示和区分商品来源的属性，辨析其与商标其他功能的关系，探讨商标识别功能的本质，论证保护商标识别功能的意义与价值，分析传统商标显著性理论的缺陷。接着系统阐释商标识别功能理论范畴，即从识别主体、识别对象、识别场景、识别效果等方面系统澄清商标识别功能理论构造。然后，围绕商标注册申请审查中的识别功能，尤其是标识性层面是否便于相关公众将其作为商品来源标记对待、侵权判定中侵害商标识别功能标准的确立与侵害识别功能商标侵权行为的法律适用等具体制度中存在的问题展开研究，促进商标识别功能理论联系实践。最后提出完善保护商标识别功能的制度建议，促进商业标识立法体系化，增强商标法对新科技和新商业模式的适应性。

（二）研究内容

在商标识别功能法理探究方面，本书从商标识别功能的界定、保护商标识别功能的价值、传统商标显著性理论存在的缺陷等方面展开。首先，追溯商标与商标识别功能的产生与发展，揭示商标与识别商品来源功能的相辅相成关系，界定商标的标识性和区别性，分析商标识别功能与商标其他功能的关系，确立商标识别功能的基础地位,并厘清商标识别功能的本质。其次,厘清商标识别功能的本质为标志与商品及商品来源之间的联系,商标是相对于商品而言,商标与商品来源之间的联系具有客观性。最后,论证商标识别功能保护的价值,即商标识别功能保护的意义、商标识别功能保护的正当性基础、商标识别功能保护的价值取向等。

在商标识别功能理论范畴研究方面,首先,本书阐释商标识别来源从严格来源到匿名来源再到关联来源的理论变迁。其次,针对传统显著性理论对商标识别功能特别是标识性层面研究的忽视,系统梳理和科学构建商标识别功能理论范畴。第一,识别主体为相关公众,合理确定适当范围和相应注意力程度的相关公众。第二,识别对象为商品来源,坚持商标识别对象为商品来源的本质属性,分析商标识别商品来源的机理。第三,识别场景为商品选购过程,按照商业逻辑理解市场交易环境中商标发挥识别功能的时空界限。第四,识别效果的客观性,商标发挥识别商品来源功效是生产经营者商标使用事实行为与相关公众能以商标识别商品来源客观效果的统一,关键在于识别效果的客观审查。第五,分析传统商标显著性理论存在的缺陷,通过商标识别功能理论充实和完善显著性理论。

在商标识别功能保护实证研究方面,本书对商标注册申请识别功能的审查、侵害识别功能商标侵权标准的确立及具体侵权行为的法律适用等具体制度中存在的问题进行研究。首先,厘清商标构成要件与商标注册条件,对特殊类型商标识别功能进行反思,对商标识别功能的取得与丧失等商标识别性审查及审理过程中具体法律适用问题进行研究。其次,论证侵害商标识别功能的商标侵权判定标准,并具体分析侵害商标标识性和区别性的表现,促进商标侵权行为类型化。最后,通过商标识别功能厘清商标权范围,将未发挥识别商品来源功能的标志使用排除出商标权控制范围,未损害商标识别功能的商标使用作为商标权保护限制等。

在商标识别功能保护制度完善方面,本书运用商标识别功能保护理论,完善商标保护法律制度。首先,在商标立法宗旨和基本原则层面确立保护商标识别功能的地位。其次,科学定义商标,强化相关公众识别商品来源的主体地位,厘清识别功能作为商标构成要件与商标注册条件的区别,提升识别商品来源的商标使用行为的法律地位,从侵害商标识别功能角度完善商标侵权判定标准和商标侵权行为类型化,并完善制止侵害商标识别功能的法律救济等具体制度。最后,以识别对象的联系与区别为线索对商业标识法律保护进行研究,促进商业标识保护立法体系化。

四、主要研究方法

方法论可以拓宽研究视野,研究方法的选取和采用对研究的开展和研究结论的形成至关重要。商标法领域的研究方法,既有传统的法学研究方法,如历史分析、比较研究、案例实证等研究方法,也有新兴的交叉学科研究方法,如法经济学、信息学、符号学、认知心理学等研究方法。传统的研究方法侧重从历史、法律渊源以及具体制度等视角进行规范研究,新兴的研究方法侧重运用经济学、符号学、心理学等学科理论和工具,本书拟将传统的法学研究方法与交叉学科研究方法相结合,对商标及商标识别功能保护进行多视角的研究。

历史分析研究方法。法律现象的背后都有其深刻的历史背景,法律制度的运行也有特定的历史时空环境,商标现象和商标法律也不例外。通过对商标及商标识别功能的起源、发展和演变过程的历史研究,透过商标识别功能与商标法的历史发展现象研究背后的动因和内在逻辑,从商标识别功能历史变迁中探寻其与商标权法律保护的关系和规律,汲取商标识别功能保护理论的历史营养,有助于准确揭示商标识别功能的内涵和本质。

比较研究方法。对商标识别功能保护的国内外理论研究成果以及有关国际条约、不同国家和地区的商标法律保护制度规范和实现路径进行比较研究,结合不同国家和地区的商标保护传统、经济和贸易政策等因素分析相关制度的理论基础和特殊性,对商标识别功能保护的理论研究、立法、商标注册审查及商标侵权救济实践从规范、功能等方面进行比较分析,为中国商标法律保护基本理论的研究和立法完善提供有益的参考。

案例实证研究方法。案例实证研究能够更加立体、直观地呈现法律事实,直面实际运行中的法律现象和问题,是检验和矫正理论研究成果的重要方法。本书对商标识别功能保护的研究不仅是概念注释、立法建构式研究,还从商标识别功能保护角度对商标授权确权中商标识别功能的审查、商标侵权纠纷中商标识别功能保护等典型案例、素材进行实证和法解释学研究,探寻以保护商标识别功能为出发点的商标授权确权、侵权纠纷司法实践的方法与规律,为商标授权确权及侵权纠纷处理裁判标准的统一、商标立法的完善提供实证分析依据。

交叉学科研究方法。运用法经济学、信息学、符号学、认知心理学等研究方法，从不同视角对商标和商标功能作出诠释。例如，以波斯纳为代表的法经济学派认为商标及其识别功能是降低消费者的搜寻成本，防止其他经营者“搭便车”，促使生产、经营者提高商品质量，促进商品的流通，提高经济效率。搜寻成本理论与消费者对商标的心理认知密切相关，商标识别来源功能主要体现为商标对消费者心理认知的影响，商标功能的发挥离不开人的参与，与人的感知、学习、记忆、意志等活动密切相关。根据信息学，商标包含标志、商品、商品来源及其评价等信息，这些信息以节点形式存储于人的大脑，从而形成认知网络。当商标节点被激活时，产生扩散效应，人就会捕获商标节点信息，并将感知信息与大脑中存储的商标节点信息进行匹配，以此作出选购决策。符号学将商标看作能指与所指二元结构或能指、所指和对象三元结构组成的符号信息系统，商标识别功能就是能指相对于对象所发挥的所指作用。

第一章　商标识别功能的法理探究

何谓商标识别功能？商标识别功能有何意义？保护商标识别功能的依据何在？这些问题的回答都关系商标识别功能保护的正当性基础，并直接影响商标立法、执法与法律适用。忽视对商标识别功能基本问题的深入研究，在分析商标法律具体制度和问题时往往会有种雾里看花、捉摸不定的感觉，甚至会导致舍本逐末的后果。本章拟从商标识别功能的界定、商标识别功能的本质、商标识别功能保护的价值选择等基础问题出发，对商标识别功能的正当性和法理基础展开研究，为商标识别功能保护立法与法律适用提供理论支撑。

第一节　商标识别功能的界定

“概念乃是解决问题所必需和必不可少的工具，没有限定的专门概念，我们便不能清楚地和理智地思考法律问题。”①商标概念“是支撑整个商标法律理论之树的躯干”②，是商标法学理论和制度研究的逻辑起点，若要厘清商标识别功能基本范畴，首先需对商标的概念进行科学界定。

---

① [美]E. 博登海默：《法理学——法哲学及其方法》，邓正来译，华夏出版社1987年版，第465页。

② 刘春田：《商标与商标权辨析》，载《知识产权》1998年第1期。

一、商标的概念

商标是商标法一个基础而重要的概念，本应没有争议。但视角的不同和语言表述的差异容易引起商标定义的争论，继而产生观点的对立及理论的纷争。在商标法理论研究、商标法律适用甚至商标立法实践中，也会有意无意地在不同语境赋予"商标"这一相同术语不同的含义，常见将商标等同于标志（标识）本身，直接导致商标法学理论研究的分野和商标法律条文措辞的混乱。所以，只有厘清商标概念，才能在共同的语境和平台展开对话。

（一）商标的起源

追溯商标的起源，梳理商标历史发展脉络，还原商标本来面目，有助于商标制度的正本清源。"一页历史抵得上一卷逻辑"，①很多当下商标法上争论不休的问题可以从商标产生与发展的历史发展脉络中寻找启示。

人类生活在符号世界，人是符号化的动物。② 在文字产生之前，人类很早就掌握了通过符号传递信息的技能。旧石器时代，人类将特定符号视作本氏族有亲属或其他特殊关系的图腾崇拜，新石器时期陶器、龟甲、骨片等物品上所刻符号标记，古代埃及的壁画展现的农夫在牛背上打上烙印场景，狩猎者在狩猎工具上做上标记以确定被狩猎工具所捕获的猎物的归属，这些都是人类早期运用符号传递信息的表现。早期人类对符号的运用表明符号所具有的基本功能是识别功能，是简化复杂信息的工具。这些符号可能是人类文字的起源，是某种意义的记载。③ 但是，在生产力极不发达的人类社会早期，人们的生活处于农耕狩猎、自给自足的原始状态，在物品上施加标记主要是为了便于确定物品的占有，是一种属人标记。这一时期，缺乏剩余物品可用于交换的实际条件，人们也未形成物品交换的理念，这些符号标记仅是所有者标记而已，以彰显物品主人对物品的控制和归属，标记的作用是对人的指示。随着生产力的提高，越来越多的剩余物品和人们生活日益多样化需求催生了交换现象的出现。但早期的物品交换受时空范围和频率所限，没有在交换物品上施加识别来源标记的必要，或者说对早期的物品所有标记加以发展足以应对，即产品的制造者将其姓

---

① New York Trust Co. v. Eisner, 256 U. S. 345 (1921).

② 参见[德]恩斯特·卡西尔：《人论》，甘阳译，上海译文出版社2004年版，第37页。

③ 参见郭沫若：《古代文字之辩证的发展》，载《奴隶制时代》，人民出版社1954年版，第246页。转引自孙英伟：《商标起源考——以中国古代标记符号为对象》，载《知识产权》2011年第3期。

名刻在产品上,如果产品出现质量问题,可以溯源并追究责任。

11 世纪,随着生产力的发展和社会分工的出现,有专门从事产品加工的手工业者,生产效率得以进一步提高,手工业的发展及其在社会经济生活中占据越来越重要的地位,带有垄断色彩的行业协会(以下简称行会)兴起,以加强对手工业的管理和控制,推行行业管制和实施地域垄断。手工业行会在严格限制行会成员提高生产效率、限制出售产品数量、限制以不同价格销售产品的同时,强制要求手工业者必须在制作的产品上贴附生产标记和行会标记,以便监督控制、追溯产品的质量,并分割市场、排除非行会成员产品的外来竞争,行会借助政府对假冒行业标记的行为进行处罚,以加强对手工产品和社会经济的控制。① 可见,人类历史长河的很长一段时间,使用在物品上的各种标志主要作为属人标记、财产标记、责任标记及管理标记等使用。

19 世纪工业革命兴起,欧洲国家实现从手工业向工业化大生产的过渡和转变,生产效率的提高和航海、运输业的发展,极大地促进了商品经济的繁荣,跨区域、跨国界的商品贸易越来越频繁,加大了经营者与消费者之间商品信息的不对称性,贴附在商品上的标记对消费者的指示变得必不可少。现代商业不仅需要将商品质量和品种做到极致,而且需要将商品质量和品种信息传递给消费者,甚至还需要通过信息传递刺激消费需求,贴附于商品之上、用于识别商品来源的标记发挥越来越重要的作用。② 因此,商标是商品交换和商品经济发展到一定阶段的产物,商标的形态和作用也随着商品经济的发展逐渐形成和成熟。现代法律意义上的商标正是在商品交换和商品经济的背景下孕育和发展,非用于商品交换与商品贸易的标记,难谓商标。

在商品交换出现之前,人类很早就掌握了通过符号传递信息的技能。但符号并非先验地用于识别来源,符号传递的信息也非商品来源。文献记载和出土文物显示牲畜、陶器、刀剑等物品上出现的烙印、署名等标记,与现代意义的商标存在本质区别。早期所有者在自己物品上使用的所有权标记并未发挥识别商品来源的功能,它只是为了方便所有权人主张所有权。③ 缺乏商品交换的土

---

① 1266 年,英格兰颁布了第一部面包商强制标记法令,规定面包商必须在其制作和销售的每片面包上注明其个人的恰当标记,以确保在面包重量出现短缺时便于查出是谁的过错。See Sidney A. Diamond, *The Historical Development of Trademarks*, 73 Trademark Reporter 222 (1983).

② 参见夏先良:《知识论》,对外经贸大学出版社 2000 年版,第 371 页。

③ See Frank I. Schechter, *The Rational Basis of Trademark Protection*, 40 Harvard Law Review 813 (1927).

壤，自然产生不出通过商标识别商品来源的需求，商标便无从谈起。现代意义上的商标是商品交换和商品经济发展的产物，类似于牲畜、铃铛、陶器的所有权标记，以及银器的纯度标记，只不过是方便主张所有权的财产标记和质量标记，非主要用于识别商品来源。那些方便所有者主张归其所有的标记，充其量只是附带性地识别来源。“尽管所有权标记偶尔可能（也可能不）具有指示识别来源的功能，但也不构成商标，而仅仅是所有权标识。”①现代意义的商标真正起源应该是行会和公会强制的产品标记，它可以起到识别商品来源的作用，一旦商品质量发生问题，根据商标可以找到商品的提供者。② 强制使用、控制质量和排除外来竞争的行会标记事实上起到了追溯产品来源的作用，具备了商标识别功能的雏形。但在商品交易出现的初期，由于受商品数量、种类、地域范围等环境要素的制约，购买者直接与商品的手工业者或制造者进行交易，购买者并不需要通过商标来识别商品来源，行会质量标记的主要功能也不是识别商品的来源，商标识别来源的功能未得到充分的发挥。

所以，商标是商品交换和商品经济发展的产物，是为了服务于商品经济和商业发展的需要，商标的形态和基本功能也随着商品经济的发展、与商品之间越来越紧密的联系而逐渐形成。现代意义的商标脱胎于原始的符号图腾和证明占有和归属的专有标记，萌芽于中世纪手工行会强制使用的生产标记、责任标记和限制竞争下的管理控制标记，形成于工业化大生产和商品贸易繁荣之际，商品信息的复杂化和信息不对称催化了识别商品来源的商标应运而生。③

（二）商标保护

商标的历史源远流长，但现代意义的商标保护是商品交易的产物。行会退出历史舞台后，工商业者开始对他人擅自使用与自己商品上相同或近似标志的欺诈行为寻求法律救济。

英国最早通过普通法上的禁止仿冒（passing off）规制擅自使用他人商标的欺诈行为，开启近代意义的商标保护实践，即“没人有权将其自己的商品说成是

---

① Frank I. Schechter, *The Historical Foundations of Law Relating to Trade-Marks*, Columbia University Press, 1925, p. 20.

② See Frank I. Schechter, *The Rational Basis of Trademark Protection*, 40 Harvard Law Review 813 (1927).

③ 参见李士林：《商业标识的反不正当竞争法规整——兼评〈反不正当竞争法〉第6条》，载《法律科学》2019年第6期。

别人的"[①]。据考证,第一起普通法上的仿冒案件可以追溯到1584年的未记载判例"JG诉山姆福特案"(JG v. Samford)[②]。由于以欺诈为要件的仿冒损害赔偿救济的局限,商标不能作为财产权利请求衡平禁令救济。进入19世纪后,衡平法院为了扩大对商标案件的管辖,开始将商标解释为一种"财产",试图摆脱假冒之诉"欺诈"要件的束缚,甚至在被告不存在欺诈的主观故意的情况下支持了原告要求颁发禁令救济的诉请,对后来的商标法律保护产生了深远的影响。普通法院随后也对商标保护"欺诈"要件开始松动。尽管如此,在19世纪中叶之前,英国法院对商标保护主要立足于防止欺诈。1842年,在"佩里诉特洛菲特案"(Perry v. Truefitt)中,法官仍作出如此论断。[③] 同时期的美国针对外国商人主张商标保护,也通过联邦贸易条款禁止商标仿冒欺诈。[④] 19世纪中叶后,随着商品贸易的繁荣和商标的普遍运用,"只是反对那些欺诈性使用商标的人"已经不能适应形势的发展,[⑤]证明被告欺诈故意的困难已经无法满足商人利益保护的需要,未经许可使用他人具有显著性商标的侵权行为逐渐从以欺诈为要件的仿冒侵权中独立出来,不再要求原告证明被告有欺诈的意图。[⑥] 衡平法施以商标的排他性保护仅仅适用保护财产的原则,不再考虑欺诈的因素,即使不存在欺诈的情况下仍然给予保护。"法院保护商标的管辖权应当建立在财产权基础之上,颁布禁令的原因在于只有此种模式才能使这种财产权获得更充分的保护。"[⑦]商

---

① Frank Reddaway Ltd. v. George Banham (1896) A. C. 199 (H. L.).

② J. H. Baker & S. F. C. Milson, *Sources of English Legal History: Private Law to* 1750, Butterworths, 1986, p. 615 – 618. 转引自余俊:《商标法律进化论》,华中科技大学出版社2011年版,第76页。

③ 审理该案的法官认为,"不管普通法院还是衡平法院,在处理这一类型案件时仍明确坚持的基本原则是:任何人不应以自己的商品假冒他人的商品,也不得以任何方式实施这种欺诈"。See Perry v. Truefitt, 6 Beav. 66, 72, 49 Eng. Rop. 749, 752 (1842).

④ 如1844年"泰勒诉卡朋特案"(Taylor v. Carpenter)中,审理该案的法官认为,被告冒用原告的商标,欺诈公众,并掠夺了原告本应从其劳动中取得的合法所得。See Taylor v. Carpenter, 23F. Cas. 742 (C. C. D. Mass. 1844).

⑤ See Joseph Travers Smith, 1826 Select Committee on Trade Marks 119 (Q. 2169). 转引自[澳]布拉德·谢尔曼、[英]莱昂内尔·本特利:《现代知识产权法的演进:英国的历程(1760—1911)》,金海军译,北京大学出版社2012年版,第198页。

⑥ Paul Goldstein, *Copyright Patent Trademark and Related State Doctrines*, The Foundation Press, 1997, p. 219.

⑦ The Leather Cloth Co. Ltd. v. American Leather Cloth Co. Ltd., (1863) 4 De G. J. & S. 137.

标财产观念逐渐形成，使用在特定商品上的商业名称或标记享有排他性使用的财产权。①

与此同时，商人极力游说当局，寻求制定成文法对商标保护予以确认。1857 年，在《拿破仑民法典》的基础上，法国颁布了被誉为世界上第一部单行的成文商标法，②至此商标法开始变成一个有自己独特的调整范围和受到普遍承认的法律领域。德国于 1874 年、英国于 1875 年、③美国于 1881 年、④日本于 1884 年、瑞士于 1890 年纷纷制定了成文商标法，通过确立注册制度保护商标，掀起了制定成文法的第一次高潮。

经过相关国际组织积极努力和协调，包含商标保护的国际公约或协定纷纷制定，如巴黎公约组织 1883 年签订《保护工业产权巴黎公约》、⑤1893 年《商标国际注册马德里协定》以及后来世界知识产权组织《与贸易有关的知识产权协议》等。随着越来越多国家和地区加入，国际公约极大地促进了商标立法的国际协调，相关国家也相继修改本国商标法履行加入国际公约的承诺，各国商标立法趋于统一。但直到 1994 年《与贸易有关的知识产权协议》的签订，正式的国际公约中才出现对商标的明确定义。⑥ 随后，1995 年生效的《欧共体商标条

---

① Edelsten v. Edelsten, (1863) 1 De G. J. & S. 185.

② 1857 年法国颁布《关于以使用原则和不审查原则为内容的制造标记和商标的法律》。

③ 英国于 1862 年颁布了成文的《商标法》，但未确立商标注册保护制度，英国 1875 年颁布《注册商标法》，就商标申请和注册程序作出了明确规定，授予仿冒申请优先权，但仍没有确立具体的商标民事权利。

④ 美国于 1870 年制定了第一部联邦商标法，但由于该法以宪法中的版权和专利条款作为立法依据和基础，联邦最高法院认为，商标权的保护基本上与奖励科学及实用艺术的发展无关，其得到普通法保护的缘由是经过商标权人一段时间的使用而产生的价值，并非突然的发明创造或创作，故 1879 年联邦最高法院判决该部法律违宪而废止。后于 1881 年基于宪法州际贸易条款重新制定了商标法。

⑤ 世界知识产权组织官方中文译本《保护工业产权巴黎公约》第 1 条第 2 款规定，“工业产权的保护对象有专利、实用新型、工业品外观设计、商标、服务标记、厂商名称、货源标记或原产地名称，和制止不正当竞争”。

⑥ 《与贸易有关的知识产权协议》(Agreement on Trade-related Aspects of Intellectual Property Rights) 第 15 条原文：“Any sign, or any combination of signs, capable of distinguishing the goods or services of one undertaking from those of other undertaking, shall be capable of constituting a trademark...”

例》也从商标的组成和特征的角度对共同体的商标作出了规定。①

虽然为摆脱管辖权的束缚和克服欺诈证明的困难,以有限“财产”为基础的商标保护理论逐渐为司法实践所接受。但是,有关商标权的属性和商标权救济基础的认识一直存在争论,甚至成为美国国会与州立法者关于商标及商标注册的立法权争执的宪法问题。② 美国国会1946年制定的《兰哈姆法》事实上否定了财产权理论,将商标排他权保护仍植根于混淆理论。③ 1964年,法国商标立法对商标定义和范围作出规定。④ 1992年颁布的《法国知识产权法典》进一步完善了商标的界定。⑤《英国商标法》也开宗明义地对商标进行了定义,并在此基础上设计了商标法律保护制度。⑥ 德国、日本等国家对商标都有类似的界定。⑦ 我国《商标法》从可以作为商标注册的角度对商标标志的范围及属性进

① 《欧共体商标条例》第4条规定,“共同体商标可以由能用书写表示的任何标志,特别是文字,尤其是包括人名、图案、字母、数字、商品形状或包装组成,只要这些标志能够将一个企业的商品或服务同其他企业的商品或服务区别开来”。

② Trade-Marks Cases, 100 U. S. 82 (1879).

③ 美国1946年《兰哈姆法》第32条规定,任何人不得未经许可,复制、假冒、模仿或者欺骗性地仿造他人的注册商标,有可能造成购买者在商品或服务来源上的混淆,或者误导、欺骗购买者。虽然1962年修改《兰哈姆法》删除了该条“购买者”“商品或服务来源”的表述,但未改变混淆、误导、欺骗的根本标准。同样,第45条将商标界定为“用以识别和区分其商品来源,即使是匿名来源的”任何文字、名称、标记、图形或以上要素组合。

④ 《法国工业、商业和服务业商标法》第1条规定,“姓氏、别名、地理名词、专用或虚构的名称、产品或其包装的特性、标签、包封、标徽、烙印、印花、戳记、插画、边纹、绦带、色泽的配合或排列、图画、浮雕、字母、数字、铭文等,一切用于识别任何企业的产品、物品或服务的有形标记都可视为工业、商业或服务业商标”。参见国家工商行政管理总局商标局、中国社会科学院法学研究所合编:《外国商标法》,中国社会科学出版社1984年版,第299页。

⑤ 《法国知识产权法典》第L.711－1条规定,“制造、商业或服务商标是指用以区别自然人或法人的商品或服务并可用书写表达的标记”。参见《法国知识产权法典(法律部分)》,黄晖、朱志刚译,商务印书馆2017年版,第213页。

⑥ 《英国商标法》第1条规定,“商标是指任何能够以图像标示的、能够将某一企业的商品或服务与其他企业的商品或服务区分开来的标记”。

⑦ 《德国商标与其他标志保护法》第3条规定,“任何足以将企业的商品或服务与其他企业的商品或服务区别开来的标志”。参见《德国商标法(德国商标与其他标志保护法)》,范长军译,知识产权出版社2013年版,第2页。《日本商标法》第2条规定,商标是指以营业为目的的生产、证明或者转让商品者,或者提供服务者在其商品或服务上使用的文字、图形或记号或它们的结合或者它们同色彩的结合。参见《日本商标法》,李扬译,知识产权出版社2011年版,第1～2页。

行了规定。① 尽管不同国家商标法有关商标定义的表述有所不同,但基本都是从商标功能的角度将商标界定为识别商品来源的标志,并以保护商标识别功能为核心构筑商标法律制度,对商标功能进行体系化保护,充分体现商标功能对商标及商标权保护的重要性。

一部商标法律保护史,就是商标功能产生与发展的历史。商标与商标识别功能相伴而生,从强制性责任标记向商品来源识别性标记的转变,标志着现代意义商标的产生,对商标识别功能的保护同样标志着现代意义商标法的诞生,商标识别功能及其保护决定了商标的存在和商标法的制度构造。

(三)理论研究

虽然中国很早就出现在物品上施以标记的做法,但并没有"商标"中文术语的文字记载,直到晚清。从汉语词汇的文义来看,"商标"是工商企业为区别其制造或经营某商品的质量、规格和特点的标志。② 不同国际公约和使用英语国家的立法中,关于"商标"的术语至少使用了 3 种不同的表述,如世界知识产权组织公约和美国《兰哈姆法》使用"trademark(s)",欧盟及其成员英国和澳大利亚等商标法使用"trade mark(s)",而加拿大等国家商标法使用"trade-mark(s)"。我国《商标法》的英文译本也使用"trademark(s)"的术语。

术语表述的差异并未影响对商标内涵的理论研究,学术界通常从商标构成要素与商标功能相结合的路径展开研究,代表性的观点有:"任何能够将自然人、法人或者其他组织的商品和/或服务与他人的商品和/或服务区别开的可视性标志,尤其是文字、图形、字母、数字、三维标志和颜色组合,以及上述要素的组合"③。"商标是指商品的生产经营者在其商品或服务上使用的,由文字、图形、颜色、三维标志或其组合构成的,具有显著特征、便于识别商品或服务来源的标记。"④"所谓商标是指商品的生产者、经营者或服务的提供者为了标明自己、区别他人在自己的商品或服务上使用的由文字、图形或者其组合构成的标

---

① 《商标法》第 8 条规定,"任何能够将自然人、法人或者其他组织的商品与他人的商品区别开的标志,包括文字、图形、字母、数字、三维标志、颜色组合和声音等,以及上述要素的组合,均可以作为商标申请注册"。

② 参见《辞海》,上海辞书出版社 1980 年版,第 357 页。虽然该解释可能并不一定完全吻合对商标法律属性最新研究成果,但也充分揭示了商标是商业活动中使用的标志的基本属性。

③ 郑成思:《知识产权论》(第 3 版),法律出版社 2003 年版,第 91 页。

④ 吴汉东主编:《知识产权法》,北京大学出版社 2007 年版,第 206 页。

志。”①“商标是指商品生产者或者经营者为使自己的商品，在市场上同其他商品生产者或经营者的商品相区别，而使用于商品或其包装上的，由文字、图形或文字组合所构成的一种标记。”②“生产经营者为了使自己的商品或者服务与市场上其他商品或者服务相区别，在其生产、制造、加工、挑选或经销的商品或者服务上采用的具有显著特征的标志。”③“商标是指商品的生产经营者在其商品或服务上使用的，由文字、图形、颜色、三维标志和声音等要素或其组合构成的，具有显著特征，便于识别同类商品或服务来源的标记。”④“商标是商品或服务的提供者为了将自己的商品或服务与他人提供的同种或类似商品或服务相区别而使用的标记。”⑤“商标是指在商品或者服务之上，用于区别商品或者服务提供者的一种具有显著特征的标识。在我国，这种标识可以由文字、图形、字母、数字、三维标志、颜色组合和声音等，以及上述各种要素的组合构成。”⑥“商标乃为制造商或配销商用以表彰其所制造或配销之商品的标志，其目的在于与他人所产销之商品有所区别，以便在商场上发生公平竞争之效用。”⑦“商标是商品的生产经营者或服务的提供者在商品或服务上使用的，由文字、图形、数字、颜色等要素或其组合构成的，用以区别商品或服务来源的标志。”⑧

从商标起源来看，近代意义的商标是在商品交换环境下孕育，随着商品经济发展逐渐成熟的产物，满足了识别商品来源功能的需求并有了对其进行法律保护的必要。大多数国家和地区的商标立法都从商标注册的基本要求层面对哪些标志可以作为商标申请注册进行了概括描述和范围界定，一定程度上揭示了商标的内涵和外延。学术界对商标内涵表述用语上各有侧重，商标构成要素也不断发展，但一般都从商标功能的角度将商标界定为区别商品或服务来源的标志。尽管如此，在理论与司法实务甚至是商标立法过程中，经常对商标与标

---

① 刘春田主编：《知识产权法》，高等教育出版社、北京大学出版社2000年版，第198页。
② 张序九：《商标法教程》，法律出版社1997年版，第1页。
③ 陶鑫良：《知识产权教程》，上海大学出版社2006年版，第362页。
④ 王莲峰：《商标法》（第2版），北京大学出版社2014年版，第1页。
⑤ 王迁：《知识产权法教程》（第5版），中国人民大学出版社2016年版，第391页。
⑥ 杜颖：《商标法》（第3版），北京大学出版社2016年版，第1页。
⑦ 曾陈明汝：《商标法原理》，中国人民大学出版社2003年版，第3页。
⑧ 胡开忠：《商标法学教程》，中国人民大学出版社2008年版，第6页。

志本身不加区分,①“标志”与“标识”混用,②导致商标概念的混乱。商标术语和指代含义的混乱,直接导致商标注册、商标使用、商标近似、混淆可能性等众多商标法核心概念与基本制度理解和适用的困难。

“法律的用语,对每一个人要能够唤起同样的概念。”③商标的法律概念也应如此。商标,自然属性是一种商业标志,是能被人感知的客观存在。但仅有自然属性的标志还不能称为商标,还需具备一定功能和价值的社会属性,这种社会属性也正是商标区别于其他标志的根本特征,集中表现为商标用于在经营活动中标识、区别商品来源。首先,商标是相对于特定商品或服务而言,“不存在‘一般意义’(in gross)上的商标,商标一定是‘附属于’(appendant)使用该标志的特定营业或者与其使用的特定商品相联系的”④。商标是使用于商品或服务上的商品来源标记,商标与商品或服务的联系是基础,“不与特定的商品或服务相联系,就无所谓‘商标’可言”⑤,只停留在自然属性的标志(mark)层面。其次,与特定的商品或服务相联系,并能够达到标识和区别商品来源的功效,才构成商标。所以,商标不同于标志本身,它是由标志、指定使用的商品及商品来源所组成的统一体,是在商业活动中使用并用于标识和区别商品来源的标志。

二、商标识别功能的内涵

功能是对象能否满足需求的一种属性,指事物或方法等对象发挥有利的作

---

① 典型的条文如《商标法》第56条规定:“注册商标的专用权,以核准注册的商标和核定使用的商品为限。”该条是对注册商标专用权范围的界定,商标应有之义就包含了与特定商品或服务的联系,该条在“注册商标的专用权”和“核准注册的商标”两处都使用了“商标”的表述,但事实上“核准注册的商标”处的“商标”应指的是“标志”本身,与“注册商标的专用权”中的“商标”具有不同含义,这是商标立法中将“商标”与“标志”混同的典型表现,诸如此类的现象我国《商标法》还有多处。

② 《现代汉语词典》中,“标志”与“标识”可以相互替代,有表明特征的记号的含义。理论与实践中,基本也是“标志”和“标识”不加区分。但在商标法语境下,在不同场合应分别使用“标志”与“标识”,如《商标法》第8条规定,“任何能够将自然人、法人或者其他组织的商品与他人的商品区别开的标志,包括文字、图形、字母、数字、三维标志、颜色组合和声音等,以及上述要素的组合,均可以作为商标申请注册”。《商标法》第10条、第11条分别规定“不得作为商标使用和注册”时使用的都是“标志”。而《商标法》第57条规定商标侵权行为时使用“伪造、擅自制造他人注册商标标识或者销售伪造、擅自制造的注册商标标识的”。显然,在两种不同语境下,商标标志与商标标识具有不同的指向。

③ [法]孟德斯鸠:《论法的精神》(下册),张雁深等译,商务印书馆1978年版,第297页。

④ Weston v. Ketcham 51 How. Prac. (N. Y.) 455. Frank I. Schechter, *The Historical Foundations of Law Relating to Trade-Marks*, Columbia University Press, 1925, p. 156.

⑤ 刘春田:《商标与商标权辨析》,载《知识产权》1998年第1期。

用、效能。“卡西尔认为,符号的功能是赋予对象以形式和概念,并使对象比在纯粹的自然中更容易被认识。符号的重要性不在于它是物质世界的一部分,而在于它能够进入意义的世界中去,并具有先于客体存在的功能价值。换言之,符号就是它本身的功能价值与价值的载体形式的内在结合。”①商标正是商标功能价值与载体形式的统一。商标功能就是指商标能够发挥特殊效用、满足特定需求的属性。识别商品来源功能的出现是现代意义的商标诞生的标志,也使商标识别功能成为商标基础而核心的功能。从语义角度分析,识别有辨认、鉴别,加标记使区别,留别等含义。② 不同场合和语境下,“识别”一词具有不同的含义。其中,就“加标记使区别”的含义,《后汉书·刘盆子列传》写道:“崇等欲战,恐其众与莽兵乱,乃皆朱其眉以相识别,由是号曰赤眉。”③因此,从商标识别功能的语境来看,是使用识别“加标记使区别”的含义,包含了“标记”和“区别”两层内容。

有关商标识别功能的含义,理论和实践中使用“识别商品来源”“指示来源”“标示来源”“表明出处”“区分来源”“识别力”等众多不同表述,基本都包含了商标表明商品出处和来源的含义。但是,理论界对商标识别功能的内涵存在一定的争议。有观点认为,商标识别功能就是指区分商品来源的属性,“商标的首要功能是区分商品或服务来源,也即使消费者通过商标将相同或类似商品或服务的提供者区分开来。商标的这一功能被称为识别功能”④。有观点将商

---

① 参见吴风:《艺术符号美学——苏珊·朗格美学思想研究》,北京广播学院出版社2002年版,第39页。

② 参见阮智富、郭忠新:《现代汉语大词典》(上),上海辞书出版社2009年版,第521页。

③ 范晔:《后汉书》,陈芳译注,中华书局2016年版,第65页。

④ 王迁:《知识产权法教程》(第5版),中国人民大学出版社2016年版,第392页。类似的观点还有“所谓识别性,系指依据一般生活经验判断,商标所指定使用之商品或服务,就相关消费者认知、实际交易情况及其使用方式,足以使相关消费者认识其为表彰商品或服务之标识,并得藉以与他人之商品或服务相区别”。参见林洲富:《商标法》,台北,五南图书出版股份有限公司2008年版,第53~54页。“所谓识别力,是指申请商标注册的标志能够使相关公众将自然人、法人或者其他组织的商品或者服务来源与他人的商品或者服务来源区别开来的能力。”参见李扬:《商标法基本原理》,法律出版社2018年版,第24页。“商人使用商标的目的是为了指示商品或服务的来源,从而将经营者的商品或服务区别开来。这种区分功能是商标的基本功能,商标法所要保护的首要功能就是商标的区分功能……商标所具有的区分商品或服务来源的基本功能,又称为商标的来源识别功能。”参见刘维:《商标识别功能损害判定研究》,载《知识产权》2014年第9期。“商标的基本功能是区别商品和服务来源,此功能称为识别功能。”参见沈志峰、余静等:《从商标的功能角度探讨商标权的保护范围》,载《中华商标》2011年第7期。

标识别商品来源功能界定为商标标示商品来源并与其他商标相区分的属性，即商标识别功能包含标志标示商品来源的属性和区别于其他商标的属性，并在此意义上将商标识别商品来源的属性等同于商标显著性。①

还有观点认为，商标识别功能与区分商品来源属性是层面不同的两个概念，识别功能无法涵盖区分性，对识别性与区分性加以区分。如有的学者指出，"识别性是指构成商标的符号能够使消费者识别、记忆，可以发挥指示商品或服务来源的功能。区分性是指一商标可以区别于他商标，与他人使用在同一种或者类似商品、服务上的商标不相同、不近似，不会引起消费者混淆"②。有的学者指出，"识别性决定了商标的功能为识别商品的来源，即识别商品来源的功能；区别性决定了商标还应当具备将一个企业的商品区别于其他企业商品的功能，即区分商品来源的功能。识别和区分（identify and distinguish）是商标的原始功能，识别性和区别性是商标原始功能的基本保障，商标具备识别性是其区别性的前提，商标具备区别性，其识别性才具有法律意义"③。有的学者指出，显著性包含两个层次，首先是识别性，其次是区分性。识别性是标志与其指定使用商品或者服务之间的联系，关联性越弱，越具有识别性；区分性是一个标志能够区分同种商品上的不同提供者的能力，即区分该标志指向的提供者与同种

---

① 如有学者在界定商标显著性时明确指出，"商标标识经营者提供的商品或服务的属性被称为商标的标识性，商标将经营者提供的商品或服务与其他经营者提供的商品或服务相区别的属性，被称为商标的区别性，商标的显著性就是商标标识性和区别性的统称"。"对商标的保护实质上就是保护商标的标识功能和区别功能，即商标的显著性。"参见邓宏光：《商标法的理论基础——以商标显著性为中心》，法律出版社 2008 年版，第 36 页、第 169 页。有的学者认为，显著性，又称为识别性和区别性……是指商标应具有独特性，商标的构成要素立意新颖、独具风格，消费者容易识别。参见王莲峰：《商标法》（第 2 版），北京大学出版社 2014 年版，第 64 页。"简单地说，商标的显著性就是指商标所使用的标记能够使消费者区别此产品与彼产品，此服务与彼服务。"参见杜颖：《商标法》，北京大学出版社 2010 年版，第 15 页。"商标的显著性也叫显著特征，或者商标的识别性或区别性，具体是指该标志使用在具体的商品或服务时，标注该标志能够让消费者根据其一般或特殊的消费体验认为它应该或者实际指向特定的商品或服务提供人。简言之，即商标可以区别商品来源的特性。"参见黄晖：《商标法》（第 2 版），法律出版社 2016 年版，第 57 页。"商标之显著性乃为商标表彰自己商品以与他人商品相甄别之固有属性。"参见曾陈明汝：《商标法原理》，中国人民大学出版社 2003 年版，第 114 页。

② 李琛：《知识产权法关键词》，法律出版社 2006 年版，第 58 页。

③ 汪泽：《中国商标法律现代化——理论、制度与实践》，中国工商出版社 2017 年版，第 42 页。类似的观点还有，商标的识别性仅指商标的标示性，即标志与商品的关系，不包括与其他商标的区别，即商标的区分性。周云川：《商标授权确权诉讼规则与判例》，法律出版社 2014 年版，第 78 页注释 3。

商品的其他提供者。识别性是区分性的前提,如果识别性弱,或者根本不具备识别性,则区分性无从谈起。[①] 有的学者指出,"判定是否具有'区别能力'的标准或方法其实是判定一个标志本身是否具有显著性,是否能够识别商品或服务的来源;而该标志与其他人的在先商标或者其他在先权利是否冲突,与该标志本身'是否就有区别能力'之间是没有什么关系的"[②]。还有学者指出,"标示来源的功能实际上内在地包含了识别功能"[③]。

从法律规范层面来看,商标国际公约和各国商标法基本都将商标界定为"区别"商品或服务来源的标志,并将"显著特征"作为商标注册条件的核心。《保护工业产权巴黎公约》虽未对商标作出明确的界定,将商标注册条件交由该联盟成员国内法决定,但该公约第6条之五"商标在本联盟一个国家注册的商标在本联盟其他国家所受保护"条款有关商标注册和无效的例外规定中使用了"distinct character"的表述,与完全是由商业中用以表示商品的种类、质量、数量、用途、价值、原产地或生产时间的符号或标记所组成,或者在要求给予保护的国家现代语言中或在善意和公认的商业实践中已经成为惯用的两种情形相并列。[④]《与贸易有关的知识产权协议》第二部分"商标可保护客体"用"capable of distinguishing"来概括构成商标的条件,并在该条的商标注册条件中规定没有"inherently capable of distinguishing"的标志可通过使用获得"distinctiveness"而获得注册。[⑤] 美国《兰哈姆法》未界定"distinctiveness",[⑥]但在界定商标时使用了"identify"和"distinguish",按照通常的字面含义,"identify"翻译为"确定、鉴定、显示、辨认出等","distinguish"翻译为"区别、区分等"。[⑦]《欧盟商标指令》在商标注册绝对禁止条件中规定缺乏"distinct character"的商标不能获得注册,即使获得注册也应该被宣告无效,并在可以构成商标的标志中使用

① 参见北京市高级人民法院知识产权审判庭编著、陈锦川主编:《商标授权确权的司法审查》,中国法制出版社2014年版,第234页。

② 张伟君:《论"不具有区别能力"作为拒绝商标注册理由的适用——与孔祥俊教授商榷》,载《知识产权》2015年第8期。

③ 杜颖:《商标法》,北京大学出版社2010年版,第6页。

④ 《保护工业产权巴黎公约》第6条之五将"are devoid of any distinctive character"作为成员国不得拒绝注册也不得使注册无效的例外之一,官方译本翻译为"商标缺乏显著特征"。参见世界知识产权组织官网:https://wipolex.wipo.int/zh/text/287559。

⑤ 参见《与贸易有关的知识产权协议》第15条。

⑥ The Lanham Act Article 2, 15 U.S.C. § 1052.

⑦ The Lanham Act Article 45, 15 U.S.C. § 1127.

“distinguish”加以界定。[①]《英国商标法》界定商标时使用的是“capable of distinguishing”，而在规定商标注册条件时使用了“distinctive character”。[②]《日本商标法》有关商标的定义中未对商标显著性提出任何要求，但可以获得商标注册的排除条件中规定了无法识别属于任何人业务所属商品或服务的标志，并在商标侵权救济中对未发挥识别商品来源功能的商标使用认定为不构成对注册商标权的侵害。[③]

我国《商标法》并没有正式使用“显著性”的概念，但在1982年制定时，就将“具有显著特征”作为商标注册的条件。在司法实践中，商标注册申请审查及民事侵权纠纷相关司法解释不仅直接使用了“显著性”的概念，[④]有关司法政策还明确了“显著性”的法律适用。[⑤] 商标注册审查机关解释道，“商标的显著特征，是指商标应当具备的足以使相关公众区分商品来源的特征”[⑥]。裁判机关在案件审理中也普遍认为，“商标的显著特征是指足以使相关公众区分商品或服务来源的特征”[⑦]。

2001年修改后的《商标法》明确定义了商标“区别”商品来源的关键特征，但对商标的“区别”商品来源的属性与商标注册需具有的“显著特征”的关系未予明确。有观点认为，立法者为了措辞严谨、采用了从不同角度进行同义反复、

---

① DIRECTIVE (EU) 2015/2436 Article 2 and Article 3.

② The United Kingdom Trade Marks Act (1994) §47.

③ 参见《日本商标法》第2条、第3条及第26条的规定。转引自李扬：《商标法基本原理》，法律出版社2018年版，第2页。

④ 最高人民法院《关于审理商标民事纠纷案件适用法律若干问题的解释》(法释〔2020〕19号)第10条第3项规定，“判断商标是否近似，应当考虑请求保护注册商标的显著性和知名度”。

⑤ 最高人民法院2003年7月31日在给江苏省高级人民法院《关于对TCL集团公司在产品促销活动中使用与汉都公司注册商标相近的“千禧龙”文字是否构成商标侵权请示的批复》中指出，“商标的显著性，即能够起到区别作用的特性的强弱，是商标侵权判断中确定商标专用权权利范围以及确认是否构成侵权的重要因素之一。知名度高显著性强的商标，被‘混淆’、‘借用’的可能性就大，而知名度低显著性弱的商标，被‘混淆’、‘借用’的可能性就小”。

⑥ 2016年12月原国家工商行政管理总局商标局、商标评审委员会制定的《商标审查及审理标准》第二部分第2条“相关解释”规定：“商标的显著特征，是指商标应当具备的足以使相关公众区分商品来源的特征。判断商标是否具有显著特征，应当综合考虑构成商标的标志本身的含义、呼叫和外观构成，商标指定使用商品所属行业的实际使用情况等因素。”

⑦ 北京市高级人民法院行政判决书，(2012)高行终字第1438号。

强调的立法技术,使得商标注册条件的规定更加明确、科学和全面。① 这种观点将商标识别性与商标显著性两个概念等同。在商标显著特征审查方面,商标审查机关制定的审查标准中使用了“商标识别功能”概念,即规定仅直接表示指定使用商品或服务内容的标志,不得作为商标注册,但该类标志与其他要素组合,具有商标识别功能的除外。② 当然,使用在商品上的视觉、听觉标志能够为相关公众感知,相关公众将其与特定的商品来源建立联系,具有识别商品来源的可能,但未必能达到商标注册所要求的显著特征、便于相关公众将其作为商品来源的标记识别对待的程度,“显著特征”“便于识别”正是在标志能够被相关公众作为商品来源标志认知基础上对商标注册所要求的区分商品来源强度的更高规定。同样,《商标法》第六章“商标使用的管理”引入有关商标使用的界定,明确了商标的使用系“用于识别商品来源”的本质属性,在商标法上使用了“识别”的术语,更加准确地揭示了识别的对象是商品来源,这些条款的规定都赋予了“识别”在商标法上特定的含义。

可见,我国《商标法》虽然未对商标区别商品来源和显著特征之间的关系进行明确,但在《商标法》第 8 条有关商标界定或可以作为商标注册的构成要素范围界定时使用“区别开”的表述,可以理解为是对商标构成条件或者说商标识别商品来源法律属性的规定。而在《商标法》第 9 条申请注册的商标应当具备的条件中明确了“有显著特征,便于识别,并不得与他人在先取得合法权利相冲突”的要求,是在商标构成要件基础上对商标申请注册所需具备的条件的规定。《商标法》第 48 条有关商标使用的界定中也使用了“用于识别商品来源”表述。但《商标法》及相关司法解释、行政法规等都没有对“识别”进行界定。

笔者认为,商标识别功能与商标显著性是密切联系但又有所区别的两个范畴。在商业活动中使用、能够被相关公众作为商品来源标记对待,并与其他商品来源标志相区别,该标志具备了识别商品来源功能,进而构成了商标,识别商

---

① 《商标法》第 8 条规定,“任何能够将自然人、法人或者其他组织的商品与他人的商品区别开的标志,包括文字、图形、字母、数字、三维标志、颜色组合和声音等,以及上述要素的组合,均可以作为商标申请注册”。第 9 条第 1 款规定,“申请注册的商标,应当有显著特征,便于识别,并不得与他人在先取得的合法权利相冲突”。

② 参见 2016 年 12 月原国家工商行政管理总局商标局、商标评审委员会制定的《商标审查及审理标准》中商标审查标准第二部分商标显著特征的审查的第 4 点“仅直接表示商品的质量、主要原料、功能、用途、重量、数量及其他特点的”中的第(五)“仅直接表示指定使用商品的其他特点的”部分相关规定。

品来源属性既是商标的构成要件，也是商标的基本属性，俗称商标的识别性。商标识别商品来源功能是指商标发挥标示和区分商品来源的效用，通过在商品上施加标记以达到标示和区分商品来源的功效，包含“识”和“别”两个层次，“识”是手段，“别”是目的。“别”的目的和“识”的手段形成相互规定、相互制约的辩证关系。一方面，目的决定手段，手段因目的而生，在商品上施加标记的最终目的是“区分”商品来源，不服从于、服务于目的的手段，即失去了其应有的规定性。另一方面，作为手段的“识”是提出和实现“别”的目的的现实条件，也是保证目的实现的现实力量。既不能忽视“识”的基础地位，将“识别”简化为“区分”，忽视标志使用在商品上作为商品来源标记“识”的属性，也不能将“识别”和“区分”对立起来，无视识别功能中“别”的存在。①

首先，商标是商业活动中使用在商品或服务上的一种标记，最基本属性是标识性，识别功能的发挥以标示商品为基础，商标由此而成为一种标志权，这是由标志符号自然属性所决定的，使用在商品上、被相关公众作为商品来源标记认知和对待的属性就是商标识别功能中的标识性。②

其次，商标识别商品来源功能不仅指标示商品来源，还包括区分同种商品的不同来源。③ 区别商品来源是商标识别功能的关键，商标标识商品来源并将相同商品的不同来源区别开来。商标发挥区别作用，且区别的是商品来源，不是经营主体、经营活动、经营行为等，这构成了商标与企业名称、商品名称等其他商业标识根本区别。

最后，商标识别功能包含的标识性和区别性作为手段与目的关系分属商标识别功能两个不同层次。标识性是区别性的手段和基础，无标识性之基，区别性无从谈及，不存在不具有标识性的区别性。区别性是标识性的目的和归属，标识在商品上的最终目的是区分商品来源。因此，标识性和区别性相融共生、

---

① 如有的学者认为，商标是用来“识别”(to identify)和“区分”(to distinguish)商品来源的标志，商标所扮演的角色是“用以识别商品来源于某一提供者”以及“用以区分该提供者与其他提供者”。See J. Thomas McCarthy, *McCarthy on Trademarks and Unfair Competition*, Thomson Reuters/West, 2013, §3:1. 识别性是指构成商标的符号能够使消费者识别、记忆，可以发挥指示商品或服务来源的功能。区分性是指一商标可以区别于他商标，与他人使用在同一种或者类似商品、服务上的商标不相同、不近似，不会引起消费者混淆。参见李琛：《知识产权法关键词》，法律出版社2006年版，第58页。

② 正如有的学者所言，对于商标法有关商标权的规定，需要从这种标识性和标志权的法律属性上进行理解。参见王春燕：《商标保护法律框架的比较研究》，载《法商研究》2001年第4期。

③ Western Stove Co. v. George D. Roper Corp., 82 F. Supp. 206 (S. D. Cal. 1949).

对立统一,“标示与区别相辅相成,系一枚硬币的两面”①,构成完整的商标识别功能。但由于标识性和区别性分属商标识别功能的不同层次,标识性处于基础的地位,也就是对使用在商品或服务上的标志而言,标识性关乎其能否被相关公众作为商品来源标志识记对待,即能否成为商标的资格问题,标识性的有无其实是一道是非题;而在标识性基础之上的区别性主要关乎区分商品来源能力的强弱问题,决定商标保护范围和强度。

所以,基于识别系“加标记使区别”的含义,商标识别功能包含标识性和区别性两方面含义,并表现出层次性。标识商品来源是商标区别于普通标记的根本属性,是否具有标识商品来源属性决定使用在商品上的标志是否有资格成为商标、受到商标法律保护。一般而言,因标识性和区别性是一枚硬币的两面,具有标识商品来源的属性同时也能够发挥最基本的区分商品来源的属性,只不过不同商标区分商品来源的能力各不相同,即商标应当具有标识商品来源的属性,但不同商标的区分能力有高低之分。② 如果“识”层面的研究是个定性问题,而在此基础上的“别”的研究则主要是定量问题。也就是说,商标识别功能不仅识别商品来源能力的有无,而且包含识别商品来源能力的强弱。本书正是在“识”与“别”二分法的基础上研究商标识别功能保护,将商标识别商品来源功能看作“标识商品来源”与“区别商品来源”的有机统一体,“识”与“别”系作为手段与目的的相融共生关系,不仅无法脱离“别”的目的孤立地研究“识”的手段,而且缺乏目的指引、不服务于目的的手段也失去了其应有的规定性。而商标显著性是“抽象而不确定之概念”③。商标显著性包含商标标识和区别商品来源的属性,但标识和区别商品来源不是商标显著性的全部,因为商标在标

① 彭学龙:《商标显著性新探》,载《法律科学》2006 年第 2 期。

② 有学者认为,作品应当具有独创性,但不同种类的作品对于独创性的要求程度不同。并认为,独创性标准是一个主观标准,不存在适用于所有作品的统一标准。不单著作权法中的作品独创性如此,专利法中发明的创造性、商标法中商标的显著性也存在相同的问题。参见陈锦川:《所有类型作品的独创性标准都应当一致吗?》,载《中国版权》2019 年第 2 期。事实上,独创性包含“独”和“创”两个方面,“独”是指“独立创作、源于本人”,这是所有作品的共同属性和基本要求,是一个“有和无”的判断;“创”是指一定水准的智力创作高度,不同类型的作品、相同类型的不同作品智力创作高度不尽相同,是一个“高与低”的判断。参见王迁:《知识产权法教程》(第 5 版),中国人民大学出版社,第 30 ~ 38 页。所以,对“独”和“创”不加区分、笼统地说不存在适用于所有作品统一的独创性标准,容易落入纯粹主观标准的黑洞。商标识别性也如此,需从“识”和“别”二分层面进行更加深刻地认识,也可以避免逻辑冲突。

③ 曾陈明汝:《商标法原理》,中国人民大学出版社 2003 年版,第 26 页。

识和区别商品来源基本功能的基础上还延伸出品质保障、广告宣传、表彰商誉等功能，商标显著性比商标识别性涵盖更广泛的内容，商标识别性是商标显著性的逻辑起点。

三、商标识别功能的外延

随着市场经济的发展，商标识别功能不断发展，商品来源经历了从最初的具体生产来源到匿名来源再到关联关系来源的不断扩张，商品来源内涵越来越丰富。同时，出于商标许可、转让等现实需求，司法实践开始放松对商标权必须与营业一起转移效力的限制，品质保障功能理论逐渐形成，即商标是标有相同商标的商品具有相同品质的保证，商标的效用突破了指示商品来源的束缚，商标被赋予了广告功能、商誉功能、投资功能等更多的功能，甚至是商标脱离于商品呈现出商标符号本身的财产化趋势。众多的商标功能之间究竟是什么关系？是并列、递进抑或包含关系？商标核心功能是否已经发生转变？本书从商标识别功能与其他功能的关系角度分析商标识别功能的外延。

（一）商标识别功能与品质保证功能

商标品质保证功能，也称质量保证功能，通常是指相关公众对标示相同商标的商品具有相同品质的期待。有关品质保证功能与商标识别功能的关系，存在很大的争议，归纳起来，主要有 3 种不同的观点。

第一种观点认为，商标识别功能是手段，商标品质保证功能是目的，商标从来不是指示商品来源，而是指示商品特性。“商标并非指示特定商品的任何具体或者特定的来源，而是指示消费者所知晓的商品特性或者与之相联系的特性。”①有学者承认识别来源功能，但认为品质保证功能已经取代识别功能的基础地位，成为商标最主要的功能。如有学者认为，“商标权的重心已由以表示出处作用为中心的人格权变为以保证质量的作用为中心的财产权”②。还有学者一方面肯定商标识别功能的基础地位，另一方面又认为“商标，归根结底是用来保障具有稳定质量的特定商品或服务本身，而非其来源的”③，商标品质保证

---

① Frank I. Schechter, *The Historical Foundations of Law Relating to Trade-Marks*, Columbia University Press, 1925, p. 149 - 150.

② ［日］纹谷畅男编：《商标法 50 讲》，魏启学译，法律出版社 1987 年版，第 156 页。

③ 刘春田：《商标与商标权辨析》，载《知识产权》1998 年第 1 期。

“这一功能虽不是商标最初始的功能，却是在市场经济活动中最主要的功能”①。

第二种观点认为，商标品质保证功能只是理论上的虚构和美好的愿望，其质疑商标品质保证功能的客观性。如美国著名商标法学者麦卡锡教授就尖锐地指出，“商标并不是一种质量保证”。② 相同的商标标志仍然可以标示不同品质的商品，商标品质保证功能并没有那么根本。③ 有的学者甚至认为，“在商事领域中不同商品和服务之间唯一真实及有意义的区别，不是相互竞争的商品和服务的质量，也不是价值——而是商标本身”。④ “商标一般不能完全反映出商品的质量，有时则完全不反映商品的质量。”⑤当消费者购买到标示特定商标的前后品质不一的商品时，并不能依据商标法获得保护，经营者并不会因使用商标需承担额外的质量义务。当然，这并不意味着商标对商品品质保证毫无意义，通过合理的商标保护制度设计能够促进经营者维持和提高商品品质，但这已不是商标功能所要规范的对象、调整的范围。可见，商标品质保证功能仅意味着相同商标标识和区别的特定商品品质的稳定性和统一性。

第三种观点认为，商标最基本、最主要的功能仍然是识别功能，品质保证功能是识别功能的延伸，或者说是商品来源范畴的一个组成部分，并未取代识别

① 刘春田主编：《知识产权法》（第2版），高等教育出版社、北京大学出版社2003年版，第239页。

② J. Thomas McCarthy, *McCarthy on Trademarks and Unfair Competition*, Thomson Reuters/West, 2013, §3:10.

③ 备受关注的王老吉商标许可合同纠纷更加形象而生动地揭示了商标品质保证功能并不能保证商品品质的稳定性和一贯性。我国商标法允许商标许可并规定商标许可人有保证商品质量的义务，但这种保证责任是在质量安全范围内的，只要符合《食品安全法》《产品质量法》《消费者权益保护法》等相关法律法规的规定即可，并不意味着许可人应当保证被许可方生产的产品与许可人原生产销售的贴有同样商标的商品品质毫无差异。事实上，商标许可法律关系中，由于许可人和被许可人不同的设备、操作环境、生产工艺、员工技能等条件，生产出来的产品不可能品质完全一致，香港鸿道集团生产的王老吉凉茶与广药集团生产的王老吉凉茶口味有所不同，恰恰说明了所谓商标品质保证功能只不过是一种拟制。

④ ［英］杰里米·菲利普斯：《商标法实证性分析》，马强等译，中国人民大学出版社2014年版，第562～563页。

⑤ 郑成思：《关于商标立法的几个问题》，载《法学动态》1980年第4期。转引自黄晖编：《郑成思知识产权文集：商标和反不正当竞争卷》，知识产权出版社2017年版，第224～225页。

功能。[①] 如有的学者从信息经济学角度对商标制度进行分析时指出,商标的功能就在于标示和区分商品的出处,信息传递和建立信誉不过是标示和区分出处这一基础功能的延伸,并形象地将其比作“一体两翼”[②]。

有些学者将《商标法》规定的“保证商品和服务质量”立法宗旨解读为商标的质量保证或品质保证功能。事实上,我国《商标法》将“保证商品和服务质量”作为立法宗旨之一,是市场秩序行政管制理念对商标私权保护立法的不当干预,一直饱受指责。[③] 即使《商标法》有保证商品质量、促进商品质量提高的立法宗旨和任务,也不等于商标有保证商品质量的功能。而且,如果把《商标法》有关保证商品质量的目标解释为商标功能,这将导致《商标法》与《产品质量法》《消费者权益保护法》等法律的关系混乱。品质保证功能,是指使用相同商标的商品质量的同一性、稳定性,是识别来源功能的延伸,商品来源不仅包括生产、经营者来源,也意味着来源一致的商品品质的同一性。“商标品质保证功能只是赋予了商标识别商品来源功能更广泛的内涵,原来的识别商品来源功能仅指向制造者来源,品质保证功能使商品来源具有统一品质标准的来源属性。”[④]从严格来源到匿名来源再到品质来源,是商标识别来源功能不断发展的体现。在美国 Ty 公司诉佩里曼(Ty Inc. v. Perryman)商标侵权纠纷案中,波斯纳(Posner)法官从经济学角度对两者的关系也得出了类似的结论。[⑤] 从消费者

---

① 如有的学者认为,“从本质上讲,品质保证功能只是古老来源功能的另一个方面,属于抽象来源功能的体现,并不具有独立的价值”。参见梁志文:《商标品质保证功能质疑》,载《法治研究》2009 年第 10 期。“品质保证功能并未取代来源识别功能,其仅仅是原有匿名来源理论的一个方面,即匿名来源理论被扩展成不仅仅包括生产来源,还包括商品或服务质量标准来源:商标的主要功能是表明商品或服务具有单一质量控制来源。依据来源识别和品质保证理论,将生产和品质控制来源相结合显得非常重要。” See J. Thomas McCarthy, *McCarthy on Trademarks and Unfair Competition*, Thomson Reuters/West, 2013, § 3:10. “质量保证功能理论为商标的转让和许可使用铺平了道路,该功能在商标保护制度中具有独立的价值,享受了单独的保护。但是,质量保障功能并没有取代区分功能的地位,前者只是后者的延伸。”参见文学:《商标使用与商标保护研究》,法律出版社 2008 年版,第 51 页。

② 彭学龙:《信息经济学视角下的商标制度》,载《知识产权》2012 年第 8 期。

③ 参见刘春田:《民法原则和商标立法》,载《知识产权》2010 年第 1 期。

④ J. Thomas McCarthy, *McCarthy on Trademarks and Unfair Competition*, Thomson Reuters/West, 2013, § 3:10.

⑤ 波斯纳(Posner)法官阐述道,商标的根本目的是通过确定商品的来源来降低消费者搜索的成本。消费者通过商标对其要购买的商品一目了然,并且如果该商品令其失望知道谁应该对此负责;如果该商品令其满意,也知道将来要购买谁的商品。这反过来会刺激生产者保持商品的高质量和品质的统一性。See Ty Inc. v. Perryman, 306 F. 3d 509 (7th Cir. 2002).

角度出发,消费者确实最主要关注的是商品质量,使用不同商标的商品质量确实会有所不同,但商标与商品之间并不存在必然的关系。一般情况下,相关公众对使用特定商标的商品具有特定品质的期待,并不需要商标法予以直接保护。对生产、经营者而言,通过商标向消费者推销自己的商品,使用相同商标的商品质量稳定、统一,并努力提高商品品质,但绝不是因为使用了商标。

所以,虽然很多学者在不同层面、不同角度讨论商标识别功能与品质保证功能的关系,但商标识别来源功能是商标的最基本功能,使用相同商标的商品质量同一性、稳定性是在商品来源基础上的拓展延伸,也可以说是相同商品来源的应有之义,商标的品质保证功能是在识别来源功能基础上的延伸,不可能取代识别功能的基础地位。

(二)商标识别功能与商标广告宣传功能

商标向不特定公众传递商品信息,甚至脱离商品标志的本身信息,影响消费者购物决策的作用,被称为商标的广告功能。关于商标广告功能的具体内涵,有的学者认为,"商标本身就是一种广告,被称为商标权人的'无言的推销员'";①有的学者认为,"商标的广告功能就是指商标可以作为广告宣传的对象或工具";②有的学者综合以上两种视角,将商标广告功能从内在与外在两个方面综合分析。③ 而有的学者从商标广告功能作用过程角度对其进行全面认识。④ 学界不仅对商标广告功能的内涵认识不一,对其与识别功能的关系也有分歧,大多数学者都将广告功能作为商标重要而独立的功能加以对待,也有的学者认为商标广告功能只不过是识别功能基础上的延伸。从理论界对商标功能的内涵界定也可以看出,无论是将商标本身看作一种广告,还是将商标作为广告宣传的对象或工具,乃至商标内在广告功能和外在广告功能的"多元论",

---

① 汪泽:《中国商标法律现代化理论、制度与实践》,中国工商出版社 2017 年版,第 19 页。

② 吴汉东:《知识产权法》(第 5 版),北京大学出版社 2011 年版,第 231 页。

③ 有学者认为,商标的广告功能的内涵并非单一的,而是多元的,既包括内在的广告功能——消费者依据其消费体验而对商标的自发传播与推介,也包括外化的广告功能——作为广告的对象实现对商品的传播和推介。前者源于商标应用于商品这一事实,属于商标基础功能之一;后者源于在广告中商品需要确定且易辨认的指代媒介,属于商标发展历程中新增添的经济功能之一。参见徐升权:《商标广告功能的法律保护问题研究》,载《南京理工大学学报(社会科学版)》2014 年第 6 期。

④ 商标的功能体现在这一过程的开端和结束:通过商标,经营者将广告所产生的商誉归属于以商标为指代符号的主体;而再次通过商标,消费者实现了自己的购买决定。参见郑其斌:《论商标权的本质》,人民法院出版社 2009 年版,第 9 页。

都肯定了商标作为一种符号传递信息的功能。只不过有的观点认为,商标向公众传递的信息是商品来源;有的观点认为,商标还向公众传递了商标标志本身蕴含的信息,已经脱离了商品,具有独立的价值。

笔者认为,商标是针对商品及其来源而言的,脱离商品的标志不构成商标。作为商标,其发挥的广告功能只能是在与商品联系在一起、识别商品来源的过程中体现,将商标标志的符号传播解释为商标的广告功能,不属于商标法意义的商标功能。

(三)商标识别功能与表彰商誉功能

现代社会消费呈现一种从“物的消费”向“符号消费”过渡的现象,即从重视对物消费的物质功能性逐渐转到重视物上符号的精神象征意义。商标是识别商品来源的标记,但通过识别商品来源的广泛使用,商标不仅发挥识别商品来源的功能,还通过其识别商品来源逐渐获得社会积极评价和信誉,商标成为商业信誉的载体,影响消费者的选择,形成了独立于商品之外的财产价值。目前商标法学界尚未就符号消费对商标功能的影响进行深入的研究。

关于商标商誉(good will)功能,我国有学者通过对商标在现代社会中的功用变化进行描述,阐释了商标具有表彰商誉功能的观点,其认为商标的表彰功能是一种不同于传统识别功能的新功能。① 不过,该学者同时指出,只有驰名商标与知名度较高的著名商标才具备表彰功能,普通商标难以发挥表彰功能。有的学者专门从符号学的视角探究商标的结构以及商标功能的运作机理,对商标法的研究极具启示意义。② 还有的学者采用交叉学科研究方法,对商标的功能体系进行了较系统的分析,清晰地指出商标符号表彰功能与识别商品来源功能在功能属性及保护机制等方面都存在非常明显的区别,进而分析了商标价值的产生基础及商标价值的实现过程。③

商标是包含标志、商品及商品来源的有机整体,商标识别商品来源功能无法脱离特定的商品,商誉通过商标识别来源形成并凝结于商标。虽然为相关公众所熟知的商标商誉所能及范围不限于相同和类似商品,可以扩展到不相同或

---

① 该学者认为,“如果说商标的识别功能主要来自于选择与先占,商标的表彰功能则来自商标所有人的努力与创造……因此,基于保护商标的表彰功能建立的商标权实质是一种创造权”。参见黄晖:《驰名商标和著名商标的法律保护》,法律出版社 2001 年版,第 109 页。

② 参见彭学龙:《商标法的符号学分析》,法律出版社 2007 年版。

③ 参见徐聪颖:《论商标的符号表彰功能》,法律出版社 2011 年版。

者不类似的商品，乃至商号、域名等商业标识，但对商标商誉的保护也不是脱离商品的全类保护、抽象保护，更不是符号垄断。商标是商誉的重要载体之一，如果商标最初所起的作用属于视觉上的识别（Visual Identify，VI），现在也包含了企业文化、精神、信条等理念上的识别（Mind Identify，MI）。[①] 在这个意义上理解识别功能，商标识别功能与表彰商誉功能存在密切联系。

所以，商标首要和适恰的功能是"识别商标所依附的产品的来源或物主身份"[②]。识别商品来源奠定了商标的基本功能。[③] 商标从基本的识别商品来源功能发展出品质保证、广告宣传等延伸功能，这些功能依附于商标识别功能，任何片面强调其中某一种功能而否定其他功能存在的观点都有失偏颇。但品质保证功能、广告宣传功能都是以商标识别功能为基础，没有识别性，商标就无法传递关于商品品质的信息，也无从发挥广告宣传的效果，一般情况下保护商标识别功能可以同时附带地保护品质保证功能、广告宣传功能，将品质保证功能、广告宣传功能的重要性与识别商品来源功能的重要性等量齐观，甚至商标保护时以品质保证功能、广告宣传功能僭越、替代商标识别功能，背离了商标的本质。品质保证功能、广告宣传功能的实质都是保护商标与商品之间的联系，而这种联系恰恰是以商标识别功能为基础的。[④]

很多学者所讨论的商标功能，事实上已经完全脱离商品，只是抽象地讨论商标和商标功能，并包含了经营者主体、经营情况等非商品来源因素。至于认为商标可以独立于商品而充当广告媒介，具有广告宣传功能，则混淆了商标与商标标志本身，脱离于商品的标志就无所谓商标了，更遑论商标功能。而表彰商誉功能，不是一般商标与生俱来的功能，主要是指经过长期使用、为相关公众所熟知、具有较高知名度的部分商标特有的属性，这种属性与普通商标识别商品来源属性不同，决定了对其保护的原理和路径的差异，有些国家的商标立法

---

① 参见李亮：《国际商标法律制度研究》，法律出版社 2015 年版，第 9 页。

② See Hanover Star Milling Co. v. Metcalf, 240 U. S. 403 (1916).

③ 一项制度的基本功能，是指该制度之所以产生、存续的最主要的功能指向，即决定该制度之必要性的功能依据，而非泛指该制度所具有的客观效果。一项制度确立之后，客观上会有很多效果，但最具有理论和实践意义的是：该制度的何种功能，使该制度必不可少、无可替代？这项功能即制度的基本功能。参见李琛：《知识产权法基本功能之重解》，载《知识产权》2014 年第 7 期。

④ 正如有的学者所言，商标的质量保证功能是手段，指示商品来源的功能才是目的。如果没有商标的指示商品来源功能，商标的质量保证功能将没有存在的基础。因此，可以认为商标的指示商品来源的功能是基本功能，其他功能都是该功能的衍生品。参见邓宏光：《商标法的理论基础——以商标显著性为中心》，法律出版社 2008 年版，第 52 页。

甚至都未将其作为普通商标侵权行为加以规范。因此，商标功能可分为基本功能和延伸功能，识别商品来源是商标的基本功能，其他功能都是在识别功能基础上的延伸。

第二节　商标识别功能的本质

商标识别功能内涵及外延的研究界定了商标识别功能的范畴，为科学认识商标识别功能奠定了基础，但还未充分揭示商标识别功能的本质。

一、商标的本质

商标的本质是商标界定的核心和商标法研究的重点，它不仅决定了商标的地位以及人们对待商标的根本方法，还决定或影响着商标法的制度结构及相关实践问题的处理。① 商标本质的研究呈现四种研究进路，即经济学、符号学、心理学和营销学的研究，其试图从不同角度揭示商标的内在属性。②

（一）商标本质的理论学说概括

根据微观经济学经典理论，市场经济是完全信息的经济，市场参与者都是"理性人"，市场参与者都能免费而迅速地获取各种市场信息，"竞争经济的一个基本假设是，消费者能够通过在众多质量、价格各异的商品或服务中进行选择而获利"③。不过，"理性人"和"完全信息"只是假设，实际上搜寻商品是有成本的，"商标保护的首要价值在于，它有助于降低消费者的搜寻成本"④。但商标降低搜寻成本的前提是商标传递的信息是真实的、未受扭曲的，也就是商标识别来源功能正常发挥，商标指示的商品来源真实。保护商标权就是维护商标识别商品来源功能的发挥，保证商标传递信息的真实性，激励商标权人维持和改善商品质量的努力和投入，防止商标带来的收益外溢，提高商标侵权的成本，

---

① 参见王太平：《商标法：原理与案例》，北京大学出版社 2015 年版，第 1 页。

② 上述四种研究进路可参见王太平：《商标法：原理与案例》，北京大学出版社 2015 年版，第 11 ~ 22 页。

③ William Cornish & David Llewelyn, *Intellectual Property: Patent, Copyright, Trade Marks and Allied Right*, London Sweet & Maxwell Press, 2003, p. 588.

④ Barton Beebe, *Search and Persuasion in Trademark Law*, 103 Michigan Law Review 2020 (2005). William M. Landes, Richard A. Posner, *The Economic Structure of Intellectual Property Law*, Harvard University Press, 2003, p. 168.

制止他人“搭便车”行为。

心理学理论认为，“商标在本质上是智力的或心理学的”。① 人类的认知系统是一个内部心理获取知识和信息以及运用的过程。商标识别功能主要体现为商标对消费者心理认知的影响。商标包含了标志、商品、商品来源以及对商品来源的评价等信息，人们开始对商标所包含的商品来源信息知之甚少，经过商品生产经营者的广告、促销等手段以及消费者的口口相传和自身的消费体验，逐渐获取了有关特定商标识别商品来源的信息，这些信息以节点的形式存储在人的大脑，形成认知网络。当人们为了生活需要选购商品，商标节点信息被激活，唤起人们对商标节点信息的认知，并将认知到的商标的主要特征信息与大脑中存储的商标节点信息进行匹配，进而以此作出选购决策。所以，商标法律保护就是维护消费者正常的心理认知，并对干扰消费者正常心理认知的行为进行制止和救济。商标本质上是一种心理财产。②

基于商标的符号学分析，商标是一种符号，根据符号二元论和三元论观点的不同，商标分别由“能指”“所指”二元结构或“能指”“所指”“对象”三元结构组成。③ “能指”是商标的标识本身，是消费者可以认知和识别的外在形式；“对象”是商标所识别的商品或服务；“所指”是商标识别的商品来源和提供该商品的主体的商誉。商标类似于三角凳，由指示物（signifier，即商标可被感知的外部形态）、被指示物（signified，即商标的内在语言学含义）以及参照物（referent，即使用商标的商品）这 3 个要素构成有机系统。商标所有人对商标可被感知的外部形态（signifier）不享有任何权利，因为如果商标可被感知的外部形态（signifier）脱离了使用商标的商品（referent）及被指示物（signified），就不是可被赋予商标权的商标。商标是市场中使用于商品上的符号语言，商标法扮演的角色就是商标这种“商品语言”的“语法”。

---

① Richard L. Kirkatrick, *Likelihood of Confusion in Trademark Law*, Practicing Law Institute, 2010, Foreword.

② 参见彭学龙：《商标法基本范畴的心理学分析》，载《法学研究》2008 年第 2 期。

③ 根据皮尔士的观点，一个事物在人们观念里产生一个等同的符号或更高级的符号，该符号本身为解释项，符号代表的事物为对象，符号通过意指一种观念来代表该对象，符号是由以一定形式表现的符号表达、该符号表达所代表的对象以及该符号表达向人们传达的解释项三元结构组成。而在索绪尔看来，符号由能指与所指组成，能指即符号的表达形式，所指即符号的内容。参见［法］罗兰·巴尔特：《符号学原理》，李幼蒸译，三联书店 1988 年版，第 133 ~ 134 页。

（二）商标权客体的研究

知识产权学界对知识产权客体存在“智力成果说”“信息说”“形式说”“知识说”“符号说”等众多学说，[①]具体到商标权客体有“标志（识）说”“联系说”“商誉说”等几种最具代表性的学说。

“标志（识）说”认为，商标保护商业标志本身，标志是商标保护的对象，授予商标权的目的在于保护标志的商业性使用，商标权是一种对商业标识所享有的权利。由于“标志说”仅关注商标之“形”，既没有意识到商标属“人物志”组成的有机整体，也未围绕基于标志之上的特定利益充分考量，而且脱离特定的商品或服务，与在核定商品或服务上使用并禁止他人未经许可在相同或类似的商品或服务上使用相同或近似商标的商标保护实际不符，容易导致“符号垄断”。在司法实践中，最高人民法院也在相关判决中明确指出，商标法保护的是商标识别商品来源的功能，而并非仅以注册行为所固化的商标标识本身。[②]

关于“联系说”，有观点认为“商标的实质是商标标志与特定商品之间的联系”。[③] 商标权客体是相关公众所认知的商标与商品或服务之间的特定联系。[④]商标法所要保护的并不是构成商标的标志本身，而是商标与商品来源之间的关联。[⑤] 商标是由标志、商品与商品来源三要素构成的有机体，商标是相对于特定商品或服务而言的，用于识别商品来源，而不是商业标志本身。“没有文字、图案或符号与特定的商品或服务这二者在市场上作为‘标’与‘本’相联系的法律事实，就不会产生‘商标’这种法律关系。”[⑥]商标不是一般的商业标志，它的本质在于能够发挥指示来源功能，在某种商品与特定商品来源之间建立联系，达到区分商品来源的目的。“如果一个符号不是作为商品或服务出处的代表而存在，则该符号并不是商标。”[⑦]“联系说”克服了“标志说”的缺陷，鲜明地指出商标不是标志本身，而是标志与特定商品及其来源之间的联系。但是，“联系说”缺乏系统的理论阐述，目前的研究停留在仅将其作为分析商标法律问题的一种

---

① 参见张勤：《知识产权客体之哲学基础》，载《知识产权》2010年第2期。

② 参见最高人民法院民事判决书，（2016）最高法民再216号。

③ 郑其斌：《论商标的独立价值》，载《社会科学家》2009年第5期。

④ 参见杜志浩：《商标权客体“联系说”之证成——兼评“非诚勿扰”商标纠纷案》，载《政治与法律》2016年第5期。

⑤ 参见吴汉东：《知识产权基本问题研究》，中国人民大学出版社2005年版，第569页。

⑥ 刘春田：《商标与商标权辨析》，载《知识产权》1998年第1期。

⑦ 李琛：《商标权救济与符号圈地》，载《河南社会科学》2006年第1期。

路径。此外,还有学者将"联系"解释为商标与商誉之间的联系,这种"联系说"实为"商誉说",即认为商标权客体的本质是标志背后的商誉。

"商誉说"认为,标志符号只是商标之"形",商标之"神"在于符号背后承载的商誉。商标保护的实质是商誉,商标的财产属性正是商誉价值的体现。"商誉说"兴起于19世纪的英国,是衡平法院为解决对商标侵权纠纷司法管辖的障碍,将商标的商誉作为财产对待。① 1877年,美国联邦最高法院在审理"麦克林诉弗莱明案"(McLean v. Fleming)时指出,法院管辖此案的基础在于,当事人对其在商业活动中形成的商誉以及所选择的用以扩大和保有商誉的标识符号拥有巨大利益。② 20世纪初美国法官也在判决中将"商誉"作为商标保护的对象引入假冒之诉,③以调和"欺诈"对商标保护的不力与商标作为财产保护理论依据不足的矛盾,为商标保护从假冒之诉中独立出来奠定了理论基础。1916年,美国联邦最高法院在审理"汉诺威星磨坊公司诉梅特卡夫案"(Hanover star Milling Co. v. Metcalf)中更是明确指出,将专有使用商标的权利归入财产权的范畴,来自商标的使用以及由此产生的商誉,商标财产权的核心是商誉,法律保护的正是商誉,商标只是保护这种财产的手段或者工具。④ "商誉说"在学术界也受到广泛推崇,有的学者认为,"商誉与作为符号的商标不可分离,商标除其承载的商誉外没有独立存在的意义,如果没有商业和商誉,商标就无所指代"。⑤ "商标的目的不是赋予广泛的财产权利,而只是保护商标所有人对该商标投入的商誉。"⑥我国著名知识产权学者郑成思教授也认为,商标之所以构成财产,是经营者通过商标使用在市场上建立起了一定的信誉或者商誉。⑦ 商标权就是基于商标及其所代表的商誉的权利,商标法的保护侧重于商誉,而非标记本身。⑧

---

① See Robert G. Bone, *Hunting Goodwill: A History of the Concept of Goodwill in Trademark Law*, 86 Boston University Law Review 567 (2006).

② See McLean v. Fleming, 96 U. S. 245(1877).

③ See AG Spalding and Bros v. AW Gamage Ltd., 84 LJ CH 449 (1915).

④ See Hanover star Milling Co. v. Metcalf, 240 U. S. 90 (1916).

⑤ J. Thomas McCarthy, *McCarthy on Trademarks and Unfair Competition*, Thomson Reuters/West, 2013, §2:15.

⑥ [美]罗伯特·P. 墨杰斯等:《新技术时代的知识产权法》,齐筠等译,中国政法大学出版社2003年版,第467页。

⑦ 参见郑成思:《知识产权法》,法律出版社2003年版,第7页。

⑧ 参见李明德:《知识产权法》,法律出版社2008年版,第196页。

不过,"商誉"属性究竟是什么?如何从法律意义上界定商誉?商誉属于人格权还是财产权?目前理论界对商誉本身无法给出清晰的界定。而且,如果商标的本质是商誉,但商标与商誉并非如影相随,尚未投入使用、由随意性甚至暗示性标志构成的注册商标获得保护的基础是什么?其商誉从何而来?商标已经退化为商品通用名称后蕴含的巨大商业信誉还能否继续获得保护?商标的价值体现为商誉,体现商誉的商业标识却不限于商标,如何科学界分商标商誉与其他商业标识的商誉?商标权保护的商誉与"商誉权"能否等同?① 事实上,商业标识所承载的商业信誉的大小,只影响商业标识的价值,并不是决定商业标识是否受商标法保护的条件。②

可见,"标志(识)说""联系说""商誉说"等代表性学说分别围绕商标外在形式、商标内在结构、商标承载的价值等不同角度对商标客体属性进行研究,为商标本质属性的研究提供了多维视角,从不同层面揭示了商标的属性。而且,商标的本质需要多视角的观察和比较,不同视角之间的研究并非绝对排斥,相互借鉴才能更接近商标的本质。

二、商标识别功能的本质

商标发挥识别商品来源功能,就是商标从普通的符号标记充当标示和区分商品来源的指示器,即生产经营者使用商标传递商品来源信息,相关公众以商标作为识别商品来源工具和媒介的过程。相关公众通过商品上使用的标志在其与特定商品及其来源之间建立联系,从而与其他提供者相区分。

(一)商标识别功能的本质是一种客观联系

商标是由标志、商品及商品来源组成的结合物和统一体,识别功能的价值在于将标志、商品及商品来源联系在一起。首先,商标是一种标志或符号形式,这是生产经营者通过标志符号向相关公众传递商品信息的符号基础;其次,标志或符号形式本身还不能称为商标,商标是使用在特定商品上的标志与该商品及商品来源的结合或混合体,标志与商品、商品来源之间的联系是商标识别功能的体现,"商标是指特定标识与特定商品或服务之间的联系,而不是商业标识

---

① 有关"商誉权"的研究,可参见梁上上:《论商誉和商誉权》,载《法学研究》1993年第5期;吴汉东:《无形财产权基础问题研究》(第3版),中国人民大学出版社2013年版,第449~467页;等等。

② 参见张玉敏:《知识产权的概念和法律特征》,载《现代法学》2001年第5期。

本身”[1]。商标最基本、最核心的属性是识别性,更进一步说是一种联系,包括商标标志本身的独特性、标志对商品的标识性及对商品来源的指示,识别功能居于商标系统的核心,它是将标志、商品与提供者三要素维系在一起的纽带,并基于此联系将不同商标识别的商品来源区分开。“商标使用人的目的却是要使特定商品与由符号构成的特定标记之间建立起联系,使客户或消费者将该标记作为特定商品的标记。商标权要保护的正是这种商品与标记之间的联系。”[2]商标经过使用,标志与商品及商品来源之间的联系会逐渐加强,会承载越来越高的商誉,甚至商标承载的商誉会突破商标使用的特定商品和服务范围,延伸到不相同或不类似的商品或服务。但商标法律制度首先保护的是标志、商品及商品来源之间的联系,只有这种商标识别功能的正常发挥才能形成商誉,商誉是商标发挥识别功能的结果。因此,商标识别功能的本质就在于传递商标与商品来源的客观联系。

(二)商标识别功能的本质是相关公众认知联系

商标表明商品出处、传递商品来源信息不是机械通信,而是需要人的参与,商标识别功能是在人的活动中才能实现,与特定商品的相关公众的认知密切相关。相关公众的认知是商标识别功能的判断标准,而标志的使用及使用方式影响相关公众是否容易建立标志与商品及商品来源之间的联系。特定要素所构成的标志的使用、表达或展现方式,应当符合该标志所标示的商品或服务行业的通常使用习惯。相关公众在具体商品或服务上看到特定标志时,是否会将其认知为商标,进而对该标志是否能够起到区别商品或服务来源的作用进行判断。[3] 相关公众通过对商标通常使用和表现形式的记忆和经验积累,将商标标志与特定商品及商品来源建立联系,当相关公众再次看到商品上使用的标志时会产生条件反射,唤起大脑中的记忆,并根据记忆进行判断使用在商品上的标志是否能够帮助其识别商品来源,即是否容易将该标志作为商品来源标记认知。如果便于相关公众据此识别商品来源,通过商标的实际使用,商标标志与特定商品、商品来源之间建立现实联系,产生识别商品来源的客观效果。对相关公众而言,商标向其传递了商标标志与商品及商品来源之间的联系,并通过使相关公众将其显著特征与商品的属性联系在一起而发挥一种信任机制,简化

---

① 宋建宝:《论商标权的本质及其异化》,载《知识产权》2011 年第 1 期。

② 刘春田主编:《知识产权法》(第 4 版),中国人民大学出版社 2009 年版,第 157 页。

③ 参见北京市高级人民法院行政判决书,(2016)京行终 4293 号。

决策过程，减少搜寻成本，这种信任和简化功能使相关公众凭借商标确定商品的来源并作出选购商品的决策成为现实，同时也使作为商品来源的生产、经营者从中获利，保护生产、经营者持续投入和保持商品品质的积极性，以期获得重复交易的激励。“商标保护是对符号心理功能的法律承认。如果说人们依靠符号生活，则人们同样也依靠符号购物。商标是引导消费者选购他需要或他认为他所需要的商品的一条商业捷径。”①

所以，商标是由标志、商品、商品来源相结合的“人”“物”“志”三要素组成的有机体，识别功能是组成和维系该有机体正常运行的纽带。保护商标，不是保护标志本身，而是保护商标识别功能，即保护商标标志与商品及商品来源之间的联系。这种联系有利于降低消费者搜索成本，促进商品流通；有利于促进经营者提高商品品质，并使商品生产者“超越零售商的肩膀”②，与消费者建立直接的联系，获得相应的回报。

（三）商标识别功能与“商标异化”

认清商标识别功能的本质，我们可以更加理性地对待“商标异化”现象。商标的自然属性是一种符号标志，标志可以脱离于所联系的特定商品及商品来源而独立存在，甚至是符号的商品化，这种现象被称为“商标的异化”。但是，所谓的符号的独立价值，商标的“符号化”，或“商标的异化”，事实上已经脱离商品，不是法律属性意义上的商标，而是一般符号意义上的标志，或是营销意义上的符号，这是符号自身的社会属性。商标符号的社会属性与商标的法律属性并不冲突，社会属性并未否定法律属性，符号的商品化不仅没有改变作为识别商品来源的商标本质属性，商标符号的独立价值客观上还源于商标识别商品来源功能。只有商标标志与商品来源之间的联系达到了一定程度，通过长期广泛使用为相关公众所熟知，他人对商标的使用行为足以使相关公众认为商标使用人与为相关公众所熟知的商标权人具有相当程度的联系，而减弱为相关公众所熟知商标的显著性、贬损为相关公众所熟知商标的市场声誉，或者不正当利用为相关公众所熟知商标的市场声誉，商标保护才能突破相同或类似商品范围。尽管如此，为相关公众所熟知商标的跨类保护不是全类保护，更不是脱离商品的符号垄断。

---

① Mishawaka Rubber & Woollen Mfg Co. v. SS Kresge Co., 316 U. S. 203, 205 (1942).

② Frank I. Schechter, *The Historical Foundations of the Law Relating to Trade-Marks*, Columbia University Press, 1925, p. 337.

三、商标识别功能的特点

（一）商标识别功能具有客观性

事实行为与法律行为的区别在于法律效果。事实行为的法律效果与行为人意志无关，而法律行为的法律效果根据行为人的意思表示发生。① 事实行为的法律效果法定，引起相应权利义务关系的产生、变更和消灭。商标使用的法律效果并非由使用人的意志决定，而是取决于商标发挥识别商品来源的客观效果。使用在商品上的标志能否识别商品来源是一种客观效果，是对商标识别商品来源客观能力的判断。商标发挥识别功能，产生识别商品来源的效果，与生产、经营者商标使用的事实行为密切相关，商标识别功能是生产、经营者将特定标志作为商标使用的事实行为和相关公众将该标志作为识别商品来源客观效果的结合。但商标识别功能的发挥与生产、经营者在商业活动中是否将相关标志作为识别商品来源的商标使用的意思表示无关。我国《商标法》第三次修改时吸收原《商标法实施条例》中商标使用的规定，提升了商标使用规定的立法层次，并首次在立法上明确了商标使用“用于识别商品来源”的基本属性，具有积极意义。但商标识别商品来源是经营者将特定标志作为识别商品来源使用的事实行为和相关公众将该标志作为识别商品来源的客观效果的统一，不仅是生产、经营者将相关标志“用于”识别商品来源的主观意图和事实，更是相关公众能够以商标识别商品来源的客观效果。即使将相关标志使用于特定商品上，用于识别商品来源的意图和事实，但如果不能产生识别商品来源的客观效果，也就无法根据该意思表示获得相应的商标法律效果。所以，商标识别商品来源功能具有客观性。

商标识别商品来源作为一种不以人的意志为转移的客观效果，由商标使用事实行为引起，是商标识别功能是生产、经营者将标志作为商标使用的事实行为和该标志为相关公众识别商品来源的客观效果的统一。当然，商标使用事实行为并不总是与发挥识别商品来源的客观效果统一，也会出现两者分离的情形，如存在生产经营者将标记作为商标使用的事实行为，但由于相关公众不能通过该标记来识别商品来源，该事实行为未产生商标法律效果，不构成商标法意义上的商标使用；同样，虽然相关公众以特定商标识别来源，产生了识别商品

---

① 参见朱庆育：《民法总论》（第2版），北京大学出版社2016年版，第83页。

来源的客观效果，似乎成为事实上的“商标使用”，有的学者也称为“被动使用”，[①]但由于生产、经营者并没有商标使用事实行为，识别商品来源并不是商标使用事实行为的法律效果，不属于商标法意义的识别商品来源。所以，商标识别功能是生产、经营者商标使用的事实行为和相关公众将商标作为识别商品来源的客观效果的统一，两者缺一不可。

（二）商标识别功能具有相对性

商标使用于特定商品或服务，没有脱离于商品或服务的商标。“如果一个符号不是作为商品或服务出处的代表而存在，则该符号并不是商标。”[②]同样，“没有文字、图案或符号与特定的商品或服务这二者在市场上作为‘标’与‘本’相联系的法律事实，就不会产生‘商标’这种法律关系”。[③] 商标是否具有识别功能不能脱离商品或服务抽象认定，而且相同标志使用在不同商品上是否具备识别功能以及识别能力强弱也不尽相同。有些标志使用在特定商品上无法发挥识别来源功能，如本商品通用名称标志使用在该商品上，而在该商品通用名称之外的其他商品上使用，往往又能发挥识别商品来源功能。本书将商标识别功能的这种属性称为相对性。具体而言，商标识别功能相对性包含两层含义：一是商标是商业活动中使用的、识别商品来源的标志，是针对特定商品或服务而言的，脱离特定商品或服务，就无所谓商标，自然也无商标识别功能可言。二是相同的标志在不同时期针对不同的消费群体，能否发挥识别商品来源功能并非一成不变。同一时期，相同标志使用于不同商品，能否发挥识别功能可能截然不同；不同的时期，相同标志使用于相同商品，可能之前不能发挥识别功能，但后来获得识别功能，或者之前能够发挥识别功能，后来丧失识别功能。可见，商标识别功能具有相对性。

商标识别功能的相对性，决定了注册商标权人只能在核定的商品上使用核准注册的商标，并只能禁止他人在相同或类似商品上使用相同或近似的商标，而不能禁止他人在不类似商品上使用相同或近似商标，或者在相同或类似商品上使用不近似的商标，也就是说商标识别功能相对性决定了商标权保护范围的有限性、相对性。当然，商标识别功能的相对性并不意味着商标权就是相对权。根据权利效力所及“人”的范围的不同，民事权利可分为绝对权和相对权。相对

---

① 参见邓宏光：《为商标被动使用行为正名》，载《知识产权》2011 年第 7 期。

② 李琛：《商标权救济与符号圈地》，载《河南社会科学》2006 年第 1 期。

③ 刘春田：《商标与商标权辨析》，载《知识产权》1998 年第 1 期。

权亦称对人权，即只能请求特定义务人为特定行为，或者说，权利的实现有赖于相对人。① 而绝对权的效力及于所有人，权利的实现不依赖于特定人，或者说，不以特定人为义务人，故又称对世权。从权利效力所及范围来看，商标权显然是一种绝对权、对世权，只不过商标权在“行为”方面不是一种具有广泛排他性的绝对权，“商标权具有相对性，商标权的权利辐射范围是有限的，只能在相同或者类似商品上排斥他人使用相同或者近似商标，而不具有广泛的排他性或者对世性”②。商标保护范围的有限性，在这意义上，“将商标权视为总括性的权利或者与版权、专利权相类似是完全错误的”③。商标保护范围在使用商标、识别商品范围上的有限性，正是由商标识别功能的相对性决定的。

第三节 商标识别功能保护的价值

商标是建立在识别商品来源属性基础上的激励体系和价值体系。商标与识别商品来源功能相伴而生，具备识别商品来源功能，标志着现代意义商标的产生，对于商标具有根本性。“不研究商标的实际功能，也就无法厘清商标保护的基本原理……证明商标保护的正当性只能从功能中寻找答案。”④识别商品来源功能决定商标的存在，之于商标至关重要，保护商标识别功能，对商标法律制度具有基础性和全局性。“在很大程度上说，商标法存在的目的就是确保商标功能的实现。”⑤研究商标保护具体制度时，忽视识别功能这一商标根本法律属性的理论研究，不仅容易“只见树木不见森林”，还会导致舍本逐末。

一、维护商标存在及结构的需要

（一）识别功能是商标存在基础

从商标的产生与发展的历史来看，商标因识别商品来源而生，识别功能是

---

① 参见王泽鉴：《民法总则》，北京大学出版社 2014 年版，第 95 页；马俊驹、余延满：《民法原论》（第 4 版），法律出版社 2010 年版，第 61 页；王利明：《民法总论》（第 2 版），中国人民大学出版社 2015 年版，第 110 页；等等。

② 孔祥俊：《商标与不正当竞争法：原理和判例》，法律出版社 2009 年版，第 59～61 页。

③ United Drug Co. v. Theodore Rectanus Co., 248 U.S. 90, 98, 39 S. Ct. 48, 63 L. Ed. 141 (1918).

④ C. D. G. Pickering, *Trade Mark in Theory and Practice*, Hart Publishing, 1998, p. 34.

⑤ 王太平：《商标法：原理与案例》，北京大学出版社 2015 年版，第 1 页。

标志成为商标的前提，是商标最原始、最根本的属性，也是商标存在的基础，识别商品来源功能主导地位的确立标志着现代意义商标的产生。作为识别性标志，商标不仅是标志本身，而是标志、商品和商品来源的有机统一体，标志使用于商品上的事实行为，产生了相关公众通过该标志标示和区分商品来源的商标法律效果，商标法首要任务是保护商标识别商品来源功能。商标是识别商品来源的标志，识别商品来源是商标的本质属性，具备识别商品来源功能也是标志成为商标的前提，识别商品来源属性之于商标而言具有“非白即黑”的根本性。

从立法层面来看，国际公约和很多国家的商标立法都从区分商品来源的本质属性上对商标进行了定义，在立法上确认了识别功能对商标的根本价值。《与贸易有关的知识产权协议》将商标定义为：“任何能够将一个企业的商品或服务区别于其他企业的商品或服务的标记或标记的组合。”①《法国知识产权法典》规定：“制造、商业或服务商标是指用以区别自然人或法人的商品或服务并可书面表达的标记。”②《英国商标法》将商标定义为：“任何能够以图示表示的、能够将某一企业的商品或服务与其他企业的商品或服务区分开来的标记。”③美国《兰哈姆法》将商标定义为：为表示商品来源（即使该来源不为公众所知），将自己制造或销售的商品（包括特殊产品）与他人相区别，而在商业中使用的或意图真实使用的任何文字、名称、标志、图案或其组合。④《德国商标与其他标志保护法》规定，“任何足以将企业的商品或服务与其他企业的商品或服务区别开来的标志，特别是包含人的姓名在内的文字、图形、字母、数字、听觉标志、包含商品或其包装形状在内的三维外型及其他的包含颜色与颜色组合在内的装潢，可以作为商标受到保护”。⑤我国《商标法》第 8 条也从区分来源的角度将商标界定为任何能够将自然人、法人或者其他组织的商品与他人的商品区别开的标志，并在第 48 条明确了商标的使用是将商标用于识别商品来源的行为。

---

① 《与贸易有关的知识产权协议》第 15 条第 1 款。

② 《法国知识产权法典》L. 711－1 条。参见《法国知识产权法典：法律部分》，黄晖、朱志刚译，郑成思审校，商务印书馆 2017 年版，第 213 页。

③ 《英国商标法》第 1 条。《十二国商标法》，十二国商标法翻译组译，清华大学出版社 2013 年版，第 413 页。

④ 参见美国《兰哈姆法》第 45 条。

⑤ 《德国商标与其他标志保护法》第 3 条。参见《德国商标法（德国商标与其他标志保护法）》，范长军译，知识产权出版社 2013 年版，第 2 页。

（二）识别功能是维系商标结构的纽带

从商标构成要素来看，“商标具有三大要素，即标志（商标构成要素的文字、图形等）、对象（商标标示的商品或服务）、来源（商标表彰、区分商品或服务的出处）”。[①] 商标是“由使用商标的主体（人）、商标使用的对象（物）以及组成商标的标志（志）三位一体的统一物。这三个元素缺一不可，相互关联共同组成一个完整的商标”。[②] 从传递信息的角度来看，商标以商标标志这种物理媒介传送商品及其来源等信息。从符号学角度来看，商标是符号形式（能指）与符号内容（所指）的混合物。在商标结构中，无论是“人、物、志”三元素，还是标志媒介及传递的商品信息，或者符号形式和符号内容，作用于商标构成元素、联接媒介与所指代对象、维持形式与内容相互依存关系的枢纽正是识别功能。其像一只“无形之手”维系商标结构正常运行，并因此成为商标系统的重要组成部分，具有引发消费者对商标蕴含的标志、商品、商品来源信息进行积极联系的作用。所以，从商标结构来看，作为识别性标志，商标不是标志本身，而是使用在商品上起到识别商品来源功能的标志的混合物或统一体，识别商品来源居于商标结构的核心，是维护商标结构的纽带，也是产生商标价值的基础。

商标结构中识别功能这只“无形之手”将商标标志与商品和商品来源紧紧联系在一起，一旦失去这一纽带，割裂商标标志与商品及商品来源之间的联系，商标结构难以维系，商标将不复存在。商标识别功能发挥作用的过程，就是商标如何从普通的符号标志充当识别商品来源的“指示器”，即相关公众以商标为工具和媒介识别商品来源的过程，商标作为财产得到保护的正当性就是基于商标识别商品来源所积累的商誉。所以，商标的本质在于识别商品来源，识别功能是商标的存在基础，是维系商标结构的纽带，保护商标识别功能是维护商标存在和结构的内在需要。

---

① 吴汉东：《无形财产权基本问题研究》（第3版），中国人民大学出版社2013年版，第357页。

② 黄晖：《商标法》（第2版），法律出版社2016年版，第21页。当然，根据符号学理论，商标由能指、所指二元结构或能指、所指和对象三元结构组成。二元论认为，符号由能指与所指组成，能指即符号的表达形式，所指即符号的内容。商标即由符号的表达形式标志和符号的内容商品来源构成。三元论认为，能指是商标的标志本身，是消费者可以认知和识别的外在形式，对象是商标所识别的商品或服务，所指是商标识别的商品来源和提供该商品的主体的商誉。无论是二元结构还是三元结构，都认为包含标志、商品、提供者三个要素。

二、划定商标权保护范围的标尺

识别功能是商标与其他权利保护对象及公有领域的标志根本区别所在，保护好商标识别功能，就确定了商标权保护范围的核心，划定了商标权保护边界。"在很大程度上说，商标法存在的目的就是确保商标功能的实现。"[①]知识产权的保护对象具有无形性的特点，知识产权保护范围与其他民事权利保护范围界限较为清晰，故在此主要围绕作为商业标识的商标与作为智力成果的发明和作品，以及其他商业标识的区别展开分析。

(一)识别功能划定了商标与发明、作品等智力成果的界限

知识产权保护客体一般分为智力成果和工商业标记，[②]"两类知识产权的自然属性和法律属性都有区别，随之也具有不同的立法和司法保护政策"。[③]"这两类知识产权不同的立法和司法保护政策事实上源于智力成果权和商业标识权的客体——智力成果与商业标识的不同。"[④]"与发明创造和作品相比，商标具有根本不同的性质。保护发明创造和作品的目的在于鼓励创作和激励创新。人们构造这两种法律制度的前提在于：没有法律保护，有些创作和创新将不可能出现；人们依旧会创作、发明，但规模会大大缩水。而商标保护是对在商品上做标记这种既存的社会现象的调整，以有效保护基于在商品上做标记所获得的利益。"[⑤]可见，同属知识产权客体的智力成果和商业标记在基本属性和功能上存在明显的差异。智力成果和商业标识客体上的不同就是商标的识别性与作品的独创性、专利的创造性的不同。[⑥] 智力成果是创造性智力劳动的结晶，具有独创性或创造性；而商业标识一般与独创性或创造性无关，其根本属性在于识别性。基本属性的不同与功能的差异相互印证。从符号角度来看，商标符号与作为作品或技术方案符号的区别在于发挥不同的功能。智力成果的功能主要在于促进技术进步、科学文化事业的发展和繁荣，体现为促进科学技术文

---

① 王太平：《商标法：原理与案例》，北京大学出版社2015年版，第1页。

② 参见刘春田主编：《知识产权法教程》，中国人民大学出版社1995年版，第1页；吴汉东主编：《知识产权法》，北京大学出版社1998年版，第1页。

③ 孔祥俊：《商标与不正当竞争法：原理和判例》，法律出版社2009年版，第1页。

④ 王太平：《商标法：原理与案例》，北京大学出版社2015年版，第38~39页。

⑤ C. D. G. Pickering, *Trade Mark in Theory and Practice*, Hart Publishing, 1998, p.34.

⑥ 王莲峰教授指出，商业标识受法律保护，主要原因不在于其本身所具有的创造性，而在于识别性。参见王莲峰：《商业标识立法体系化研究》，北京大学出版社2009年版，第20页。

化及经济社会发展的功能；而商业标识的功能主要在于识别来源，维护自由、公平的市场竞争秩序，促进经济社会发展。

商标与智力成果在基本属性和功能上的差异直接决定了商标权与著作权、专利权权利产生机制和保护原理上的区别，乃至法律制度不同的立法宗旨和价值取向。也正因为敏锐地发现商标保护与创造性智力成果保护上的差异，1879年，美国联邦最高法院判定美国国会1870年通过的第一部《联邦商标法》违宪。美国联邦最高法院认为，商标权的保护大体上与促进科学及实用艺术的发展无关，普通法对其提供保护的原因在于其经过一定时期的使用而产生的价值，而不是突然的发明或创作。商标法的宪法基础并不在于知识产权条款，而是贸易条款。商标制度既要保护商标权人和消费者的权益，也要符合维护市场自由、公平竞争秩序的贸易政策。① 所以，识别商品来源是商业标识区别于智力成果的根本特征，划定了作为工商业标记的商标与作品、发明等智力成果之间的界限。

（二）识别功能划定了商标与其他商业标识的界限

识别功能不仅是商业标识与智力成果的区别标准，识别对象进一步将不同种类的商业标识区别开。有的学者将商标对商品的识别作用形象地类比于姓名对人的辨识作用，②一定程度上揭示了商标识别的属性。最高人民法院在审理作为在先权利保护的肖像保护纠纷中也指出，肖像权所保护的肖像应当具有可识别性，即包含特定自然人的个人特征，足以使社会公众识别其所对应、明确指代的权利主体。③ 但自然人姓名、肖像等对自然人及其权利的识别性与商标对商品来源的识别性具有明显的差异，这种类比不仅未考虑商品的同类性和自然人的唯一性之区别，更关键的是未能完全揭示商标与其他商业标识识别对象的差异。

商业标识是经营者在商业活动中标示其从事经济活动的各种标识的统称，

---

① Trade-mark Cases, 100 U. S. 82 (1978).

② 该学者认为，商标之于识别商品的作用如同姓名之于辨识个人。缺少了识别性标记，人们将不再对手艺引以为豪，因为优异的品质失去了应得的荣誉，低劣的品质也无须承担责任。匿名制的推行，将使竞争的后果是生产最坏而不是最好的产品；因为产品更加便宜，利润更为丰厚。对产品和人类来说，假如失去了识别商品的商标，也将绝无可能辨明孰好孰坏。See Edward S. Rogers, *The Lanham Act and the Social Function of Trade-Marks*, 14 Law & Contempt Problem 173 (1949), 62 Trademark Reporter 255 (1972).

③ 参见最高人民法院行政裁定书，(2015)知行字第332号。

不同商业标识所识别的来源之间也有明显差异。商业标识保护体系中，根据商业标识的识别对象不同，可将商业标识分为识别商品来源标识、经营主体标识、经营活动标识和其他商业标识等，不同类型的商业标识在商业活动中识别对象不同，功能不同。商标以及有一定影响的商品名称、包装、装潢等发挥识别商品来源的作用，识别经营主体的企业名称、社会组织名称、姓名等是经营主体标识，而广告语则是识别经营活动的商业标识，其他商业标识主要是指不能被上述三类商业标识涵盖，或不能简单划归某一类的商业标识，如原产地标志识别商品的产地、域名识别网络地址及网站主体等。是否识别商品来源，是商标与识别经营主体、经营活动和表明商品的产地、品质等其他商业标识的根本区别，并决定商标保护与其他商业标识保护的立法与司法政策、具体制度设计上的不同，如权利的专有性程度、保护期限、权利保护范围、侵权救济等方面，商标制度鲜明地带有保护识别商品来源的烙印。因此，作为商业标识的一种，商标的识别对象具有特殊性，其指向商品来源，也就是相关公众在选购商品过程中，将标识在商品上的标志作为商品来源标记识别对待，并以此区分商品来源。是否作为识别商品来源的标记使用，是商标与普通标志以及企业名称、域名等其他商业标识的根本区别，进而决定了是否需要法律保护、运用何种商业标识法律制度进行保护的不同进路。

目前，理论界盛行的将所有商业标识等同于未注册商标的观点，也是对商标识别功能特征认识上的偏差导致的。商业标识并非全部用于识别商品来源，还包括识别经营主体、经营活动和其他类型的商业标识，非用于识别商品来源的商业标识本不属于商标，何来“未注册商标”一说。同样，识别功能是商标功能的“躯干”，[①]在商业活动中能够起到识别商品来源的商业标识并不限于商标，相关公众也可直接通过商品包装、装潢、广告语、电视栏目名称等其他商业标识识别商品来源，事实上这些商品包装、装潢、广告语、电视栏目名称等商业标识都同时发挥了识别商品来源的作用。但是，即便如此，这并不改变其作为商品包装、装潢、广告语、电视栏目名称等商业标识的本来面目和“第一含义”。而且，识别商品来源不应泛化，如果某一商业标识不是通过其本身直接发挥识别商品来源作用，而通过其识别市场主体、经营行为间接实现，这些市场主体、经营行为也与商品密切相关，通过市场主体、经营行为也能与商品来源建立一

① 参见余俊：《商标法律进化论》，华中科技大学出版社2011年版，第183页。

定联系，但不构成识别商品来源，则该商业标识不能归入商标之列。坚持识别对象上的根本区别，当前很多商标与其他商业标识冲突纠纷就能够得到妥善解决。如作品名称、电视节目名称等，是指示商品或服务本身的“名称”，而非指示商品或服务来源的商标。对其提供法律保护的理念和标准并非防止商品来源混淆，而是和自然人姓名权保护一样，以是否经过许可或者有特定联系为准。这种特定联系和商品关联来源不同，无视作品名称、电视节目名称的本来属性，生搬硬套商标保护和侵权救济方式，容易陷入商标与其他商业标识法律保护的冲突和混乱局面。

（三）识别功能划定了商标保护与公有领域的界限

作为识别商品来源的标记，商标与识别商品来源功能相融共生。能否识别商品来源，直接决定使用在商品上的标志是否构成商标，进而决定是否需要给予其商标法律保护。识别商品来源功能像商标构成及保护的“过滤器”，将商品通用名称、描述商品特点的标志及功能性标志等这些不能识别商品来源的标志保留在公有领域，防止个别市场主体将其占为己有，妨碍这些标志向社会公众传递商品及其来源的信息，阻碍公平竞争。“从商标的基本功能出发，关于符号是否受到法律保护实质上是一道是非题。即可识别来源者可以受到保护，否则不予以保护。”①市场经济的本质是自由竞争，创设排他权利只是例外，需要具备创设排他性权利充分的正当性基础。商标法是规范市场经济秩序的法律，只有能够发挥识别商品来源功能的标志，才具备在特定商品之上创设排他性权利、作为商标加以保护的正当性。否则，商标法就是侵蚀公有领域的空间，强行将公共资源纳入商标法调整范围，妨碍自由和公平的市场竞争。而且，即使能够识别商品来源的标志，他人未经许可的使用如果未发挥标志识别商品来源功能，或者即使利用了该商标识别商品来源功能，但具有正当理由且在合理范围内，商标权人也无权禁止，如为了说明商品用途的指示性使用。所以，识别功能划定商标保护范围与公有领域边界的界限。

三、促进私权和公益价值的统一

商标法具有双重目标，“商标权保护专有权人通过使用其商标建立的联系

---

① 李雨峰主编：《侵害商标权判定标准研究》，知识产权出版社2016年版，第211页。

不受侵害，同时保护公众免于遭受这种损害的后果”。[①] 正因如此，美国国会在《兰哈姆法》立法报告开宗明义地指出：任何商标法律保护都具有双重目标。一是保护公众，以便他们能够自信地获得他们所需要的商品，即在购买标示了一个特定商标的商品时，能够得到他们真正想要的商品。二是保护商标所有人的投资，若商标所有人投入了精力、时间和金钱向公众提供商品，他的投资则免于被盗窃和欺诈等行为盗用。[②] 商标法双重目标统一于商标识别功能的保护。当然，在商标法律保护肇始与发展的历史长河中，基于保护商标权人私权和消费者为中心的公益的双重目标并不总是能实现均衡，“商标所有人中心主义”和“消费者中心主义”往往此起彼伏，形成了双重目标在不同时期各有侧重，但始终统一于商标识别商品来源功能的保护。

（一）商标权人私益与消费者公益的平衡

商标私权保护理论从商标法保护对象出发，将商标权保护的理论基础建构于商标权人对商标符号及通过商标使用获得的商誉拥有的财产利益。而从公共政策出发，防止消费者混淆误认作为商标权保护的理论基础与商标财产利益保护容易形成冲突。这两种价值取向直接导致了基于不同的历史传统、现实需求对商标权保护进行不同的制度设计。如大陆法系国家多以商标所有人保护为中心，将商标权保护放在财产法的框架中进行制度设计和研究，准用财产法的规则。而作为普通法系的美国，将商标权保护纳入竞争法体系，商标法保护商标所有人与保护消费者及社会公众两大目标是并重的，商标法的利益天平一直保持着动态平衡。[③]

商标法保护商标私权，通过特定程序对商标专用权加以确认和保护，保护商标识别商品来源等功能，维护商标信誉。但商标法在保护商标所有人利益的

---

① Tobias Cohen Jehoram, Constant van Nispen & Tony Huydecoper, *European Trademark Law*, Wolters Kluwer, 2010, p. 6.

② Report No. 1333, 79th Congress, 2d Session, 1946, p. 3.

③ 英国学者认为，“毫无疑问，如今衡平法院保护商标的真正基础是财产以及财产的保护”。See Graeme B. Dinwoodie & Mark D. Janis, *Confusion over Use: Contextualism in Trademark Law*, 98 Trademark Reporter 1121 (2008). 而在美国，早期商标不被认为是一种财产，1946 年《兰哈姆法》虽承认了商标的财产属性，但美国国会在立法报告开宗明义地指出，“任何商标法律的目的都是双重的。(1)保护公众，以便在购买带有其喜欢的商标的特定商品时，能够获得其所需要和想要的商品。(2)保护所有人的投资，商标所有人向公众推销商品付出了精力、时间和金钱，他的付出不能被以盗窃和欺骗的方式盗用。这种同时保护公众和商标所有人的法律已经广为人知”。See Report No. 1333, 79th Congress, 2d Session, 1946, p. 3.

同时,也在积极追求商标所有人利益保护与其他生产、经营者利益及消费者利益保护的平衡。商标法对商标私权的保护,主要通过保障商标识别功能、防止消费者混淆误认的方式实现,以此维护商标信誉,维护市场竞争秩序。在商标权保护制度设计中,消费者为代表的相关公众扮演着不可或缺的重要角色,贯穿于商标构成、商标注册、商标使用、商标侵权判定等全过程。商标法对消费者利益的保护,不仅表现为商标权保护过程中产生的一种反射利益,也体现为消费者对商标保护制度设计的能动作用。所以,商标识别功能保护立足于商标权人私益与以消费者为代表的公益的平衡,商标私权其他生产经营者利益及消费者利益等都不可偏废。

(二)商标"财产论"与"功能论"的相融

"财产论"将商标权看作一般意义上完全的所有权,商标保护基础建构于商标因注册和使用而产生的财产利益,并通过设定排他权的方式提供法律保护。"功能论"将商标效用作为商标保护立足点,商标保护的目标在于确保商标功能的正常发挥,制止侵害商标功能的行为,提供相应的法律救济。商标"财产论"从自然法哲学出发,通过劳动和投资回报理论论证财产正当性,而商标"功能论"从功利主义哲学出发,运用公共政策理论寻找正当性依据,两种观点都有一定的理论基础,且不同理论实质都有相通之处,但也都存在不能解释和自圆其说的问题。如商标"财产论"通过对商标注册、使用是一种劳动、投资行为的解释使商标获得财产权保护,但财产权是一种对世权和支配权,为什么商标法又引入"相关公众"范畴,商标专用权的范围与禁止权范围为何不一致?即使有的学者将"商标使用""商品类似"等解释为对支配权的限制,①商标财产论仍然无法对商标专用权保护范围与禁止权保护范围不一致等问题给出圆满的回答,这与传统财产权的构造有明显的差异,商标保护并非完全按照财产化路径,商标权未取得完全的、绝对的财产权的地位。

商标保护"财产论"与"功能论"立足的哲学基础虽有所区别,但也不是截然对立,都在一定程度上体现商标的财产属性。财产理论将商标的财产意义定位于商标所有人投入的金钱、时间等积累于商标的信誉。而保护商标识别功能、防止混淆误认的功能论意义上的商标财产只是一种有限的财产,只有未经许可在相同或类似的商品上使用近似的商标标识、类似的商品上使用相同的商

① 参见刘维:《商标权的救济基础研究》,法律出版社2016年版,第115页。

标标识，可能损害商标识别商品来源功能的情况下，商标所有人才可以排除他人的混淆性使用，实现对特定商品的商标控制，其无权控制他人非混淆性使用。虽然以防止混淆为基础的商标保护和以财产为基础的商标保护都创立了商标“财产”制度，但在财产的内涵和受保护的程度上有所不同。① “财产论”与“功能论”的关系不是非此即彼，不能将其完全对立为“商标法究竟保护商人利益还是保护消费者利益，发动商标救济的原理是商标权的支配力还是行为的不正当性”的问题。② 正如有的学者指出，不能在商标财产论和商标功能论之间采取一种绝对排斥其一的路径。③ 那种将商人利益与消费者利益对立，商标功能解释为保护消费者利益，基于商标功能保护的商标权救济原理归结为行为的不正当性，以区别于基于商标财产保护的商标权支配力，是对商标功能与商标法的误读，对商标财产论与功能论这种内涵的界定和分类本身就是值得商榷的。

而且，即使商标“财产论”对解释注册商标法律保护具有较强的说服力，但对于更多地应放在市场竞争和行为规范的环境下进行解释的未注册商标保护，赋予其一般意义的绝对权利显得过于牵强。即便根据劳动财产权理论，在商标保护范畴中，对商标财产权产生决定性作用的也只能是商标的实际使用，仅仅商标的设计和注册方面的投入不属于产生商标法意义的劳动。正如霍姆斯法官所指出，商标财产权的意义在于禁止通过假冒权利人的商业不正当手段损害权利人商誉和欺诈消费者利益，而不是赋予绝对的财产权。④ 所以，商标及其保护最初源于识别功能，保护商标识别功能，就是赋予商标识别利益的法律上之力，商标“财产论”与商标“功能论”并非截然对立。

（三）商标财产价值与竞争价值的协调

首先，财产利益和识别功能看似属于两个不同的范畴，实则密切相关。商标财产权保护的对象形式上是商标，实际上是凝结于商标之特定利益。商标之

---

① 参见冯晓青：《商标的财产化及商标权人的“准作者化”——商标权扩张理论透视》，载《中华商标》2004 年第 7 期。

② 参见刘维：《商标权的救济基础研究》，法律出版社 2016 年版，第 11 页。

③ 从财产法的单一视阈观察商标权似乎使理论研究与商标法的立法建构陷入了一个“近之惑”的状态——财产法的归属淡化了商标法的公共政策功能，使商标权在立法与现实生活中都有着被泛化的倾向，当前备受争议的商标符号垄断现象便是明证。参见罗晓霞：《竞争政策视野下商标法理论研究——关系、协调及制度构建》，中国政法大学出版社 2013 年版，第 195 页。

④ See Lionel Bently, *From Communication to Thing: Historical Aspects to the Conceptualisation of Trade Marks as Property*, in Graeme B. Dinwoodie & Mark D. Janis, *Trademark Law and Theory: A Handbook of Contemporary Research*, Edward Elgar, 2008, p. 36.

特定利益通过商标标志与商品、商品来源之间的联系而发生，即通过商标识别功能的发挥而产生。商标制度设计出发点首先在于确保商标识别功能的发挥，即保护生产、经营者将商标用于识别商品来源所产生的财产利益。① 商标财产属性源于商标识别来源功能的发挥，而对该种财产进行保护的有效方式是赋予排他性的专有权利。"商标法授予排他权，保护通过相关公众建立的商标使用人与特定商品或服务之间的联系。"②而且，这种"排他性权基于对商标的使用，而不是单纯对商标的采用"。③ 识别来源的过程也是商标价值生成的过程。商标使用就是商标在商业活动中用于识别商品来源的行为，保护商标识别功能的正当性基础就在于商标的使用。商标只有通过使用，才能发挥标示和区分商品来源的作用，降低商品经济社会的交流成本和消费者的搜寻成本，并经过长期、广泛、持续、规模的实际使用，为相关公众所知悉。所以，商标识别功能与商标财产权利之间存在内在的关联。同时，商标法不仅要保护经营者商业活动中使用的标志与特定商品及商品来源的联系，而且要防止竞争者扭曲商标与特定商品之间的联系，禁止假冒注册商标及混淆性使用，保护识别商品来源功能，维护公平有序的市场竞争环境。识别功能是商标竞争属性的"安全阀"。保护商标识别功能，防止竞争对手破坏该商标使用于指定商品、割裂商标与商品来源之间的联系，也构成了商标财产利益的重要内容。

其次，商标识别功能也体现了商标的竞争属性。商标法保护商标识别功能不仅保护商标与特定商品来源的联系，即商标使用人将商标使用在相关商品上指示商品来源，禁止他人假冒，并通过禁止竞争者割断商标与商品来源之间联系的混淆性使用，防止消费者混淆商品来源。④ 因此，商标识别功能保护理论，一方面，充分关注了商标权与传统民事权利的共性，从传统民事权利保护基本理论中寻找商标识别功能保护的正当性依据；另一方面，也认识到商标识别功

---

① 标识本身并非财产，只有当标识与商品联系到一起的时候，才产生复合财产。See Lionel Bently, *From Communication to Thing: Historical Aspects to the Conceptualisation of Trade Marks as Property*, in Graeme B. Dinwoodie & Mark D. Janis, Trademark Law and Theory: A Handbook of Contemporary Research, Edward Elgar, 2008, p. 29.

② Tobias Cohen JehoCram, *Constant Van Nispen &Tony Huydecoper*, European Trademark Law, Wolters Kluwer, 2010, p. 6.

③ Trade-Mark Cases, 100 U. S. 82, 94 (1880).

④ 商标法授予商标注册人专有使用注册商标的权利，也禁止他人未经许可对注册商标进行混淆性使用，以维护公平竞争。参见李扬：《知识产权法基本原理》，中国社会科学出版社 2010 年版，第 714 页。

能的竞争色彩,在商标法与反不正当竞争法等竞争法体系下妥善解释商标识别功能保护的正当性,这也正是构建以商标法与反不正当竞争法为中心的商业标识法律体系的内在逻辑。

所以,商标识别功能保护实现了商标权人的利益和以消费者为代表的社会公众的利益的统一,集中体现了商标的财产属性与竞争属性的结合,不可偏废。

本章小结

商标的产生与发展经历了从早期证明所有权的专有标记到控制质量和限制竞争的质量责任标记,再到现代识别商品来源标记的演变。识别商品来源功能与商标相辅相成,保护商标识别功能是商标法律保护的基本动因,也决定了商标法律制度构造。商标是使用在商品上标示和区分商品来源的标志,是由标志、商品及商品来源组成的有机系统,识别功能是维系商标结构的纽带。商标识别功能包含标识性和区别性两个层次。标示商品来源是商标区别于普通标记的根本属性,是标志成为商标的前提,能否区分不同商品来源及区分能力决定了商标保护范围和强度。识别功能是商标的基本功能,其他功能都是以商标识别功能为基础的延伸。商标识别功能本质上是商标与商品及商品来源之间的联系,是生产经营者商标使用事实行为和相关公众以商标识别商品来源的客观效果的统一。保护商标识别功能是维护商标结构及其本质的内在需要。识别功能是商标区别于其他商业标记的根本属性,也是商标权与其他知识产权的重要区别,更是划定商标保护范围与公有领域的标尺。商标识别功能集中体现了商标的财产价值与竞争价值,既激励和保护商标权人将标志使用于特定商品以建立其与商品来源稳定联系的努力和投入,又具有禁止他人的混淆性使用、防止区分商品来源失灵而导致消费者混淆误认的竞争价值。

第二章　商标识别功能理论构造研究

识别商品来源是商标存在基础和价值所在,商标法律保护首先是对商标识别商品来源功能的保护。以防止混淆为中心的显著性理论是商标法律保护理论基础,混淆的本质是区分商品来源的失灵,导致相关公众对商品来源的误认。混淆可能性首先依赖于作为商品来源的标示和区分作用,混淆是果,识别商品来源是因。本章拟从商标识别来源的理论变迁、商标识别功能理论范畴、传统商标显著性理论的不足和商标识别功能保护理论贡献等方面构筑商标识别功能理论。

第一节　商标识别来源的理论变迁

历经行会强制标记和质量标记的脱胎换骨,具备识别商品来源功能的商标孕育而生,识别来源功能也因此成为商标最原始、最基本的功能。伴随商品经济的繁荣和商标功能的发展,识别功能也被赋予了越来越丰富的内涵。人们对商标识别功能的认识和研究经历了一个逐渐发展的过程。在 20 世纪之前,由于商品经济的不发达,商标的作用并未得到充分发挥,人们对商标功能的认识也有很大的局限性,没有明确地从商标识别功能层面上研究商标和商标法律保护。直到 20 世纪初,人们才关注商标的功能,并从识别商品来源角度研究商标功能。早期商标识别的商品来源指向商品具体特定的生产者来源，即“商标具有单一的功能：向消费者表示使用该商标的商品的具体来源”①。商标指示着特定商品的具体的、唯一的生产者，这种唯一的物理来源被称为“具体来源”，也称“严格来源”。商品经济的发展催生与营业转让分离的商标使用许可、商标转让的现实需求，商标与作为商品来源的具体的、唯一的生产者之间的一一对应关系逐渐被抽象化，即“商标指示商品的来源，即使该来源不为人所知”，②严格的具体来源缓和，发展为“匿名来源”，即“商标标示商品来自一个具体的，即使是匿名的来源的能力”③。随着商标许可现象的普及，消费者即使对商品具体来源不知悉，而且消费者知道商标所有人与商标实际使用人并非同一个生产、经营者，但消费者确信该商品来源与商标权人之间存在许可、同意、赞助、隶属等关系，则这种关联关系也可纳入商标识别商品来源的范畴，形成“关联来源”。所以，商标识别来源的理论发展经历了 3 个阶段：即从“具体来源”到“匿名来源”再到“关联来源”。

一、具体来源

商标的形成经历了所有权标记、质量管理标记的孕育，尤其是行会为加强对社会经济的控制，强制要求手工艺者必须在制作的手工艺产品上贴附相关标记，以便监督控制产品的质量，产品标记必须指向唯一的特定手工艺者，在产品出现问题后追究产品质量上的责任，并排除非行会成员产品的竞争。因此，行会强制的产品标记，事实上起到识别、追溯商品来源的作用，孕育了现代意义的商标。但在行业管理和社会控制的目标下，手工艺产品上贴附相关标记的主要目的并不是为了识别产品的来源，消费者也未形成以相关标记识别产品来源的自觉，相关标记是行会组织用于排除外来竞争和追溯产品质量的强制要求，对消费者而言，产品标记识别产品来源的功能至多只能算作“附带品”。而且，严格来说，强制性标记指示的对象是行会组织，即表明手工艺者的行会成员身份，而不是指向特定商品及其来源，与真正意义的识别商品来源还存在明显的区别。随着工业化的发展和行会组织的没落，生产效率的提高和运输业的发展极大地促进商品贸易的发达，商品流通突破了地域范围的限制，商品上使用的标

---

① J. Thomas McCarthy, *McCarthy on Trademarks and Unfair Competition*, Thomson Reuters/West, 2013, § 3:8.

② The Lanham Law Artical 45, 15 U. S. C. § 1127.

③ Paddington Corp. v. Attiki Imps. & Distrib., Inc., 996 F. 2d 577, 585 (2d Cir. 1993).

记从追溯手工业者的身份归属逐渐向具体的物理来源过渡，形成真正意义上商标识别的商品来源。"对于消费者来说，商标代表着使用该商标的相关商品、服务的具体物理来源"，[①]这种商品来源理论被称为"具体来源"或"严格来源"。

与商标指向商品具体物理来源属性相匹配，在具体来源理论下，商标许可和商标转让受到严格限制，原则上被禁止，除非与营业一同转移。因为不与营业一同转移的商标许可和转让违背商标的存在根基，缺乏商标保护的价值基础，这样的商标将给消费者带来错误的指示。[②] 在具体来源理论时期，商标识别商品唯一的、具体的物理来源，购买商品的消费者一般可以合理期待标示相同商标的商品来源于具体、明确的同一提供者，商标与商品来源之间形成明确的唯一对应关系。

二、匿名来源

随着商品交易的繁荣和流通范围的拓展，商品与具体、唯一的物理来源之间的联系逐渐弱化，加之与营业转移分离的商标许可与转让的现实需要，具体来源理论逐渐暴露出不能满足商品经济发展需要的局限性，严格禁止脱离营业转移的商标许可与转让开始松动，商标许可制度打破了消费者对商品来源于唯一的具体生产者的合理预期，消费者不再关注商品具体的生产、经营者的物理地址，转而更加关注使用相同商标的商品来源于单一的、即使不知道其具体物理地址。只要消费者认为带有同一商标的商品来源于单一的生产、经营者，具有一贯的稳定品质，无论商品来自哪一个具体的生产、经营者，即使是匿名的来源，消费者的合理预期从商品的具体来源转向更加关注与单一来源相联系或受其控制，这种单一的、特定的、即使不明确的商品来源也纳入了商标

---

① Henry G. Bisgaier & Monroe E. Price, *Quality Control and Antitrust Laws in Trademark Licensing*, 72 Yale Law Journal 1177 (1963).

② "麦马汉制药公司诉丹佛化学制造公司案"(Macmahan Pharmacal Co. v. Denver Chemical Mfg. Co.)中，法院对严格来源理论进行了经典的阐述："除非连同商标所使用的营业或财产一同转移，否则商标本身不可转让或许可。没有发生营业转移的商标转让或许可，完全与商标价值理论和个人利用商标的原则不符。……与正当关联的商品失去联系后，商标缺乏产生价值的实质基础，并且会变成错误的和欺骗的指示"。See Macmahan Pharmacal Co. v. Denver Chemical Mfg. Co., 113 F. 468 (8th Cir. 1901). Butle v. Igleheart Bros., 137 F. 492(7th Cir. 1905).

识别功能的"来源"范畴。[①] "匿名来源规则由美国第九巡回法院在有关一款苏格兰威士忌'Black & White'商标侵权纠纷案确立。"[②]根据匿名来源规则,商标成为消费者对商品和商标之间关系的抽象认知,而无论商品的生产者是已知的还是未知的,包括不关心商品是否实际由商标权人生产。美国1946年制定的《兰哈姆法》采纳了匿名来源理论,在解释商标识别商品来源功能时,使用"单一的,尽管来源不明确"的表述。之后的司法实践中基本都贯彻了这一"匿名来源理论"。[③] 商品的具体生产、经营者是谁、地址在哪,消费者对这些信息一般没兴趣,消费者关心的是使用相同商标的所有商品都与单一的、虽然不明确的来源相关,并且该单一来源的商品质量是稳定的、一贯的。"消费者甚至不必要知道某一商品或服务提供者的具体名称,只要知道该商品或服务来源于某一特定的提供者就可以了。"[④]在匿名来源时期,"商标成为不知姓名的生产者、来源不确定的生产者和潜在消费者之间交流的手段",[⑤]商标与具体的、唯一的提供者之间的对应关系趋于式微。

商标识别商品来源功能的内涵随着商品经济的发展而发生变化,由原来具体的"具体来源"发展为"匿名来源",挣脱具体的、唯一的提供者来源束缚,时空上得以极大的延展。尽管如此,消费者关注的商品来源仍然没有发生本质的变化,他们关注商品来源,最主要的还是因为关心商品的质量。[⑥] "商标没有必要准确传递商品生产者或服务提供者的身份信息,商标能够使相关公众将一个商品或服务与使用其他商标的商品或服务的来源区别开来,并使相关公众确信,使用该商标的商品或服务都在商标权人控制之下,商标权人对商品或服务

---

① 早在"曼哈顿衬衫公司诉沙尔诺夫欧文帽子商店案"(Manhattan Shirt Co. v. Sarnoff-Irving Hat Stores)中,法院就认为,"商标的识别来源功能,不再意味着通过生产者的具体名称或住址来识别商品来源,而是带有同一标记的商品具有某个特定的来源,不论他的名称是什么或者产自哪里"。See Manhattan Shirt Co. v. Sarnoff-Irving Hat Stores, 164 A. 246 (1933).

② Jeffrey Handelman, *Guide to TTAB Practice*(*Volume* 1), Wolterskluwerlaw & Business, 2013, §1:6.

③ 如在1955年美国的"马特卡夫特斯钟表公司诉江诗丹顿手表公司案"(Mastercrafters Clock & Radio Co. v. Vacheron & Constantin-Le Coultre Watches, Inc.)中,法院同样鲜明地指出:"消费者是否知道商品具体来源于谁并不重要"。See Mastercrafters Clock & Radio Co. v. Vacheron & Constantin-Le Coultre Watches, Inc., 221 F.2d 464 (2d Cir. 1955).

④ 刘春田主编:《知识产权法》,中国人民大学出版社2009年版,第251页。

⑤ Restatement (Third) of Unfair Competition, §9, comment c (1995).

⑥ See W. R. Cornish, *Intellectual Property*: *Patent*, *Copyright*, *Trademarks and Allied Rights*, Sweet & Maxwell, 1999, p.163.

的质量负责。”①“具体来源”发展到“匿名来源”阶段商标救济的基础也都在于“任何人不得误导公众其产品是原告的，原告也只有证明可能导致这种结果，否则不能获得救济”②。

三、关联来源

关联来源，是指消费者虽不认为两个特定的商品来源于同一个生产、经营者外，但可能认为两个生产、经营者之间存在经商标权人同意、许可其使用商标等许可或投资、赞助、隶属等关联关系。关联来源是在匿名来源基础上的进一步发展，具备匿名来源的相同属性，都指向一个特定的、不明确的商品来源或以此为基础，正是因为关联来源与匿名来源的共性，有些学者将关联来源也看作是匿名来源的一种形式。在商标许可与转让等情形下，匿名来源与关联来源确实存在一定的重叠，关联关系也是匿名来源的一种表现形式，两者具有相通性。但是，两者也存在明显的区别。与匿名来源相比，关联关系已经突破了唯一的商品来源的范畴，在关联关系下，相关公众甚至明知使用某商标的商品并非来源于商标权人，而是分属两个不同的来源，只是认为使用该商标的生产、经营者与商标权人之间存在一定的关联，尽管这种关联可能仅是相关公众的联想。“商标的识别来源功能已经演变为只能判断商品的提供者之间有某种关系，或者是商标权人，或者是商标权人投资、赞助的人或被许可人，抑或通过商标转让后的新的商标权人。”③

商标立法上，美国在1962年修改《兰哈姆法》时删除对商品的“来源”（as to source of origin）中“来源”的限定表述，1988年对《兰哈姆法》再次修改时更是明确“赞助、从属或联系”等关联关系也是来源的一种类型。④

欧盟商标法的混淆可能性也经历了一个扩张的过程。1999年，欧共体法院明确指出，“如果公众很可能认为在当事人之间存在某种联系，即便清楚地意识到系争商品源于不同出处，在《协调成员国商标立法欧洲共同体理事会一号指令》的意义上，就存在混淆可能性”。⑤

---

① Jeremy Phillips, *Trademark Law: A Practical Anatomy*, Oxford University Press, 2003, p. 25.

② Bayer Co. v. United Drug Co., 272 F. Supp. 505, 509 – 510 (S. D. N. Y. 1921).

③ 郑其斌：《论商标权的本质》，人民法院出版社2009年版，第13页。

④ See The Lanham Act Artical 43, 15 U. S. C. §1125.

⑤ Case 39/97, Cannon Kabushiki Kaisha v. Metro-Goldwyn-Mayer Inc., 1998 E. CR I – 5507, 1C. M. L. R. 77.

我国《商标法》一直没有商标识别商品来源的明确规定，直到2014年《商标法》第三次修改后才将商标的使用界定为“用于识别商品来源的行为”①，并在商标侵权法律条文中规定了“容易导致混淆的”②要件。现行《反不正当竞争法》在商业标识仿冒不正当竞争行为构成要件中也明确了“引人误认是他人商品或者与他人存在特定联系”③。而且，我国商标法司法解释在类似商品、近似商标和知名商品的解释等方面都规定了来源上的特定联系，事实上已经赋予了关联关系在识别商品来源保护上的意义。④ 不过，商标法司法解释仅使用“特定联系”的表述，至于何为特定联系、联系的形式等内容都不够具体、明确，有待深入的理论研究和实践发展加以解决，这恰恰也为关联关系来源的进一步发展留下了很大的空间。所以，在修改相关司法解释时，建议明确“赞助、许可、附属、认证”等关联关系，将其作为相关公众识别商品来源的重要依据。

当然，有些学者认为，关联来源理论与一般的来源理论不同，保护关联来源的基础在于对商标权人商誉的保护。在关联来源理论下，消费者根据商标识别商品的真正来源，发现商标使用者与商标权人是两个不同的来源，并没有对商品来源发生误认，只是认为商标使用者与商标权人之间可能存在赞助、许可、隶属等关联，并根据这种关联作出购物决策。由于消费者误认商标使用者与商标权人之间可能存在赞助、许可、隶属等关联，并影响其购物决策，当商标使用者标示的商品品质低劣时，消费者就会将其归咎于商标权人，使商标权人的社会评价降低，损害了商标权人生产销售的商品在公众处的良好口碑和

---

① 《商标法》第48条。

② 《商标法》第57条第1款第2项。

③ 《反不正当竞争法》第6条。

④ 最高人民法院《关于审理商标民事纠纷案件适用法律若干问题的解释》（法释〔2020〕19号）第9条将近似商标界定为：“是指被控侵权的商标与原告的注册商标相比较，其文字的字形、读音、含义或者图形的构图及颜色，或者其各要素组合后的整体结构相似，或者其立体形状、颜色组合近似，易使相关公众对商品的来源产生误认或者认为其来源与原告注册商标的商品有特定的联系。”第11条将类似商品界定为：“是指在功能、用途、生产部门、销售渠道、消费对象等方面相同，或者相关公众一般认为其存在特定联系，容易造成混淆的商品。”最高人民法院《关于审理不正当竞争民事案件应用法律若干问题的解释》（法释〔2020〕19号）第4条第1款更是明确规定：“足以使相关公众对商品的来源产生误认，包括误认为与知名商品的经营者具有许可使用、关联企业关系等特定联系的，应当认定为反不正当竞争法第五条第（二）项规定的‘造成和他人的知名商品相混淆，使购买者误认为是该知名商品’。”

形象,导致商标权人交易机会丧失和商誉受损。所以,规制关联关系的基础不在于商标识别商品来源,而在于对商标权人商誉的保护。事实上,虽然没有将商品来源误认为商标权人,但误认商标使用者与商标权人之间可能存在赞助、许可、隶属等关联,受商标权人认可和控制,仍然是对商品来源的误认。况且,此时商标权人的商誉保护仍限定在相同或类似的商品范围内,没有超出来源理论的范畴,只有突破相同或类似商品范围的商标保护,才与识别商品来源保护不同。

商品来源的理论从"具体来源"到"匿名来源"再发展为"关联来源",既是商标识别功能回应商品经济发展和商标保护实践的现实需求,也是不断赋予商品来源范畴新使命的内涵发展。商品来源理论进入匿名来源发展阶段后,商标识别的商品来源发展为抽象的商品或服务提供者,识别来源并不意味着使用特定商标的商品或服务只能有唯一的生产、经营或提供者。在商标许可、委托加工等情形下,虽然在商标注册人外可能存在多个被许可人、加工者等生产、经营者,但商品来源仍然只有商标注册人一个出处。而且,随着来源理论的发展,商品来源不仅仅是生产、经营者主体来源的意义,甚至还包括了该主体提供的商品的品质以及该主体的信誉等与商品有关的一切信息。品质保证功能作为一种商标独立功能,似乎仍是目前理论研究方面的一种主流学说,司法实践中也有直接以破坏商标品质保证功能为基础判定商标侵权的案例。① 但品质保证不过是识别来源的延伸,即商标识别商品来源具有同一性,同一性中包含匿名来源、关联关系和商品品质等众多内容,品质来源作为商品来源的一个层面,是其应有之义。品质保证功能是识别来源功能的延伸,或者"准确地讲,来源理论不仅包括制造来源,也包括商标识别商品的品质之来源,品质保证功能是来源理论的一个方面"。"品质保证功能只是使识别来源功能的内涵再次发生扩大而已,来源识别功能仅指向生产的来源,而质量保证功能则指向具有统一质量标准的商品来源。"②

所以,随着商标识别商品来源理论研究的深入、理论体系的完善,"扩大来

---

① 如2015年浙江法院十大知识产权保护案例之不二家(杭州)食品有限公司诉钱海良、浙江淘宝网络有限公司侵害商标权纠纷案,参见杭州市余杭区人民法院民事判决书,(2015)杭余知初字第416号。

② J. Thomas McCarthy, *McCarthy on Trademarks and Unfair Competition*, Thomson Reuters/West, 2013, §3:2.

源识别功能，使其不仅指生产来源，而且包括商品质量标准的来源”①。如有的学者认为，商标在表明商品来源的同时，也成为商品质量等信息的代名词，浓缩了与商品有关的一切信息。② 也就是说，商标功能语境下的商品来源不仅是作为来源的生产、经营者主体信息，甚至还包括了生产、经营者提供的商品的品质以及生产、经营者的信誉等与商品有关的一切信息。

第二节　商标识别功能理论范畴

商标是商业活动中用以识别商品来源的标志，识别性之于商标与商标法具有基础性和决定性，是商标保护理论的立足点。具备识别商品来源功能是标志成为商标的前提，也是商标存在的使命和为其提供法律保护的动因。侵害商标识别功能侵蚀了商标的根基，对商标识别利益造成了严重损害，需要法律干预与救济。保护商标识别功能，就是保护商标使用带来的识别商品来源的客观效果及商标识别商品来源产生的特定利益，维护公平的市场竞争秩序。

有了法律保护的目的和动因，接下来是如何对其进行保护的问题，即商标法律制度设计。任何制度设计都不是凭空而来的，需要科学的理论指导。商标识别功能可以在多大程度和范围上获得商标法律保护，是一个在价值目标引导下的法律裁剪过程。商标识别功能的实现需要通过商标使用，商标使用的过程也是商标发挥识别商品来源的过程，商标的识别功能在商标使用的过程中得以体现。商标识别功能的发挥是生产、经营者将相关标志使用在特定的商品上用于识别商品来源，相关公众将使用在相关商品上的标志作为商品来源的标记识别对待，并据此区分相同或类似商品的不同提供者来源的过程。保护商标识别功能，就是保护生产、经营者使用商标识别商品来源的意图和行为，与相关公众通过商标识别商品来源并借以作出选购决策效果的统一。商标使用只有生产、经营者具备用于识别商品来源的意图和行为，产生相关公众识别商品来源的效果，符合商标保护目的和商标法价值取向，才具有商标法律意义，才能成为受商标法保护的商标识别功能范畴，并以此划定识别功能保护边界。经过法律化的

---

① J. Thomas McCarthy, *McCarthy on Trademarks and Unfair Competition*, Thomson Reuters/West, 2013, § 3:10.

② See Michael J. Allen, *Who Must be Confused and When? The Scope of Confusion Actionable Under Federal Trademark Law*, 81 Trademark Reporter 209 (1991).

商标识别功能保护至少应包含两个方面内容:一是商标权人有权基于特定的标志与指定商品、提供者之间的联系控制和利用这种功能,以保护商标权人将商标标志用于识别商品来源的劳动和投入及商标发挥识别商品来源带来的特定利益;二是未经商标权人许可妨碍或利用了商标的识别功能,商标权人有权加以禁止,排除他人不当利用和妨碍。如假冒注册商标、反向假冒,这些行为侵害了商标权人对商标识别功能的专用,剥夺了商标权人对商标识别功能的控制,应加以禁止,给予商标权人排除他人妨碍和利用商标识别功能的相应救济。那么,对商标识别功能保护法律裁剪的依据和标准如何确立?商标识别功能法律保护边界如何划定?需要深入的理论研究。

"范畴是人类在认识客体的过程中形成的基本概念,范畴既是人类以外认识成果的结晶,又是认识进一步向前推移的支点,任何一门学科,从理论形态上说,都是由范畴建构起来的理论大厦,没有范畴就意味着没有理性思维,没有理论活动和理论表现。"①法学理论范畴是法学理论体系的基石,法学理论的科学性取决于范畴及其内容的科学性。构建范畴体系是一门科学走向成熟的必由之路,识别商品来源作为商标法学理论的基本范畴之一,科学的识别商品来源范畴界定为商标法学理论研究和制度建设提供坚实的基础。国内商标法学术界对以混淆可能性为中心的商标保护理论研究日益重视,但对识别功能保护理论的研究不够深入,不重视商标识别商品来源基本范畴,未对识别商品来源功能保护进行有效的理论抽象,更未形成制度的体系化。笔者认为,商标是由标志、商品及商品来源组成的识别系统,识别商品来源范畴可从识别主体、识别对象、识别场景和识别效果等方面加以深化,以阐释和反映商标识别功能保护的本质和规律,分析识别商标功能保护方面存在的问题,在此基础上构建商标识别功能保护制度大厦,完善商标识别功能保护理论体系。

一、识别主体为相关公众

使用在商品上的标志能否发挥识别商品来源功能的客观效果,消费者为中心的相关公众不仅是判断主体,而且相关公众的认知状态对识别商品来源效果的判断具有决定性。

---

① 张文显:《法学基本范畴研究》,中国政法大学出版社1993年版,第1页。

(一)消费者

虽然消费者不是商标法律关系的主体,但消费者是商标法律保护制度设计中必不可少的角色,“商标法的理论架构、制度设计和制度实践都无法在脱离消费者的环境中进行”①。消费者认知是商标识别功能发挥的基础,使用在商品上的符号能被消费者感知,消费者通过该符号建立商品与商品来源之间的稳定联系。无论是消费者通过自身选购、使用商品获得的直接经验,还是通过广告宣传、其他消费者的推介等获得的间接经验,都建立在对商标识别商品来源功能认知的基础上。“衡量商标法领域一切问题的标准是消费者。商标仅在消费者认为其是商品来源的标志时才存在。”②商标保护制度的有效运行离不开消费者环境,“只有当消费者在市场上对商标赋予意义并予以识别时,商标才在商业社会中实质性存在”③。重塑消费者混淆在商标法律制度中的灵魂地位,让商标法律制度重新回到消费者本位,而不是标记财产化的生产者本位,是医治因混淆概念的膨胀以及商标反淡化等非混淆类型商标侵害行为扩张所带来恐慌的良方。④

从法律规范层面上来看,目前没有对消费者进行明确的概念界定。虽然我国《消费者权益保护法》是专门保护消费者合法权益的法律,但也没有对消费者进行明确定义,仅在声明该法适用范围时附带性地提及。⑤ 而且,商标法立法宗旨上确立的消费者利益保护,主要是通过保护商标识别功能的正常发挥,防止消费者混淆误认间接实现。正如美国著名学者所言,“《兰哈姆法》确定的和事实上的受益者是商标权人,而非消费者”⑥。所以,商标法上的消费者与消费者权益保护法上的消费者不仅范围有所区别,保护方式也存在明显的差异。

---

① 姚鹤徽:《商标混淆可能性研究》,知识产权出版社 2015 年版,第 19 页。

② Barton Beebe, *Search and Persuasion in Trademark Law*, 103 Michigan Law Review 2020 (2005).

③ [澳]彼得·德霍斯:《知识产权法哲学》,周林泽,商务印书馆 2008 年版,第 213 页。

④ 参见杜颖:《商标法律制度的失衡及其理性回归》,载《中国法学》2015 年第 3 期。

⑤ 《消费者权益保护法》第 2 条规定:“消费者为生活消费需要购买、使用商品或者接受服务,其权益受本法保护;本法未作规定的,受其他有关法律、法规保护。”

⑥ Ann Bartow, *Likelihood of Confusion*, 41 San Diego Law Review 721 (2004).

商标法上消费者范畴和含义的确立经历了一个发展过程,[①]特别是消费者注意力程度的塑造是一个逐步获得司法和立法确认的过程。最初,消费者被界定为一个具有合理谨慎注意程度的相关群体,即具有合理谨慎的注意程度的消费者对两个商标识别商品来源产生混淆可能性时,商标侵权成立。[②] 随着商标权人利益保护的需要,消费者的谨慎的注意程度标准在司法实践中逐渐被降低,"谨慎的和有较强辨识能力的消费者不容易发生混淆,但商标保护并不限于谨慎的和有较强辨识能力的消费者,而是包括那些普通的甚至是粗心大意的消费者"[③]。也就是说,消费者施加普通的、一般注意程度即可,而非谨慎的注意,成为商标法意义上的消费者的共同品格。而且,特定时期的普通消费者的一般注意力程度也不是整齐划一的,不同商品消费市场环境因素各不相同,甚至是消费者不同的背景因素,如种族、语言、宗教、政治、地域、文化程度等对商标识别功能的判断都会产生重要影响。所以,消费者一般的、合理的注意程度是众

---

① 美国1881年基于《宪法》贸易条款制定的《商标法》和1946年的《兰哈姆法》在商标权保护方面都将有可能造成"购买者"(purchasers)混淆作为商标侵权的判断标准,即仅将实际购买商品的人作为商标识别主体。1962年《兰哈姆法》修改时删除了"购买者"这一限定,立法部门的解释是该条款既包含实际购买者,也涉及潜在购买者,使用"购买者"(purchasers)容易引起误解。See Report. No. 87 – 2107, p. 2847, 2850 – 2851(1962). 司法实践中,法院也紧跟《兰哈姆法》修改的步伐,扩大消费者的范围,将保护潜在购买者的识别、防止其混淆作为商标权保护范围。较早的典型案例是联邦法院审理的Steinway案,该案中法院充分考虑消费者除了实际购买者,还包括潜在的消费者,并将潜在购买者的混淆作为商标侵权判断标准。于是,商标的识别主体不再局限于实际的购买者,而是扩大到潜在的购买者。See Grotrian, Helfferich, Schulz, Th. Steinweg Nachf. v. Steinway & Sons, 523 F. 2d 1331(2d Cir. 1975). 后来又逐渐将与购买者分离的实际使用者纳入其中,如学校为学生使用购买教学用品,由于学校和学生的关系,法院认为,计算机软件的购买者虽然通常是学校的教师等专业人士,但最终使用者是学校的学生,学生欠缺相应的识别能力容易发生混淆进而认定侵权成立,应将实际使用者作为消费者来识别商品来源。See Educational Testing Service v. Touchstone Applied Science Associates, Inc., 16 U. S. P. Q. 2d 1865 (S. D. N. Y. 1990). 在Toys "R" Us, Inc. v. Canarsie Kiddie Shop, Inc. 案中,玩具的消费群体为小孩,但未成年孩子没有收入来源无法购买,子女要求父母为其购买特定的玩具,由于子女在商标识别错误的情况下要求父母为其购买特定商标的商品,父母也发生了商标识别来源错误。See Toys "R" Us, Inc. v. Canarsie Kiddie Shop, Inc., 559 F. Supp. 1189 (E. D. N. Y. 1983). 都将不属于直接购买的实际使用者也作为消费者对待。

② See J. Thomas McCarthy, *McCarthy on Trademarks and Unfair Competition*, Thomson Reuters/West, 2013, § 23:91.

③ De Voe Snuff Co. v. Flam, 198 F. 420, 423 – 424(6th Cir. 1913).

多因素综合衡量的结果。在众多因素中,“通常最重要的因素是价格”①。

(二)相关公众

将商标的识别主体限定于实际购买和使用商品的消费者,即使是潜在的消费者,也难以涵盖商品生产和流通环节与商标发生密切关系的所有主体,如商品流通领域的批发商与经销商等,有时这些主体对商标识别功能的发挥和判断起关键作用,甚至直接影响消费者的选购决策,为生产经营需要购买商品的法人和其他组织更不能为严格法律意义上的“消费者”所涵盖。所以,范围严格限定于购买关系,有时可能不够广泛。但“公众”的概念过于宽泛,应限定在与商标识别功能发挥密切相关的范围内,《与贸易有关的知识产权协议》第一次明确使用“相关公众”的概念,《关于驰名商标保护规定的联合建议》进一步细化了驰名范围认定中“相关公众”的界定,②“相关公众”的概念应运而生。我国《商标法》《反不正当竞争法》等相关法律中多处使用“公众”的表述,司法解释则使用“相关公众”的概念并加以界定。③

1. 相关公众的身份范围界定

由于市场环境、消费经验的局限和认知水平的差异,一般公众与相关公众对特定商品的自身属性以及对使用在该商品上的标志是否具有识别来源作用的认知,存在明显的差异。所以,准确划定相关公众的范围,将其从一般公众中析出,具有重要的意义。相关公众的主体为消费者,也包括商品流通环节能够直接和间接对消费者通过商标识别商品来源、作出购买决定施加影响的其他主体,如与商标权人有许可、赞助等关联关系的经营者,商品流通环节中从事批发、分销、专卖、零销等行为的经营者,一般没有争议,但还不够全面。如在埃克森石油公司诉谦逊勘探公司(Exxon Corp. v. Humble Exploration Co.)商标侵权纠纷案中,法院将潜在的投资者作为商标识别主体,并将其是否容易发生商

---

① Richard L. Kirkatrick, *Likelihood of Confusion in Trademark Law*, Practising Law Institute, 2010, §6:5.

② 1999年9月保护工业产权巴黎联盟及世界知识产权组织大会第34届系列会议上通过的《关于驰名商标保护规定的联合建议》第2条第2款规定,相关公众包括但不限于:(1)使用该商标的那些商品或服务的实际和/或潜在的购买者;(2)使用该商标的那些商品或服务的销售渠道中所涉及的人员;(3)经营使用该商标的那些商品或服务的商业界。

③ 最高人民法院《关于审理商标民事纠纷案件适用法律若干问题的解释》(法释〔2020〕19号)第8条规定:“商标法所称相关公众,是指与商标所标识的某类商品或者服务有关的消费者和与前述商品或者服务的营销有密切关系的其他经营者。”

品来源混淆误认作为商标侵权的判断标准。① 在一起涉及保险服务商标侵权纠纷案件中,法院在认定是否存在混淆可能性时,将被告公司的客户及其公司雇员、雇员的医生、医疗服务提供者等相关人员作为是否容易导致误认的判断主体。② 可见,那些辅助消费者作出商品选购决策和直接影响消费者作出商品选购决策的主体,甚至经营者的投资方、雇员等,都是与商标识别功能有关的相关公众。

因此,相关公众主要是根据商标识别特定商品来源并为生产生活购买、使用商品或接受服务的消费者,及商品生产流通环节能够直接和间接对消费者识别商品来源、作出选购决策施加影响的经营者等特定群体的统称。

2. 相关公众地域范围的确定

一般情况下,中国境内的相关公众是一个整体,不能仅以特定区域、部分数量的相关公众的认知和注意力程度为标准。如第 5256195 号“大头虾”商标申请,指定使用在第 43 类餐厅、饭店等服务上,商标局、商标评审委员会都认为该商标申请注册在第 43 类相关服务上,直接表示了服务的特点。在商标注册纠纷行政诉讼中,申请人提出“大头虾”在广东等地区有“粗心的人”等含义,并未直接表示餐厅等服务的内容。法院认为,“相关公众”的范围应当包括全国境内,某一地区的含义不能取代全国范围内的“相关公众”对该申请注册商标含义的通常理解。相关公众是否会认为商标表示了服务的内容不以该服务实际提供的内容为限,只要存在相关公众误认的可能性即可。“大头虾”为虾的一种,是可供食用的菜肴,将其使用在餐厅、饭店等服务上,容易使相关公众认为该餐厅、饭店提供的服务是与虾有关的菜肴,相关公众不容易将其作为识别不同餐厅、饭店服务来源的标志。③ 所以,即使是某一地区的相关公众将“大头虾”理解为“粗心的人”等含义,能够作为餐厅、饭店服务来源的商标加以识别,但该地区相关公众理解的含义不能当然取代全国范围内的相关公众对该标志含义的通常理解。在第 1324561 号“状元红”商标撤销争议纠纷中,商标评审机关和法

---

① See Exxon Corp. v. Humble Exploration Co. , 217 U. S. P. Q. 1200 (5th Cir. 1983).

② See The Beacon Mutual Insurance Company v. One beacon Insurance Group, 376 F. 3d 8, 71 U. S. P. Q. 2d 1641.

③ 参见北京市第一中级人民法院行政判决书,(2010)一中知行初字第 853 号。

院都认为,仅为部分区域的相关公众知晓不具有广泛性。[①] 该案中,法院明确指出,一定区域范围的部分企业不具有通用名称所要求的"相关公众"的广泛性。在"稻花香"商标侵权纠纷再审判决中,最高人民法院指出,约定俗成的通用名称一般以全国范围内的相关公众的通常认识为判断标准,纠正了二审判决作出的"稻花香"为黑龙江五常地域范围内约定俗成的通用名称的认定,撤销二审判决,维持一审判决。[②]

但是,在"鲁锦案"中,法院否定了全国性标准,认定"鲁锦"是山东传统民间手工纺织品的通用名称。[③] 在"ひじき"商标争议纠纷中,商标评审机关、两级审理法院对该商标是否是商品通用名称存在很大的争议,焦点就在于如何确定"相关公众"的范围,二审法院在将浙江省温州市洞头县羊栖菜加工出口企业界定为"相关公众"的基础上,以该特定区域的"相关公众"认知标准来判断争议商标是否为通用名称,并作出了争议商标属于商品通用名称、不具有识别商品来源的功能的认定。[④] 似乎上述案件的裁判与约定俗成的通用名称一般以全国范围内的相关公众的通常认识为判断标准矛盾。在"稻花香"商标侵权纠纷再审判决中,最高人民法院关注到这一问题,就相关公众范围确定一般适用全国范围内的标准,特殊情况下适用相对固定的相关市场范围的标准,以及适用

---

① 商标评审委员会和人民法院都在认定"状元红"不属于绍兴酒法定的通用名称的基础上认为,在争议商标注册之前,虽然确有浙江省四家企业的黄酒等酒类产品包装上使用了"状元红"的名称,在相关词典、文学作品和酒行业书籍中也有"状元红"名称渊源的记载,但商品的通用名称应当具有广泛性、规范性的特征,即应当在国家区域范围内或者某一行业范围内广泛和普遍使用,仅为国家部分区域或部分企业所使用的名称不具有通用名称的广泛性。参见国家工商行政管理总局商标评审委员会商评字〔2005〕第4262号《关于第1324561号"状元红"商标争议裁定书》;北京市第一中级人民法院行政判决书,(2006)一中知行初字第195号。

② 参见最高人民法院民事判决书,(2016)最高法民再374号。

③ 人民法院认为,对于具有地域性特点的商品,其广泛性的判断应以其特定产区及相关公众为标准,而不应以全国为标准。参见山东省高级人民法院民事判决书,(2009)鲁民三终字第34号。

④ 参见北京市高级人民法院行政判决书,(2012)高行终第668号。该判决中,浙江三丰水产食品有限公司申请第4525535号"ひじき"商标,指定使用在第29类"贝壳类动物(非活)、海菜、海带、羊栖菜(加工过的)"等商品上并获得注册。商标评审委员会根据撤销申请裁定争议商标在海菜、羊栖菜(加工过的)商品上的注册予以撤销,在其余商品上的注册予以维持。参见国家工商行政管理总局商标评审委员会商评字〔2011〕第17225号《关于第4525535号"ひじき"商标争议裁定书》。商标争议行政纠纷中,一审法院认为,争议商标为日文"ひじき",虽然具有羊栖菜的含义,但按照中国相关公众的一般认知水平和能力,通常难以理解其含义,中国境内相关公众未普遍将"ひじき"与羊栖菜建立对应关系,不会将"ひじき"识别为商品的通用名称,遂撤销商标评审委员会的商标争议裁定。参见北京市第一中级人民法院行政判决书,(2011)一中知行初字第3115号。

相对固定的相关市场范围标准的前提作出了明确。①

3. 相关公众注意力程度的厘清

相关公众施以的注意力程度不同，直接影响能否发挥识别功能及识别效果判断。特定时期、限定区域、通常习惯的交易环境下，对特定商品具有一般知识、通常经验的相关公众在选购商品时所施加的普通的注意程度，往往相对稳定，并具有可期待性，可以从地域范围、商品性质、交易习惯等因素加以考察，以确定相关公众的一般注意力程度。但不同领域、不同行业相关公众的一般注意力并不是整齐划一的。有些领域、有些行业的相关公众的认知水平较高、消费经验较为丰富，施加的注意力相对也较高。一般而言，相关公众施以的注意力程度越高，对特定标记的认知程度越高，以此识别商品来源的可能性越大。反之，则不易将其作为识别商品来源的标记。如在《家庭 OTC》与《家庭》杂志商标侵权纠纷中，被控侵权杂志面向的对象主要是医疗行业相关公众，而这类相关公众容易将 OTC 作为主要识别对象，而不是"家庭"两个字。②

所以，相关公众是商标识别功能的"试金石"，在商标识别功能中起到决定性作用。在商品选购过程中，使用在该商品上的某个标志能否发挥识别商品来源功能，对该商品具有一般知识和通常经验、施加普通的注意力的相关公众是判断主体。相关公众在特定的市场交易环境下，以商标作为市场交易参考，施以一般的注意力，容易将使用在特定商品上的标志作为指示商品来源的标记对待，并以此区分不同的商品来源，使用在商品上的标志发挥了识别商品来源的功能。反之，则未发挥识别商品来源功能。同样，在商标侵权纠纷中，相关公众也是商标识别功能是否受到损害的判断主体，若施以一般注意力的相关公众无法通过商标正确地识别商品来源，则商标识别功能受到了损害。

二、识别对象为商品来源

"民事权利对象的自然属性的差别决定了各自发生不同的民事法律关

① 最高人民法院指出，基于历史传统、风土人情、地理环境等原因，某些商品所对应的相关市场相对固定，如果不加区分地以全国范围相关公众的认知为标准，判断与此类商品有关的称谓是否已经通用化，有违公平原则。但是，适用不同评判标准的前提是，当事人应首先举证证明此类商品属于相关市场较为固定的商品。否则，是否构成约定俗成的通用名称，仍应当以全国范围内相关公众的通常认知作为判断依据。参见最高人民法院民事判决书，(2016)最高法民再 374 号。

② 参见北京市高级人民法院民事判决书，(2003)高民终字第 901 号。

系。”[①]对象不仅决定物权、知识产权等权利种类,而且是区分不同类型知识产权的重要标准。

(一)商业标识识别对象的比较

商业活动中,具有识别性的商业标识有很多,不同类型的商业标识识别对象有明显的差异。根据商业标识识别对象的不同,有的学者将商业标识分为识别商品来源的标识和识别经营者的标识。[②] 有的学者将商业标识分为区别商品或服务的标识、经营主体的标识和经营活动的标识。[③] 理论上的不同分类一定程度上反映了对商业标识认识的不断发展,需用发展的眼光看待商业标识和把握商业标识的范围,随着技术的发展、商品交易和服务贸易方式的变化,还会出现具有识别来源作用的新型商业标识,无法对商业标识的范围作出穷尽性列举。

无论对商业标识外延如何分类和列举,商标都是识别商品来源的商业标识,具备识别商品来源功能是商标区别于一般标志的根本属性,并使其与识别经营主体、经营活动、商品品质等商品自身属性及地理来源标志相区别。[④] 不过,理论和实务界对此未给予充分重视,盛行一种将反不正当竞争法规定的所有商业标识等同于未注册商标的观点,值得商榷。因为未识别商品来源的商业标识不能称为商标,更没有未注册商标一说。识别经营者主体、经营活动的商业标识,如企业名称、商品名称包装装潢等,如果经过使用具有一定影响,为相关公众知悉,相关公众足以据此识别商品来源,这些商业标识同时具备了商品来源的识别性,发挥了商标识别商品来源的功能,才处于未注册商标的地位,而那些不具有一定影响、相关公众不能以其识别商品来源的商业标识不能归入未注册商标之列。[⑤] 如产地名称、广告语、电视栏目名称等,主要是对商品产地、质

① 刘春田:《知识财产权解析》,载《中国社会科学》2003 年第 4 期。

② 参见王莲峰:《商业标识立法保护的新发展》,载《重庆邮电大学学报(社会科学版)》2014 年第 6 期。

③ 参见孔祥俊:《商标与不正当竞争法:原理和判例》,法律出版社 2009 年版,第 21 页。

④ 当然,在商业活动中能够识别商品来源的商业标识并不都是商标。参见最高人民法院《关于产品侵权案件的受害人能否以产品的商标所有人为被告提起民事诉讼的批复》(法释〔2002〕22 号)。

⑤ 正如有的学者所言,如果某一商业标识不是通过其本身直接发挥识别商品来源,而是需要通过其所传达的经营者的主体信息,即首先确定商品的具体提供者,进而间接地发挥识别商品来源的作用,不应认定该商业标识具有商标识别商品来源的功能。参见周波:《对商号的使用不能等同于对注册商标的使用》,载《中华商标》2013 年第 6 期。

量、功能、用途等信息的介绍和广告宣传,或对电视栏目的指代呼叫和内容的概括,具有描述性,这些直接描述商品特点的商业标识不具有识别商品来源的属性。① 当然,也不排除部分广告语设计独特,并非直接描述商品质量、功能等特点,经过长期使用,便于相关公众用其识别商品来源,产生了识别商品来源功能。同样,即使上述商业标识具备了识别商品来源的功能,可以将其归入商标,但也不能仅关注这些商业标识识别商品来源的属性,仍然应充分关注这些商业标识原有属性上的差异。例如,有一定影响的商品装潢,既发挥了识别商品来源的功能,也具有美化商品的作用。

所以,不同的商业标识构成和识别对象不同。作为商业标识的一种,商标的识别对象具有特定性,商标是商品来源的指示器(见表1)。

表1 商业标识构成和识别对象的比较

商业标识	构成	识别对象	用于识别部分
商标	由文字、图形、字母、数字、三维标志、颜色组合和声音等,以及上述要素的组合等构成	商品来源	整体
域名	由文字、字母、数字和特定符号等构成	网络上的计算机	整体
企业名称	由行政区划、字号、行业或者经营特点、组织形式等构成	市场主体	以字号为主
商品名称	一般由文字形式构成	商品本身	整体

(二)商品来源范畴的厘清

商品来源,表明商品的出处,即商品的生产经营者等提供者,商品来源是特定商品与提供者的结合。与企业名称直接指代生产经营者主体不同,商标识别的不是生产经营者本身,而是作为特定商品提供者角色的生产经营者,商品来源是特定商品与提供者的结合,无法脱离商品。作为商品来源的生产经营者不是孤立的主体本身,而是商标语境下与商品结合的商标结构的组成部分和有机统一体。商标是相对于特定商品而言,与注册和使用的指定商品相关,并形成

① 常见的广告语大多属于惯常用语,同业经营者通常也会使用类似的广告语,该广告语不具有特定的指向性,相关公众看到该广告语通常将其理解为广告宣传,难以将其作为商标予以识别,无法向相关公众指示商品的来源。参见戴怡婷:《广告语商标显著性的认定》,载《中华商标》2013年第4期。

与生产经营者的稳定联系，商标实际使用就是不断强化商标与商品来源之间的稳定联系。正是因为商标所指的商品来源是相对于商品而言，作为注册商标，这种联系既不能当然拓展到使用不相同的标志，也无法轻易延伸到不相同的商品上。

因此，界定商品来源，需要在商标有机系统中把握，商品来源既不能脱离商品及生产经营主体，也不能将商品来源与商品、商品生产经营者本身画等号。商标识别功能语境下，商品来源不是孤立的生产经营者主体，而是特定商品与生产经营者的结合。同一个生产经营者可以使用不同的商标销售同一种商品，也可以在不相同和不类似的商品上使用相同的商标标志，在不同情形下，商标识别的商品来源是都不同的。

商品来源是抽象的来源，不同于特定商品具体的、物理的来源。从商品物质属性角度看，每件商品都是唯一的，都有着不同的物理"来源"，即使是相同商标识别的同一种商品，其物理的来源也不同。如在香烟上同样使用"中华"商标，不仅不同等级中华香烟的商品物质属性存在明显的区别，相同等级的两包中华香烟的物理来源也是不同的。但是，作为商标识别对象的商品来源，不是商品本身，也不是商品的物理"来源"，商标所识别的商品来源是一种抽象的来源，这种来源是特定的，但并不必然与物理来源意义上的商品有关。

商品来源是商品的提供者来源，不同于商品产地来源。商品来源是商品与提供者的联系，而商品产地来源是指商品生产制造的物理地址，是商品与产地的联系。在国际贸易中，商品产地来源往往是商品与特定国家联系的纽带，被称为"原产地"。① 商标法规定了集体商标、证明商标及地理标志的商标注册，但地理标志证明商标主要识别商品产地来源，商品基于其产地特定自然因素或者人文因素形成的特定品质，②一般的证明商标是证明商品具备特定品质的标志，集体商标是表明使用者在组织中成员资格的标志。③ 可见，集体商标、证明商标非识别商品的提供者来源，与普通商标的识别对象不同，发挥的识别功能

---

① 根据世界贸易组织《原产地规则协议》(Agreement on Rules of Origin)规定，被确定为一特定商品原产地的国家应是该商品被从其完整地获得的国家，或当不止一个国家与该商品的生产有关时，是实现最后实质性变化的国家。

② 典型案例可参见杭州市下城区人民法院民事判决书，(2015)杭下知初字第13号；浙江省杭州市中级人民法院民事判决书，(2015)浙杭知终字第374号；浙江省高级人民法院民事裁定书，(2016)浙民申1589号。

③ 参见《商标法》第3条。

也不同。所以,从严格意义商品来源角度来说,集体"商标"、证明"商标"不属于商标,或者说不同于普通商标,不属于狭义的"商标法"的调整范围。在这个意义上说,《德国商标与其他标志保护法》的立法例,不仅对完善商业标识法律保护体系具有现实价值,而且对维护以识别商品来源功能为中心的商标法律保护制度的逻辑自足性也具有重要意义。

商标是识别商品来源的标志,商标使用事实行为产生法律效果的过程就是发挥识别商品来源功能的过程。商品来源的本质是商标与商品之间的联系,相关公众根据商标的媒介获得商品的生产、经营者信息,简化相关公众选购商品的决策过程,降低消费者搜寻成本,保护生产、经营者用商标识别特定商品来源的投资和劳动,维护竞争秩序。商标识别商品来源,即相关公众根据商标确定商品来源于商标权人,或者存在商标权人同意、许可其使用商标等许可或隶属等关联关系。具体范围包括商标权人、经商标权人许可的商品制造者以及上述商品的批发商、零售商等与商标权人有许可或隶属等关联关系的生产、经营者。商标识别商品来源表明,商标既架起相关公众和商品之间的桥梁,相关公众通过商标可找到心仪的商品;商标还建立与相关公众之间如同人际关系的联系,具有和相关公众建立联系的主观能动作用,将商品推销给相关公众,商标识别功能的发挥同时获得相关公众的认同,商品效用、相关公众的消费观与价值观等通过商标识别功能得以体现,使相关公众对商标产生强烈的归属感,形成了一种类似于人与人的信任忠诚关系。商品来源从"具名来源"到"匿名来源"和"关联来源",但商品来源的本质并没有发生改变,①商标救济的基础也没有发生变化,都在于"任何人不得误导公众其产品是原告的"②。

(三)识别商品来源的机理

商标识别对象为商品来源,商标与商品来源如何建立联系,也就是商标识别商品来源的机理问题。本书从两个方面对商标识别商品来源的机理进行研

---

① 如有学者认为,商标没有必要准确传递商品生产者或服务提供者的身份信息,商标能够使相关公众将一个商品或服务与使用其他商标的商品或服务的来源区别开来,并使相关公众确信,使用该商标的商品或服务都在商标权人控制之下,商标权人对商品或服务的质量负责。See Jeremy Phillips, *Trademark Law: A Practical Anatomy*, Oxford University Press, 2003, p.25. 有的学者认为,消费者关注的商品来源仍然没有发生本质的变化,他们关注商品来源,最主要的还是因为关心商品的质量。See W. R. Cornish, *Intellectual Property: Patent, Copyright, Trademarks and Allied Rights*, Sweet & Maxwell, 1999, p.163.

② Bayer Co. v. United Drug Co., 272 F. Supp. 505, 509 – 510 (S. D. N. Y. 1921).

究。首先,识别的机理,即如何"识别"。生产、经营者将标志使用在特定商品上用以识别商品来源,相关公众将其作为商品来源的标记认知和对待,商标识别功能中的标识性得以体现,标识性本质上是使用在商品上的特定标志与商品来源之间建立起的稳定联系。相关公众通过使用特定商品上的标志标识商品来源,从而将相同或类似商品的不同来源区别开来。标识性和区别性构成完整的商标识别功能,并建立了商标识别功能的两个层次。标识性侧重关注使用在商品上的标志能否被相关公众作为商品来源标志识记对待,即能否成为商标的资格问题,决定标志是否可以作为商标注册,即商标注册申请能否得核准。区别性侧重关注使用在商品上的标志区分商品来源能力的大小,决定商标保护范围和强度。就注册商标保护而言,侵害商标区分商品来源的能力,导致相关公众对商品来源的混淆,商标权人基于商标区别性的利益则受到侵害。而破坏他人商标的标识性,是彻底侵蚀商标作为商品来源识记对待的基础,妨碍商标权人通过商标建立与商品来源稳定联系的努力,甚至剥夺使用在商品上的标志能够作为商品来源标记进而成为商标的资格,将对商标造成根本性损害。

其次,商品来源的机理,即识别的对象。使用在商品上的标志具有标识性和区别性,表明标志能够发挥"识别"作用,但其识别的是否是"商品来源",以及商品来源指向的商品提供者是谁,这就是商品来源的机理需要回答的问题。前文已厘清商品来源的范畴,此处进一步分析商品来源指向的对象。虽然识别的商品来源是抽象的、匿名的来源,但作为商品来源具体指向是特定的商品提供者,或表明与该商品提供者存在许可、赞助、控制等关联关系。商标所有人自行使用,或许可他人使用,商标识别的商品来源指向商标所有人,或与商标所有人存在许可等特定关联关系的经营者。他人违背商品提供者意志使用的标志,虽然可能具备识别商品来源的客观效果,但并不能产生将商品来源指向该特定提供者的法律意义,因为商品提供者没有使用该标志识别商品来源的意图,更未实施使用该标志识别商品来源的事实行为,商品提供者无权主张保护基于该标志识别商品来源产生的法律效果。同样,在涉外定牌加工贸易模式中,境外委托方在相关国家和地区享有商标权,加工方基于委托方的意志在加工商品上贴附商标,并将贴附商标的所有商品交付给境外委托方,该商品不在境内市场流通,加工商品上贴附商标所有人的商标,识别的商品来源指向境外委托方,并不指向加工方,也不表明加工方与境外委托方存在许可、赞助、控制等关联关系。

三、识别场景为选购过程

商标识别功能主要在消费者为满足生活需要而选购商品过程中发挥效用，通过指示商品来源对消费者选购决策产生影响，识别场景对商标识别功能发挥至关重要。商品选购过程是商标识别功能的作用环境，但理论与实践中，存在商标识别商品来源的场景从消费者实际购买的售中识别扩张到实际购买前的售前识别和实际购买者以外的公众售后识别的趋势，影响商标识别功能的理论构建和商标侵权混淆可能性的认定。

（一）售中识别

商标是商品来源的指示器，商标法规范的商标识别功能主要是商标如何影响消费者购物决策，将消费者在选购商品过程中对商标及其识别商品来源的认知状况作为调整对象。那些对消费者选购决策未产生作用，也就是对商标识别功能没有影响的信息传递，不属于商标法关注的领域。所以，商标发挥识别功能的场景主要为消费者选购商品过程。

根据认知理论，人们感知外界的信息，在对其加工的基础上作出反应。① 物体识别是知觉加工的重要功能之一。就视知觉而言，当视觉刺激作用于视网膜上的感受体时，感受体对物理能量进行接收，然后把物理能量在神经元中转化为电化学能，并进行编码，形成物理刺激特征与神经系统活动特征之间的一一对应关系，这些信息在人脑的中心系统形成认知网络。② 消费者在市场环境中认知或根据其消费经验感知商品上使用的商标时，会在大脑中形成以特定商标为中心节点的认知网络，该认知网络中包含了诸如商标标志、标志标识的商品及商品的生产、经营者，以及商品的质量、性能、价格、使用经验等信息。当消费者在市场环境选购商品过程中看到商品包装上的商标标志时，会激活大脑中以该商标为中心的认知网络记忆，在认知目标的引导下，通过日常消费经验，对商品包装、广告等媒介上使用的标志作出筛选、加工和判断，以其识别商品来源。根据其感知到的识别商品来源的标志，与其大脑认知网络体系中以特定商标为

---

① 知觉对感觉信息进行提取和加工，以使我们能够看见、听见、品尝或者触摸到现实中的物体，同时它也指导机体针对这些物体作出反应。See Randolph Blake & Robert Sekuler, *Perception*, McGraw Hill Higher Education, 2002, p. 621.

② 参见［英］M·W·艾森克、M·T·基恩：《认知心理学》（第5版），高定国、何凌南等译，华东师范大学出版社2009年版，第39~44页。

中心节点的认知网络信息进行比对，完成匹配识别。由于消费者大脑中以商标为中心节点的认知网络本身就是经过消费者筛选、加工的主要特征的抽象，如果外在的商标与消费者大脑中存储的商标节点信息相同或接近，消费者很可能就将其识别为商品来源的标记，并在认知网络体系中搜寻商标代表的信息，以此作为评估依据和决策参考，最终作出选购决策，并基于购买后的使用感受对商品作出评价，这一系列心理活动和行为完整地组成了消费者选购商品的过程。所以，消费者在对欲购买的商品属性没有事先体验的情况下选购商品，商标的识别对消费者的购物决策发挥了关键的刺激和引导作用，商标充当了联系商品与商品来源的关键纽带，简化消费者商品选购中的心理认知过程，将商品的属性通过商标的载体加以外化和便于识别，唤起大脑中存储的以该商标为中心节点的认知网络，将商品来源与商标联系在一起，节约搜寻特定商品的成本，防止作出错误的选购决策。

消费者识别商品来源的过程并不是一蹴而就的，而是一个复杂的心理活动和外化行为的"阶段性模式"过程。从消费者形成购买决策过程来看，消费者商品购买决策是在受到内、外部因素刺激下产生需求、形成问题认识，为满足特定的需求形成购买动机、收集信息，谨慎地评价某商品的属性后进行方案评估、作出购买决策，并形成反馈机制影响以后购买决策的完整过程。[①] 在这一过程中，商标作为识别商品来源的指示器起到了至关重要的作用，体现为刺激消费者的购买需求、为满足需求形成购买动机、通过商标识别的商品来源对商品属性进行了解并在此基础上作出决策，然后将购物消费体验信息添附于商标识别的商品来源信息中，供以后的识别来源参考，对今后的购买决策形成影响，形成一个不断循环往复的过程。所以，消费者识别商品来源具有明显的目的性，是为了满足特定消费需求、促进消费需求目的实现的识别，在这一目标引导下，消费者根据外界感知到的商标在认知网络体系中搜寻商标代表的信息，进行着识别商品来源的活动过程。因此，售中识别是一个过程，不仅仅是实施购买商品行为的那一时间节点，将消费者识别商品来源界定为消费者购买商品之时间节点违背消费者购买决策理论，也不符合消费者选购商品的社会生活实践。

（二）售前识别

消费者在商品选购决策过程中通过商标识别商品来源，以降低选购商品的

---

① 参见王德章、周游主编：《市场营销学》，高等教育出版社2005年版，第47～50页。

搜寻成本,随着消费者商品购买决策的完成,该特定商品上的商标识别功能得以实现,这是具有商标识别意义的商品选购决策过程。而在有的情况下,消费者实际购买商品时虽然正确地识别了商标指示的商品来源,但其之所以作出购买商品的决定,不仅是因为识别了商标指示的商品来源,还与在实际选购商品前对商标识别来源的混淆误认有关,消费者的混淆误认使其将注意力和兴趣转移到非商标权人商品上,也就是由于购买商品前发生了来源识别错误,但经仔细辨认,实际购买商品时发现了该商品的真正来源非商标权人,并在这种状态下做出了购买决定。

近些年来,在互联网高速发展的背景下,“眼球经济”“注意力经济”正在改变市场竞争的格局,对传统的商标识别理论形成了一定的挑战。国内很多学者也主张商标的售前识别理论,有些学者还建议修改完善《商标法》,将售前识别理论引入商标混淆可能性制度。① 在我国司法实践中,针对搜索引擎关键词推广商标侵权及不正当竞争纠纷,也运用售前识别错误容易导致潜在消费者混淆理论,认定构成商标侵权及不正当竞争。②

(三)售后识别

消费者在购买商品过程中根据商标识别商品来源并作出选购决策,商标的识别功能在商品选购过程中实现。但是,消费者在使用商品过程中,根据自身的体验会进一步对商品的性能、售后服务等进行反馈,并将该反馈信息添加到以该商标为中心节点的认知网络,以便下次购物时进行决策,以此形成循环往复,不断更新以特定商标为中心节点的认知网络。消费者在使用商品过程中除了会根据自身体验更新以特定商标为中心节点的认知网络外,还会对其周边的一般社会公众产生影响,一般社会公众会根据商标识别商品的来源,并形成他对该商品的以特定商标为中心节点的认知网络,一般社会公众的这种认知因发生在消费者商品选购后的商品使用过程中,被称为售后识别。售后识别对商标的识别功能是否有影响?售后识别是否属于商标识别功能保护研究的范围?购买者以外的社会公众看到他人使用商品时,可能不易正确识别商品来源,而对商品来源发生误认,商标法是否有必要介入调整?

---

① 参见彭学龙:《商标混淆类型分析与我国商标侵权制度的完善》,载《法学》2008 年第 5 期;邓宏光:《商标混淆理论之新发展:初始兴趣混淆》,载《知识产权》2007 年第 3 期。

② 参见黄武双:《搜索引擎服务商商标侵权责任的法理基础——兼评“大众搬场”诉“百度网络”商标侵权案》,载《知识产权》2008 年第 5 期。

在商标侵权纠纷中,最早运用售后识别理论对混淆可能性作出认定的案例是1955年发生在美国的"马特卡夫特斯钟表公司诉江诗丹顿手表公司案"。① 通过一般公众的售后识别理论认定混淆可能性,是商标识别理论的又一次突破,其不仅将识别场景延伸至商品流通环节结束后,还引入了购买者以外的潜在消费者,甚至是不可能购买该商品的一般公众。由于一般公众可能错误地将仿制品来源识别为商标权人,并将仿制品的质量低劣强加于商标权人之上,使商标权人的社会评价降低,损害了商标权人生产销售的商品在社会公众心目中的良好口碑和形象,导致商标权人交易机会和商誉的损失。联邦第九巡回法院在审理涉及"奥斯卡小金人"版权和商标侵权上诉纠纷的判决中对售后混淆问题进行分析时明确指出,"无论什么时候,只要消费者有可能认为,某一商标与另一商标相似而认为与其有来源或者保证关联,就存在着混淆的可能性"。② 与售前识别理论法律依据一样,《兰哈姆法》删除了原来商标混淆关于"购买者"和"来源"的限定,有些法官将其作为社会公众识别状态纳入商标识别功能的保护范畴的法律依据,并在此后的多个案件中运用售后识别理论认定混淆可能性,作出商标侵权的判决。③ 当然,从美国"大气钟案"确立售后识别的混淆理论开始,运用售后识别理论认定混淆可能性就颇具争议,有些法院也还是明确反对适用售后识别混淆理论,坚持商标识别场景仍然是在消费者选购商品过程中,如果消费者在购买商品时正确地识别了商品来源,没有发生来源混淆,仅仅是一般公众在非市场交易环境下的来源识别错误,尚不属于商标法意义上的混淆可能性,不应纳入商标法评价。

---

① 该案中,江诗丹顿公司是一家具有较高知名度的钟表制造商,马特卡夫特斯公司仿制江诗丹顿公司生产的大气钟,并进行低价销售竞争。具有一般注意力程度的谨慎购买者知道马特卡夫特斯公司的大气钟并非来源于江诗丹顿公司。地区法院认为因消费者不可能混淆,故马特卡夫特斯公司不构成商标侵权。但上诉审中联邦第二巡回法院认为,虽然购买者不可能发生商品来源识别错误,但当购买者将大气钟放于家中,客人来到购买者家中时,会将购买者购买的仿制品识别为江诗丹顿公司生产销售的大气钟,购买者也正是为了获得这种大气钟带来的声誉,故认定构成侵权。See Mastercrafters Clock & Radio Co. v. Vacheron & Constantin-Le Coultre Watches, Inc., 221 F. 2d 464 (2d Cir. 1955).

② See Academy of Motion Picture Arts and Sciences v. Creative House Promotions, Inc., 994 F. 2d 1446 (9th Cir. 1991).

③ See Lois Sportswear, U. S. A., Inc. v. Levi Strauss & Co., 799 F. 2d 867, 871, 872 - 873 (2d Cir. 1955). Hermes Int'l v. Lederer de Paris Fifth Ave., Inc., 219 F. 3d 104, 107 (2d Cir. 2000).

(四)识别场景的反思

商标法的立法宗旨和规范目标从保护商标识别功能出发,维护商标识别功能正常发挥及其产生的识别利益,保障消费者根据商标识别商品来源进而作出选购决策,规制误导商品来源的混淆行为,维护公平有序的市场竞争秩序。正如前文所述,商标法关注的识别主体主要是有商品消费需求、在市场交易环境下以商标识别特定商品来源并为满足消费需求购买与使用商品的消费者,其以满足生产生活需求为目的,通过商标识别商品来源进而作出商品选购决策。商标是消费者为满足生产生活需要从事市场交易的参考依据,只有消费者在市场交易环境和过程中不能通过商标识别特定商品来源,才有运用商标法进行干预的必要,也只有以商标作为市场交易参考依据的相关公众才是商标识别功能的识别主体范畴。商标法保护的识别功能是商标在商业活动中对相关公众施加影响,产生识别商品来源的意义,相关公众置身市场交易环境,为满足生产生活需求,施加合理谨慎的注意力,是否能正确地识别商品来源并作出购买决策,是商标识别功能保护所要重点关注的场景。

售前混淆、售后混淆,都是指消费者或潜在消费者在实际选购商品时正确地识别了商品来源、未发生混淆,但在购买之前发生过混淆,或者购买后致使其他消费者甚至是一般社会公众发生了混淆。

前文在分析售中识别时已经指出,消费者作出选购决策的识别商品来源活动是一个过程,而不仅仅是局限于销售地点、实施购买行为的时空节点。将售中识别限定于销售地点、购买举动,而将此前概括为"售前识别"、此后概括为"售后识别",完全忽视了消费者商品选购过程的客观事实。而且,作为一般社会公众,其并没有、至少是未产生可期待的消费现实需求,不是在市场交易环境下以商标作为作出购买决策的参考,其未对商品信息进行一定的收集、了解,其施加的注意力一般不及普通的、有购买需求的购买者、潜在购买者,以及流通领域的生产、经营者等相关公众,在未产生商品消费需求和满足消费需求购买动机前的识别错误,并不具有商标法立法宗旨和规范目标上的识别意义。即使一般社会公众看到消费者购买仿制品而错误地将仿制品的来源识别为商标权人,使得其对商标权人的社会评价降低,可能影响商标权人的商誉,这也不属于商标法所要保护的商标识别功能调整的范畴。一旦这些一般的社会公众产生消费需求、形成购买动机,实际置身市场交易环境,为满足生产生活需求,必然将施以一般的、合理谨慎的注意力,在作出购买决策过程中往往就能正确地识别商品来源并作出选购决策,不会对商标识别的商品来源发生混淆误认,对商标权人暂时的社会评价降低也随之得以消除，商标权人并没有受到实质性损害。从消费者利益角度而言，售前混淆不但没有使消费者福利受到损害，相反，还促进了其福利的提高。①

同样，根据商标识别理论，在传统购物场景中，售前识别错误仅是消费者在购买商品之前注意力和兴趣被他人转移，在置身市场交易环境下，消费者施加一般的、合理的注意力进行辨认，其能正确识别商品的来源，并根据自己的意志选购商品，表明消费者在作出购买决策时对商品的来源认识是清晰的，消费者购买商品过程中商标的识别功能并未受影响，商标法没有介入的必要。

当然，在互联网环境下，违反诚实信用原则实施这种转移社会公众注意力和兴趣的行为，影响商标与商品来源之间的联系，增加消费者的搜寻成本，使商标权人丧失交易机会，扰乱市场竞争秩序，可能构成淡化型的商标侵权，或不正当竞争行为。但淡化型的商标侵权行为、不正当竞争行为与侵害识别商品来源功能的商标侵权行为根植于不同的理论基础，侵害商标权人不同的利益，请求权基础不同。所以，是否侵害识别商品来源功能是一般商标侵权行为与商标淡化侵权、不正当竞争行为的分水岭，识别场景是判断商标识别功能是否受损的重要环境，不加限制地延展商标识别时空范围，有将商标法律保护推向对符号的绝对财产权保护的危险倾向。商标法保护的商标识别功能应是经过一定的价值目标指引下的法律裁剪，即相关公众在市场交易场景下为满足特定需求施加普通、合理的注意力的识别，而非普遍公众、一般意义上的识别。

四、识别效果为客观判断

商标是商品来源的指示器，如同茫茫大海中的灯塔，为相关公众识别商品来源指明了方向。通常情况下，"我不需要再去调查我即将购买的商品的特征，因为商品上的商标是一个简略的方式，告诉我这个商品的特征与我以前曾经使用的商品的特质相同"。② 商标识别功能的发挥正是通过商标使用事实行为实

---

① 参见黄汇：《售前混淆之批判和售后混淆之证成——兼谈我国〈商标法〉的第三次修改》，载《电子知识产权》2008 年第 6 期。

② John F. Coverdale, *Trademark and Generic Words: An Effect-on-Competition Test*, 51 University of Chicago Law Review 868 (1984).

现，即相关公众将其作为商品来源指示器的客观效果，产生特定法律效果，不以任何人的意志为转移。至于生产经营者是否具有识别商品来源主观意图，与商标使用这一事实行为无关，也不影响是否能够发挥识别商品来源功能客观效果的判断。当然，生产经营者缺乏作为商标使用识别商品来源的意图，往往也不会作出识别商品来源的事实行为。产生识别商品来源的客观效果的法律事实是生产经营者使用商标这一事实行为，如果生产经营者没有商标使用事实行为，对该生产经营者而言自然也不能产生识别商品来源的法定效果，更不能将他人以该标识识别商品来源的客观效果强加于该生产经营者，尤其是在该生产经营者曾明确作出否认以其识别商品来源的意思表示时。司法实践中，如"伟哥""索爱"等相关商标侵权纠纷，由于有充分证据表明生产经营者没有将"伟哥""索爱"等标记在商品上进行商标使用的事实行为，甚至是生产经营者明确否认以其作为商标使用识别商品来源，故法院认定其不能主张识别商品来源的民事权益。①

（一）相关公众容易将其作为识别商品来源的标记

商标是生产经营者于商业活动中使用在商品等上用以识别商品来源、便于相关公众识别的标记。商业标识除了识别商品来源的商标之外，还包括识别经营者主体、经营活动等商业标识，如企业名称、知名商品特有名称、包装、装潢等。如果相关商业标识仅用于识别经营者主体、经营活动，未产生识别商品来源的效果，不能称为商标。当然，如果相关公众据以识别商品来源，这些识别经营者主体、经营活动的商业标识同时具备了商品来源的识别性，发挥了识别商品来源的功能，则属于未注册商标。在商标侵权判定中，在相同或类似的商品上突出使用与他人注册商标相同或近似的商业标识，即使原本这种商业标识有识别经营者主体、经营活动的正当理由，但突出使用容易作为识别商品来源的标记，引起相关公众对商品来源的混淆误认，则可能构成商标侵权。

具体而言，相关公众容易将使用在商品上的某个标志作为识别商品来源的标记看待，即该标志能够发挥识别商品来源功能首先取决于标志的显著特征及其与指定使用商品的联系。根据标志的显著特征及其与所使用商品之间的关

① 如在涉及"伟哥"不正当竞争及未注册驰名商标侵权纠纷中，最高人民法院再审认为，辉瑞公司明确声明"万艾可"为其正式商品名称，并承认其在中国内地未使用过"伟哥"商标，媒体报道、公众使用并不能作为辉瑞公司将"伟哥"作为商标使用的真实意思和行为，不足以证明"伟哥"为其未注册商标。参见最高人民法院民事裁定书，(2009)民申字第312号。

联程度大小可将标志显著性从强到弱分为臆造性、任意性、暗示性、描述性以及通用名称五种类型。一般情况下,使用在指定商品上的臆造性、任意性、暗示性标志便于相关公众将其作为识别商品来源的标记,而描述性标志及商品通用名称难以被相关公众作为商品来源标记识别对待。当然,暗示性和描述性之间并没有泾渭分明的界限,司法实践中发展出“想象力标准”进行检测,即如果一个标志需要通过想象、思考才能将其与商品的性质特征联系起来,那么该标志就是暗示性的。如果一个标志无须想象、直接传达了有关商品的成分、质量等特征信息,那么该标志就是描述性的。①

(二)相关公众不能以其识别商品来源

生产经营者没有将特定标记作为商标使用的事实行为,即使相关公众将该标记用于区别商品来源,客观上发挥了识别商品来源的功能,但由于欠缺事实行为要件而不能产生相应的法律后果,不应获得商标法的保护。同样,纵然有生产经营者商标使用的事实行为,但客观上由于该标记用于特定商品上不具有显著特征等原因,相关公众未将相关标志作为识别商品来源的标记,包括标志本身由于过于简单等缺乏显著特征或者仅仅是直接表示商品的质量等特点的描述性使用,不能发生识别该特定商品来源的效果,生产经营者的商标使用事实行为与识别来源的客观效果发生分离。

相关公众作为商品来源的识别主体,在商标识别效果的审查中起到关键作用。使用在特定商品上的标志缺乏显著特征,或者相关公众在经营、选购商品过程中根本未接触到该标记,则该标志不能发挥识别商品来源效果,不应作为商标获得法律保护。② 所以,是否具有相关公众将标记作为识别商品来源的客观效果是商标构成、商标使用及其保护的首要标准。尽管如此,生产经营者实施商标使用的事实行为是识别商品来源的事实基础。对特定市场主体而言,如果自身没有将标记作为商标使用的事实行为,对其仍然不能产生识别商品来源、获得商标保护的法律意义。

所以,商标使用事实行为能否产生相关公众识别商品来源的法律效果,具有客观性,不以任何人的意志为转移。保护商标识别功能,关键在于保护生产经营者商标使用事实行为与相关公众识别商品来源效果的客观联系。他人不

① See Stix Products, Inc. v. United Merchants & Manufacturers Inc., 295 F. Supp. 47 (S. D. N. Y. 1968).

② 参见最高人民法院民事裁定书,(2009)民申字第268号。

法妨碍商标使用事实行为与相关公众识别商品来源效果的客观联系,或者未经许可利用商标识别商品来源,需要给予商标法救济。若不能产生识别商品来源的客观效果,则不享有商标法上的权益,没有商标法介入的必要。

第三节 商标识别功能理论贡献

一、商标保护的理论基础

具有显著特征、便于识别,是标志可以作为商标注册和受到商标法律保护的基本条件,而商标显著特征指商标具备的足以使相关公众区分商品来源的特征。商标司法保护实践中,1872 年“特拉华州哈德逊运河公司诉克拉克案”(Delaware & Hudson Canal Co. v. Clark)确立了通用名称和描述性标志由于不具有显著特征、无法识别商品来源,一般不能作为商标使用和注册的规则。① 后来在“标准油漆公司诉特立尼达沥青制造公司案”(Standard Paint Co. v. Trinidad Asphalt Mfg. Co.)中,法院发展出表示商品原料、成分、质量等特点的描述性用语在先排他使用超过 10 年获得显著性,开启作为不具有显著性的例外而受到商标保护的先例。② 此后,众多国外学者和司法裁判者沿着商标显著性保护进行系统理论研究和法律适用,逐步确立了经典的商标显著性分类方法,并曾一度成为传统商标显著性保护理论的重要内容和主要分析工具,不断完善商标显著性保护理论。由于该分类方法由富兰德林(Timbers Friendly)法官在“阿贝克隆比与费奇公司诉狩猎世界公司案”(Abercrombie & Fitch Co. v. Hunting World, Inc.)判决中首先提出,也被称为“Abercrombie 分类法”。③ 商标显著性“四分法”,将任意性(arbitrary)商标和臆造性(fanciful)商标归为一类,但事实上任意性商标和臆造性商标在显著性上存在明显的区别,故将第四

---

① See Delaware & Hudson Canal Co. v. Clark, 80 U. S. (13 Wall.) 311, 323, 20 L. Ed. 581 (1872).

② See Standard Paint Co. v. Trinidad Asphalt Mfg. Co., 220 U. S. 446 (1911).

③ 富兰德林(Timbers Friendly)法官在阿贝克隆比与费奇公司诉狩猎世界公司案判决中根据商标标志与其标示商品之间的关联程度大小将商标显著性从弱到强分为通用名称(generic)、描述性(descriptive)商标、暗示性(suggestive)商标、任意性(arbitrary)商标或臆造性(fanciful)商标等类型,某一标志是否具有显著性取决于所涉商品及相关公众的认知程度,并以显著性的大小确定商标保护的范围和力度。See Abercrombie & Fitch Co. v. Hunting World, Inc., 537 F. 2d 4, 9 (2d Cir. 1976).

类中的任意性商标和臆造性商标进一步区分开来，发展为显著性“五分法”，这种分类就是基于相关公众对标志显著特征及标志与指定使用商品的关联程度的认知。

在商标显著性“五分法”的基础上，商标显著性理论又进一步将商标显著性分为固有显著性和取得显著性，具备固有显著性可以作为商标注册，描述性标志、通用名称等不具有固有显著性的标志可以通过在指定商品上的长期使用产生独立于固有含义的“第二含义”而取得显著性，并获得法律保护。而且，商标权保护的范围、力度与商标显著性的强弱密切相关。商标显著性越强，商标权保护范围越广，法律保护的力度也越大。与描述性标志经过使用获得显著性相反，有些具有显著性的商标由于自身使用不当或者由于取得巨大的市场成功以致相关公众将其商标作为商品名称，而商标权人管理不善，则可能出现显著性的退化甚至丧失，失去识别商品来源的功能，沦为商品的通用名称。所以，商标显著性理论根据标志和商品的关联程度，在标志显著性“五分法”的基础上所作出的固有显著性、取得显著性和显著性的退化等研究表明，商标显著性不是一成不变的，而是一个动态的范畴。对指定商品而言具备固有显著性的标志可以作为商标注册，不具固有显著性的标志只有通过识别商品来源的使用才可以取得注册所要求的显著性，这对商标注册的审查给予了重要的理论指导。不仅如此，商标显著性理论还认为，商标侵权的实质就是侵害商标的显著性，商标的显著性越强，商标权保护的范围越广。商标显著性理论为商标保护司法实践提供了重要的理论支撑，具有非常积极的意义，相关理论也被很多国家的商标立法所采纳。

此后，国内外学者还从符号和语言学的角度对商标显著性问题进行了深入的研究，并提出了来源显著性和区分显著性的显著性理论，即来源显著性指向商标与商品及商标所标示的商品与提供者来源之间的联系，区分显著性指向与相同或类似商品上在先注册或申请商标不相同、不相近似的区别性，前者用以表明归属，后者界定商标的保护范围。① 但来源显著性和区分显著性的显著性理论并没有引起足够的重视和进一步论证。近年来，国内学者将商标显著性理论的研究置于商标保护理论的核心，构筑商标制度运行的枢纽，从商标显著性的概念界定、商标显著性与商标注册的关系、商标显著性的判断尤其是描述性

① See Barton Beebe, *Search and Persuasion in Trademark Law*, 103 Michigan Law Review 2020 (2005).

标志、商品通用名称、立体标志、颜色组合商标、声音商标等显著性判断,以及商标显著性与商标权的保护等方面对商标显著性进行理论研究和实践,涌现出一批富有见地的研究成果,丰富了商标法理论体系,为商标法律制度运行提供了坚实的理论支撑。① 我国《商标法》虽未明确使用“商标显著性”的概念,但商标显著性的实质规定体现于多个不同的法律规范。在商标注册法律规范中,《商标法》第 9 条和第 11 条事实上都是商标注册显著性条件的规定。第 9 条第 1 款“申请注册的商标,应当有显著特征,便于识别”的规定就是对作为商标注册的固有显著性的要求,第 11 条第 1 款明确列举了缺乏显著性的标志不得作为商标注册的情形,②第 11 条第 2 款“前款所列标志经过使用取得显著特征,并便于识别的,可以作为商标注册”的规定则是获得显著性的体现。同样,在注册商标维持及注册商标专用权保护规范中,如商标连续三年不使用撤销制度、商标侵权认定及作为商标权限制的商标正当使用相关制度中都考虑了商标显著性。③

---

① 国内代表性的研究成果如黄晖:《商标显著性对商标注册和保护的影响》,载《中华商标》1998 年第 6 期;汪泽:《商标显著性研究》,载《商标通讯》2003 年第 4 期;彭学龙:《商标显著性探析》,载《电子知识产权》2005 年第 12 期;杜颖:《商标显著性与商标权的保护》,载《科技与法律》2006 年第 3 期;王坤:《商标显著性的层次及规律——以对商标概念的科学建构为分析起点》,载《知识产权》2016 年第 2 期;刘铁光:《商标显著性:一个概念的澄清与制度体系的改造》,载《法学评论》2017 年第 6 期;邓宏光:《商标法的理论基础——以商标显著性为中心》,法律出版社 2008 年版;张林:《商标显著性研究》,厦门大学出版社 2014 年版;张慧春:《商标显著性研究》,知识产权出版社 2017 年版;姚鹤徽:《商标混淆可能性研究》,知识产权出版社 2015 年版;张体锐:《商标法上混淆可能性研究》,知识产权出版社 2014 年版;等等。

② 《商标法》第 11 条第 1 款规定:“下列标志不得作为商标注册:(一)仅有本商品的通用名称、图形、型号的;(二)仅直接表示商品的质量、主要原料、功能、用途、重量、数量及其他特点的;(三)其他缺乏显著特征的。”在此基础上,原国家工商行政管理总局商标局、商标评审委员会 2016 年 12 月制定的《商标审查及审理标准》中的商标审查标准将(1)过于简单的线条、普通的几何图形;(2)过于复杂的文字、图形、数字、字母或上述要素的组合;(3)一个或者两个普通表现形式的字母;(4)普通形式的阿拉伯数字;(5)指定使用商品的常用包装、容器或者装饰性图案;(6)单一颜色;(7)标识商品或者服务特点的短语或者句子,普通广告宣传用语;(8)本行业或者相关行业常用的贸易场所名称、商贸用语或者标志;(9)企业的组织形式、本行业名称或者简称;(10)仅由电话、地址、门牌号等要素构成;(11)常用祝颂语等作为《商标法》规定的“其他缺乏显著特征的”标志。

③ 有学者认为,商标的显著性在不同语境中有着不同的含义。参见汪泽:《民法思维与商标权救济》,商务印书馆 2020 年版,第 17 ~ 18 页。

二、商标显著性理论的不足

商标显著性理论的产生和发展为指导商标法律保护实践和完善立法提供了理论支撑，丰富的实践反过来促进商标显著性保护理论研究的继续深化。但是，正如美国著名学者毕碧教授所言，“显著性从未被恰当的理论化”。[①] 随着商标法律保护司法实践的发展和理论研究的深入，传统商标显著性保护理论也逐渐显现出一定的不足，不能对一些鲜活的商标实践作出合理的解释，理论体系也难以自洽。主要体现在以下几个方面。

（一）显著性理论片面强调注册商标保护

1. 商标申请注册与注册商标保护难以涵盖商标保护

商业活动中能够识别商品来源的标志才构成商标，识别功能对商标而言具有基础性、普适性。申请注册的商标应当具有显著性，缺乏显著特征、不便于识别的标志不构成商标，也就谈不上可以作为商标注册和获得注册商标专用权的保护。因此，以显著性为中心构建商标法律保护理论基础，但具有显著特征、可以作为商标申请注册和获得核准注册的商标仅是能够识别商品来源商标中的一部分，商标不仅需满足合法性、显著性、非功能性、非冲突性等注册条件才能成为注册商标，而且商标注册的显著性条件比商标具备识别商品来源要求更高，使得以显著性为中心的商标保护理论无法涵盖所有具备识别商品来源功能的商标保护。虽然商标法规定缺乏显著特征的标志经过使用取得显著特征、便于识别的，可以作为商标注册，为本来不具有显著特征的标志纳入注册商标保护留下了空间，但这种商标保护仍然是寄于注册商标藩篱之下，并不是对商标识别商品来源功能的直接保护，商标法并未承认保护普通未注册商标的一般原则，这与商标法保护商标专用权、鼓励商标注册的立法宗旨一脉相承。

所以，识别商品来源是所有商标的共同品性，但商标显著性理论以注册商标保护为中心，商标授权确权、商标侵权判定及商标权保护范围都主要围绕商标显著性展开，商标显著性局限于商标注册与注册商标保护，未推及至更具普适性的商标识别功能的保护，难以涵盖未注册商标的保护，理论研究视角过于狭隘，以此构建的商标显著性理论的出发点和立足点有失偏颇，容易使商标自愿注册原则名存实亡，商标法沦为注册商标保护法。

---

① Barton Beebe, *The Semiotic Analysis of Trademark Law*, 51 UCLA Law Review 621 (2004).

2. 忽视识别商品来源导致未注册商标的泛化

由于传统商标显著性理论以商标申请注册和注册商标保护为重心，缺乏对未注册商标的保护，而且由于没有在更基础的层面关注商品来源与其他商业来源的联系与区别，容易引起未注册商标概念的模糊与范围的泛化。商标是识别商品来源的标志，识别商品来源是商标的共同属性，识别功能不因商标注册与否而有所不同，识别的对象也不因是否注册而有所差异。由于传统商标显著性理论未充分重视对商标识别功能保护的系统研究，虽关注商标标志与商品的关联程度和商标识别商品来源使用的持续时间、程度和地域范围，但缺少对商业标识识别对象的类型化研究，有将《反不正当竞争法》第6条所规定的禁止商业标识仿冒行为都解释为对未注册商标保护的倾向，导致未注册商标的泛化。同样，由于未充分关注商标识别对象为商品来源，传统商标显著性理论在地理标志、证明商标等特殊类型商标保护方面也缺乏说服力和理论支撑，对这些特殊标志在识别商品来源属性上的差异性没有深入研究，导致商标注册申请审查过程中识别商品来源功能与商标非功能性等注册条件的混同。

（二）固有显著性与获得显著性的区分存在理论不足

1. 错误将商标标志和特定商品的关联程度与商标显著性画等号

传统商标显著性理论根据标志及其与指定使用商品的关联程度，将商标分为臆造性商标、任意性商标、暗示性商标、描述性商标和通用名称，并认为臆造性商标、任意性商标、暗示性商标具有固有显著性，固有显著性强度随标志与商品的关联程度增大而减弱，两者呈现负相关的关系。但事实上，标志与指定使用商品的关系仅说明了其标示商品来源的能力，并没有揭示使用在该商品上的标志与其他同类商品上使用的标志的区别。一个标志使用于特定商品，其具有很强的标示商品来源能力，并不意味着其就能把同类商品区别开，更不意味着其当然就具有很强的区分商品来源的能力。而商标显著性的强弱不仅由商标标志标示商品来源的能力决定，还包括其区分商品来源的能力，甚至可以说主要由区分商品来源的能力决定。因此，简单以商标标志与特定商品的关联程度认定商标的固有显著性显然过于片面。

而且，所谓的固有显著性，仅是商标法对相关公众认知的假设，某个标志与特定的商品本身没有关联或关联性不强，并不当然意味着该标志使用于特定商品上就属于固有显著性强的商标。商标显著性强弱不仅由标志与其所使用的商品或服务关联程度决定，还与标志的使用方式、商品的属性、相关公众的认知习惯等密切相关，应以相关公众的普遍知识水平和认知能力为标准，对使用在指定商品上的标志是否便于被相关公众作为商品来源标记识别作出判断，标志与商品或服务关联度弱，并不能直接推导出其就容易被相关公众作为商品来源标记识别。如过于冗长的广告宣传语，广告用语设计内容与商品本身没有关联，但也不容易被相关公众作为商品来源标记识别。广告宣传用语需经在特定的商品上长期使用，与特定的商品来源建立起稳定的联系，产生识别商品来源的客观效果，才构成商标。所以，某个标志与特定商品本身没有关联或关联性不强，并不当然意味着该标志使用于特定商品上就是固有显著性强的商标，将标志与商品的关联程度与商标显著性画等号，显然忽视了标志使用在商品上容易被相关公众作为商品来源标记识别的属性。在司法实践中，裁判机关也指出，虽然我国商标法规定了文字、图形、字母、数字、三维标志、颜色组合和声音等可以作为商标构成的要素，但是特定要素所构成的标志的使用、表达或展现方式，应当符合该标志所标示的商品或服务行业的通常使用习惯。也就是相关公众在具体商品或服务上看到特定标志时，是否会将其认知为商标，进而对该标志是否能够起到区别商品或服务来源的作用进行判断。[①] 正因如此，有的学者甚至认为，"商标显著性五分法经典分类系统建立在消费者将标志含义作为识别商品来源的唯一依据这一错误的假设基础上"。[②]

2. 给予固有显著性更强法律保护的正当性不足

传统显著性理论在固有显著性和获得显著性分类的基础上进一步指出，具备固有显著性的商标为强商标，获得显著性的商标为弱商标，前者应比后者获得更强的法律保护。这种固有显著性商标比获得显著性商标应受到更强的法律保护的观点不符合商标识别来源的根本属性，也缺乏事实依据和理论基础。商标标志固有显著性主要是指商标标志与指定使用商品的关系，关系到商标注册申请能否核准的问题，但这不是商标保护的核心。传统商标显著性理论将商标标志与商标混同，并将商标保护的理论基础建立在商标标志与指定使用商品静态的自然关系上，而忽视商业活动中将商标标志使用于指定商品、识别商品

---

① 参见北京市高级人民法院行政判决书，(2016)京行终4293号。

② Lucy C. Ridgway, *Has Abercrombie Become Unfashionable? A Review of Trends in Product Configuration Trade Dress Case and A Proposed Test for Uniformity*, 20 Mississippi College Law Review 181 (2000).

来源的商标使用行为对商标保护的动态影响和贡献,具有明显的缺陷。在商标法上,获得显著性才是真正的商标显著性,而固有显著性不过是商标获得显著性的有利条件。①

有的学者基于对商标的符号学分析指出,“传统的固有显著性和获得显著性的划分带来的混乱比它澄清的要更多……商标法应该重构包括来源显著性和区分显著性的商标显著性。与符号的意义关系相一致,来源显著性描述了商标能指区别其所指的程度。与符号的价值关系相一致,区分显著性描述了商标制度中的商标能指和其他能指相区别的程度。”②并且,该学者进一步指出,商标权保护涉及的商标侵权和商标淡化分别对应显著性理论中的来源显著性和区分显著性,即“商标侵权侵犯的是商标的来源显著性,商标淡化则是对商标区分显著性的淡化”。③ 国内有学者在商标显著性分类时引入商标基础显著性和声誉显著性的概念。④ 这些都是商标显著性理论研究的新近发展,虽然其观点和角度各有不同,但共同之处都在于强调商标显著性不仅是标志对商品本身的识别能力,更是商标使用发挥识别商品来源功能产生的客观结果。

(三)传统商标显著性理论应用的不足

传统商标显著性保护理论不仅存在理论不足,以该理论指导的商标法律保护制度及实践也存在诸多不足之处,导致促进商标识别功能发挥、保护商标识别功能制度与实践的不周。

1. 商标构成要件与商标注册条件的混同

传统商标显著性理论从标志与商品的关联程度出发,分析其是否具备显著特征、便于识别的商标注册条件,将商标资格问题的商标构成条件与可作为商标注册的商标注册条件杂糅在一起。使用在指定商品上的标志若不能被相关公众作为商品来源标记识别,欠缺商标资格,根本不可能构成商标。具备商标的资格,但区分商品来源能力有强弱之分,要获得注册保护,至少还需进一步通过显著特征、便于识别等条件的审查。否则,仅具备标识商品来源属性、不具备

---

① 参见彭学龙:《商标显著性传统理论评析》,载《电子知识产权》2006 年第 2 期。

② Barton Beebe, *The Semiotic Analysis of Trademark Law*, UCLA Law Review, February 2004, p. 625.

③ Ibid., p. 621.

④ 参见马强:《论商标的基础显著性》,载《知识产权》2011 年第 8 期。

区分商品来源属性,只能暂时作为未注册商标使用并通过使用产生一定影响加以保护,不能获得商标注册保护。传统商标显著性理论不仅未充分认识到作为商标构成要件的识别商品来源功能的作用,在解释商标注册条件中的获得显著性问题时也陷入自相矛盾的循环论证。传统商标显著性理论将获得显著性界定为标志相对于商品本身缺乏显著特征,经过使用取得显著特征的情形,这种理论也直接影响了立法。① 但如果标志对于商品本身缺乏显著特征,欠缺识别商品来源的能力,其使用是否属于"商标"使用?若不属于商标使用,标志如何能通过"使用"获得显著特征?若属于商标使用,缺乏显著特征的标志使用如何构成"商标"使用?也就是其如何通过标识商品来源意义的商标起到区分商品来源的作用?如仅为本商品通用名称的标志,相关公众无法将其作为商品来源标记对待,根本起不到标示商品来源的作用,不构成商标,当然也不属于商标法意义的使用。若不能发挥识别商品来源功能,无论上述标志在特定商品上如何使用,都无法被相关公众作为商品来源标记识别对待,更谈不上通过使用获得商标注册所需的显著特征和便于识别的区分能力,所谓的获得显著性理论无法解释本商品通用名称是如何通过使用获得显著特征、便于识别的问题。

2. 商标"被动使用"的虚拟

商标使用是一种事实行为,该事实行为产生识别商品来源的客观效果,引起商标法律关系的产生、变更和消灭,成为商标法意义上的商标使用行为。因此,商标法意义上的商标使用,是使用人将商标用于识别商品来源的事实行为与足以使相关公众通过商标识别商品来源客观效果的统一。判断是否属于商标法意义上的商标使用,要分别从商标使用人是否有用于识别商品来源的事实行为、相关公众能否以该商标识别商品来源的客观效果两个方面进行考察,缺少其中一个方面的要件,都不构成商标法意义上的商标使用行为。特定生产、经营者没有将商标标志用于识别商品来源的事实行为,其他生产、经营者及社会公众的使用并不能当然认定为该特定生产、经营者的商标使用,即使其客观上发挥了识别商品来源的功能,也非特定生产、经营者的商标使用事实行为引起,对该特定生产、经营者不产生商标法意义上的商标使用法律效果。

① 《商标法》第11条规定,仅有本商品的通用名称的标志不得作为商标注册,但经过使用取得显著特征、并便于识别的,可以作为商标注册。

有些学者将其称为“被动使用”①,或“公众使用”②,不符合识别商品来源范畴的商标法律属性。③ 司法实践中,在最高人民法院再审的辉瑞公司“伟哥”不正当竞争及未注册驰名商标侵权纠纷中,辉瑞公司主张“伟哥”是其未注册的驰名商标,最高人民法院予以否定。④ 同样,在“索爱”商标争议行政纠纷中,二审法院和再审法院否定了一审法院将相关公众和媒体对“索爱”的使用等同于索尼爱立信公司使用的认定。最高人民法院再审认为,无论是作为未注册商标的简称,还是作为企业名称或知名商品特有名称的简称,其受法律保护的前提是,对该标识主张权利的人必须有实际使用该标识的行为,且该标识已能产生识别其商品来源的客观效果。⑤

所以,“他人的指称商标的行为只是一种客观事实,而本人必须在具有享有

---

① 邓宏光:《为商标被动使用行为正名》,载《知识产权》2011 年第 7 期。

② 董笃笃:《论商标法中的“公众使用规则”——以吉利“陸虎”商标争议案为例》,载《知识产权》2013 年第 1 期。

③ 有的学者指出,所谓的“被动的使用”本质上是“被使用”,除非“被使用”转化为主动使用,否则“被使用”并不是被使用人的使用行为。我们要警惕以新造的概念掩盖事物的本质和混淆视听。参见孔祥俊:《商标法适用的基本问题》(增订版),中国法制出版社 2014 年版,第 137 页。最高人民法院《关于审理商标授权确权行政案件若干问题的规定》(法释〔2020〕19 号)第 26 条第 1 款规定:“商标权人自行使用、他人经许可使用以及其他不违背商标权人意志的使用,均可作为商标法第四十九条第二款所称的使用。”该条第 4 款规定:“商标权人有真实使用商标的意图,并且有实际使用的必要准备,但因其他客观原因尚未实际使用注册商标的,人民法院可以认定其有正当理由。”从司法解释的该条规定来看,商标权人真实使用的意图对商标使用至关重要,他人的使用要构成商标使用至少要求不违背商标权人意志,而要求不违背商标权人意志,事实上他人的使用已经转化为商标权人使用。

④ 参见最高人民法院民事裁定书,(2009)民申字第 312 号。当然,司法实践中也有态度不同的判决,如最高人民法院在“广云贡饼”商标异议复审行政纠纷案中指出,“某一标志能否成为商标,不在于商标权人对该标志是‘主动使用’还是‘被动使用’,关键是生产者与其产品之间以该标志为媒介的特定联系是否已经建立”。参见最高人民法院行政裁定书,(2013)知行字第 40 号。

⑤ 在“索爱”商标行政纠纷中,二审法院否定了一审法院将相关公众和媒体对“索爱”的使用等同于索尼爱立信公司使用的认定。参见北京市高级人民法院行政判决书,(2008)高行终字第 717 号。最高人民法院再审审查认为,在本案争议商标申请日前,没有证据证明索尼爱立信公司将争议商标用作其产品来源的标识,亦未有证据证明其有将该争议商标用来标识其产品来源的意图。相反,根据法院查明的事实,直至 2007 年 10 月,在争议商标已经被核准注册 3 年之后,索尼爱立信集团副总裁兼中国区主管仍多次声明“索爱”并不能代表“索尼爱立信”,认为“索尼爱立信”被非正式简称为“索爱”不可以接受。因此,最高人民法院认为,在争议商标申请日前,索尼爱立信公司并无将争议商标作为其商业标识的意图和行为,相关媒体对其手机产品的相关报道不能为其创设受法律保护的民事权益。参见最高人民法院民事裁定书,(2010)知行字第 48 号。

权利的意图和使用行为时，才会创设权利”。[①] 如果在商标注册授权确权中仅着眼于使用商标的事实行为，认为只要具备了识别商品来源的客观效果，就属于发挥识别商品来源功能的商标使用，不考虑商标使用事实行为与主张商标权利保护的特定主体之间的关系，忽视了商标使用事实行为的实施主体与商品来源可能的错位，容易导致法律适用的偏差。

3. 商标侵权混淆可能性标准的争议

根据传统商标理论，商标侵权判定标准分为普通商标混淆标准和驰名商标淡化标准。混淆可能性是商标侵权判定的主要标准，我国商标法对此也加以确认，司法实践中也普遍遵循。但建构于显著性理论的混淆可能性标准不仅不能涵盖所有的商标侵权行为，客观上还存在不容易发生混淆但仍会损害商标权人利益、需要商标法干预的商标侵权行为，而且混淆可能性标准与类似商品、近似商标、商标使用等相关范畴及制度的关系存在一定的混乱，导致商标法理论争议和法律适用的困惑。混淆可能性标准还被认为是商标法预设的“消费者中心主义”[②]，即对消费者利益保护的同时也能够达到保护商标权人利益的目的，但混淆可能性标准未以商标权人利益保护为首要目标，且消费者利益和商标权人利益并非总是并行不悖的，两者在很多时候存在张力甚至是冲突。

对于未经商标权人许可的分装行为，如“不二家”商标侵权纠纷中，法院一方面认定被控侵权行为并未产生商品来源混淆的直接后果，但另一方面又认定属于我国《商标法》规定给商标权人“造成其他损害的”商标侵权行为。[③] 针对假冒注册商标行为，其侵权判定的依据和标准是什么，是否以混淆可能性为要件，存在很大的争议。有的观点认为，“在同一种商品上使用与其注册商标相同的商标肯定引起混淆”。[④] 有的观点认为，未经许可实施“双相同”的假冒注册商标行为推定为具有混淆可能性，这种推定混淆的观点仍然以混淆为基础，是在混淆理论体系中判定“双相同”商标侵权，不过这种推定可以通过相反证据推

---

① 孔祥俊：《反不正当竞争法新原理·总论》，法律出版社 2019 年版，第 308～309 页。

② 李雨峰：《重塑侵害商标权的认定标准》，载《现代法学》2010 年第 6 期。

③ 参见浙江省杭州市余杭区人民法院民事判决书，(2015)杭余知初字第 416 号。

④ 袁曙宏主编：《商标法与商标法实施条例修改条文释义》，中国法制出版社 2014 年版，第 69 页。

翻。《与贸易有关的知识产权协议》即这种体例的规定。[①] 如德国法院提请欧共体法院审理的“欧宝”(OPEL)商标侵权纠纷案,被控侵权人生产销售真车等比例模型玩具车,商标权人不仅在汽车上注册了“OPEL”商标,也在玩具车上进行了注册,欧共体法院认为,被控侵权商品上使用“OPEL”标识只是为了说明其模仿“OPEL”汽车制造模型玩具车的事实,相关公众不会误认该模型玩具来源于该注册商标权人,故不构成商标侵权。[②] 而有的观点认为,“双相同”的假冒注册商标不再要求混淆可能性。欧盟法院在“欧莱雅诉贝鲁尔案”(L'Oreall v. Bellure)中指出,在标志和商品都相同的情形下,混淆可能性不再是商标权保护的特别条件。[③] 欧盟法院的这种做法抛弃了在相同商品上使用相同商标的商标侵权认定的混淆可能性要件,而从对商标功能的影响角度进行评判。“在许多案件中表明,相同标识和相同商品就是决定性的,导致在欧盟范围内‘双相同’情形下的商标权非常接近于版权法和专利法授予的专有权,即仅仅使用被保护的客体本身就可以认定侵权。”[④]

我国《商标法》第57条修改后对“双相同”情形与非“双相同”情形进行了区分。针对“双相同”情形,立法上未明确混淆可能性要件,如何理解与适用“双相同”情形下的混淆可能性要件,是必然有混淆可能性、推定混淆可能性、无须混淆可能性,抑或其他?是否存在“双相同”不容易发生混淆的情形?传统商标显著性理论未能给出有说服力的解释。

4. 商标权限制范畴的不清晰

设定注册商标专用权的目的并不是赋予商标权人对商标符号的绝对垄断,也不是单纯为了保护商标权人利益,而是包含保护商标权人利益、以消费者利益为代表的公共利益和市场竞争秩序等多重考虑。因此,对商标权进行必要的限制、作出适当的例外规定,成为商标法律制度设计的重要内容。商标权限制,应特指未经商标权人许可、实施商标法意义上的商标使用行为,出于公共政策考虑或为实现商标保护立法宗旨,而将其排除在商标权控制范围之外的一种特

---

① 《与贸易有关的知识产权协议》第16条规定,“注册商标所有人应享有防止任何第三方未经许可而在贸易中可能导致混淆地使用与注册商标相同或近似的标记标示相同或类似的商品或服务的独占权。如果确将相同标记用于相同商品或服务,即应推定有混淆的可能”。

② See ECJ Case C-48/05.

③ See Case C-487/07, 2009, Paragraph 59.

④ Annette Kurvytautas Mizaras, *The Structure of Intellectual Property Law: Can One Size Fit All*, Edvard Elgar, 2011, p. 172-173.

殊制度设计。但是,在传统商标显著性理论下,很多学者将商标法列举的不构成商标侵权的行为不加区分地解释为“商标权限制”,如我国《商标法》第59条规定的商标的正当使用,这种使用商标标志的行为没有发挥商标识别商品来源功能,并不属于商标权的控制范围,也就不能称之为商标权的限制,仅是商标法对这种未发挥识别商品来源功能行为的明确排除而已。所以,科学界定和适用商标权限制制度,需要从商标识别商品来源功能出发,对商标正当使用等不构成商标侵权的行为进行准确的认识。

三、商标识别功能理论的完善

虽然商标注册与保护实践中频繁使用“识别商品来源”“识别功能”“显著性”等概念和术语,但商标识别功能和商标显著性都属于抽象和具有不确定性的概念,不仅两者自身内涵界定上存在模糊,对两者关系的认知也不够清晰,很多理论研究学者和实践工作者对商标识别功能的概念和制度未加细究,要么割裂商标识别功能与商标显著性的关系,认为商标识别功能与商标显著性及混淆可能性是不同层面的问题,不能相提并论;要么将商标识别功能与商标显著性画等号,或者在界定时将两者互为定义和被定义项。实际上,识别商品来源功能是商标的内在功能,显著性是指商标具备足以使相关公众标示和区分商品来源的属性,识别商品来源是商标显著性的判断标准和产生基础,商标显著性是商标足以识别商品来源的属性以及实际发挥识别商品来源功能的结果,识别商品来源在显著性的产生机理中具有本源意义,两者存在密切联系。尽管如此,从防止混淆误认角度对商标显著性的研究与商标识别功能保护的研究毕竟出发点不同,以防止混淆为中心的商标显著性保护理论侧重商标区分商品来源属性的保护,并未全面从商标标示和区分商品来源的原点出发,尤其是忽视了商标作为商品来源标记的标示作用,将显著性等同于商标区分商品来源属性,而将商标识别功能简化为作为商品来源的标示能力,认为侵害商标显著性、容易导致混淆与损害商标识别功能无关,不仅导致商标法基础理论研究的不足,也难以对商标、商标注册及注册商标专用权保护疑难问题作出圆满的、富有说服力的解释。所以,应在传统商标显著性保护理论基础上对商标识别功能保护理论进行深入研究,促进商标显著性保护理论发展,使其在商标识别功能保护解释上更加包容、更具有针对性,丰富商标显著性保护理论,促进商标法理论研究的发展和完善。

(一)商标识别功能理论弥合显著性类型化不足

传统商标显著性理论根据商标标志与商品的关联程度认定商标固有显著性和对其进行分类,并在固有显著性和获得显著性分类中更青睐对固有显著性给予强保护。但实际上,标志与商品的关联程度仅表明标志使用在该商品上标示商品来源的能力,并不能揭示其区分商品来源的能力,片面以使用在商品上的标志标示商品来源能力认定固有显著性有无和强弱,存在明显缺陷。基于标示商品来源能力和区分商品来源能力的商标识别功能二分理论,"识"与"别"的结合克服了固有显著性理论仅立足标志与商品关联程度的标示商品来源能力的分类不足。而且,固有显著性和获得显著性在识别商品来源功能属性方面本质上是一致的。与特定商品没有关联或关联性不强的标志使用于该商品上具备固有显著性,相关公众易于将其作为识别商品来源的标记,可以发挥标示商品来源的功能。商品描述性标志、通用名称由于与该商品联系过于紧密,相关公众难以将其作为商品来源标记识别对待,无法发挥标示商品来源的功能,不具有固有显著性,但经过长期使用,该标志已经产生了除描述性、通用名称以外的"第二含义",与特定的商品来源建立了稳定的、密切的联系,相关公众容易将其作为标示商品来源的标记,并与其他商标标示的商品来源相区别,获得了显著性。可见,无论是固有显著性还是获得显著性,都与标示和区分商品来源密不可分,获得显著性体现的正是对使用在指定商品上的标志实际发挥的识别商品来源功能的保护。

另外,传统显著性理论中来源显著性和区分显著性的区分,"与符号的意义关系一致,来源显著性描述了商标能够区别其所指的程度。与符号的价值关系相一致,区分显著性描述了商标制度中商标能指和其他能指相区别的程度"①。用来源显著性确定商标权利归属,用区分显著性确定商标权利保护范围,这种归属与范围的划分并不科学,来源显著性与区分显著性也非截然对立。一方面,来源显著性是标志针对指定商品而言所具备的显著特征,没有来源显著性,就没有商标可言,更无区分显著性,来源显著性是区分显著性的基础。另一方面,没有区分显著性,单纯的来源显著性也失去了意义。可见,来源显著性与区分显著性并非截然对立,而是相辅相成。传统显著性理论用来源显著性表明权利归属,用区分显著性界定商标权保护范围,人为地在两者之间划出"楚河汉

---

① Barton Beebe, *The Semiotic Analysis of Trademark Law*, 51 UCLA Law Review 621 (2004).

界”,但事实上两者并非泾渭分明。商标识别商品来源的识别性包含了“识”和“别”,所谓的来源显著性包含基本的区别能力,区别能力的有无直接影响能否表明来源,不具有最基本区别能力的标志无法表明商品的来源,没有区分性的识别性是不完整的、没有法律意义的。

(二)商标识别功能理论纠正商标构成要件与商标注册条件的混同

生产、经营者使用在商品上识别来源的标志,相关公众能够将其作为商品来源标记识别对待,并据此区分商品来源,该标志就具备识别商品来源的功能。能够被相关公众作为商品来源识别对待,即具有标识性,是商标构成的资格和基本条件。当然,不同商标的区分能力有强弱之分,获得商标注册需要具备一定强度的区分性,暂时不具有注册商标所要求的区分能力可以通过使用进而获得商标注册保护。传统显著性理论将商标资格与商标注册条件混同,并且在解释相对于指定商品不具备显著特征的标志,如何通过在该商品上使用获得显著特征时也难以自圆其说。而运用识别商品来源功能保护理论则可以很好地解决该问题,即不具备识别功能的标志不构成商标,也不可能作为商标注册;具备标识商品来源属性和便于识别的区分能力,可以作为商标注册;具备标识商品来源能力,但还未达到注册商标所要求的有显著特征、便于识别的标志,通过发挥识别商品来源的商标使用,获得区分能力后可以作为商标注册。这样解释不仅将作为商标资格的识别功能与商标注册条件的“强识别性”加以区分,便于商标法对商标与注册商标作出科学界定,也符合商标法意义上的商标使用是用于识别商品来源行为的本质。

(三)商标识别功能理论为商标注册申请使用目的的审查提供理论基础

商标是由标志、商品和商品来源三要素组成的有机整体,识别功能是商标 3 要素相互作用的纽带。商标因识别商品来源而生,生产、经营者在商品上使用商标用以识别来源,相关公众通过商品上使用的商标识别商品来源,识别商品来源之于商标具有根本性,也是获得商标法律保护的基础。商标注册制度不是创设基于“先占”的符号垄断,而是为未来商标使用预留空间,不以使用为目的的商标注册申请虽然可能在商标标志的选择和商品指定方面满足商标显著性要求,但不发挥商标识别商品来源功能的商标注册缺乏正当性。商标注册赋予了未来商标使用、在指定商品上发挥识别商品来源功能的排他权,如若商标注册申请明显不以发挥识别商品来源的使用为目的,则没有必要再为其预留未来使用的空间。不以使用为目的申请商标注册,相关公众也无法将商标与特定的商品及商品来源建立稳定的、一一对应的关系,根本不存在提供商标法律保护的基础。所以,满足商标注册条件,包括具有固有显著性,但不以发挥识别商品来源功能的使用为目的的商标注册申请也应予以驳回。

(四)商标识别功能理论有助于未注册商标的保护

根据商标识别对象理论范畴的界定,未识别商品来源的商业标识不能称为商标,更不存在未注册商标一说。识别经营者主体、经营活动的商业标识,如企业名称及有一定影响的商品名称、包装、装潢等,如果相关公众直接据以识别商品来源,这些商业标识同时具备了识别商品来源的属性,事实上发挥了识别商品来源的功能,才处于未注册商标的地位,那些未用于识别商品来源的商业标识不能归入未注册商标之列。① 如广告语、电视栏目名称等,基本都是对商品质量、功能、用途等方面的广告宣传,或对电视栏目内容的概括和呼叫,直接描述商品质量等特点不具有识别商品来源的属性。② 当然,也不排除部分设计独特、并非直接描述商品质量、功能等特点的广告语,经过长期使用,相关公众习惯用其识别商品来源,产生了识别商品来源的功能。即便如此,作为描述或暗示商品质量、功能等特点的广告语所具有的"固有含义",以及概括和呼叫电视栏目内容的电视栏目名称的"固有含义",与识别商品来源的"第二含义"仍需明确区分,只有在坚持固有属性的基础上对识别商品来源属性加以科学认定,才能达到正本清源的目的。

(五)商标识别功能理论对商标侵权认定提供理论支撑

传统商标显著性保护理论通常将商标侵权分为普通商标的混淆侵权与驰名商标的淡化侵权,混淆性商标侵权行为又包括直接侵权与间接侵权两种形态。商标直接侵权行为主要是直接实施商标混淆行为,而虽然未直接实施商标混淆行为,但实施伪造商标标识或为他人实施侵害商标混淆行为提供便利条件等也会构成商标间接侵权。但传统显著性理论中混淆性商标使用适用范围受

---

① 有的学者指出,如果某一标志不是通过其本身直接发挥识别商品来源的功能,而是需要通过其所传达的经营者的主体信息,即首先确定的商品具体提供者,进而间接地发挥识别商品来源的作用,则不应认定该标志具备商标所应有的识别商品来源的功能。参见周波:《对商号的使用不能等同于对未注册商标的使用》,载《中华商标》2013 年第 6 期。

② 常见的广告用语大多属于惯常用语,同业经营者通常会使用类似的广告语,这种广告用语不具有特定的指向性,相关公众看到该广告语通常将其理解为广告宣传,难以将其作为商标予以识别,该广告用语无法向相关公众指示商品的来源。参见戴怡婷:《广告语商标显著性的认定》,载《中华商标》2013 年第 4 期。

限，立法规定的有些商标侵权行为并不属于混淆性商标使用行为，传统显著性理论难以给予有说服力的理论解释，而商标识别功能理论可以对此作出补充。侵害商标识别功能，使注册商标的识别性即注册商标与特定商品来源的联系减弱，导致相关公众无法通过商标区分两个不同的商品来源，甚至彻底侵蚀标志作为商品来源标记、成为商标的根基。在侵害识别功能的侵权行为中，有的是未经许可的“双相同”的使用行为，有的属非“双相同”的类似商品与近似商标的混淆性使用行为。对于“双相同”的使用行为，由于注册商标只能为商标权人专用，未经许可不得在同一种商品上使用与他人注册商标标志相同的标志，这是注册商标权人对商标识别功能的专有和排他效力的直接体现，也是商标识别功能保护的核心之一。未经许可在同一种商品上使用与他人注册商标相同的标志，发挥了标志的识别商品来源功能，商标权人有权加以制止。商标识别功能理论为侵害商标识别功能作为商标侵权标准之一提供理论支撑，并以此标准进一步细化商标侵权行为及相应的法律救济，可为商标侵权行为立法的类型化及法律适用提供指导。

本章小结

经历从具体来源到匿名来源再到关联来源的嬗变，商品来源不断发展，也被赋予了更加丰富的内涵。但是，仅仅商品来源内涵的丰富不能使商标识别商品来源理论自成体系。商标识别功能理论范畴需从识别主体、识别对象、识别场景和识别效果等方面进行体系化论证，即通过合理确定相关范围和具有相应注意力程度的相关公众为识别主体，坚持商标识别对象为商品来源的本质属性和“识”与“别”的层次性，严格限定识别场景为市场交易环境下的商品选购过程，审查识别效果的客观性等，构建完备的商标识别功能理论范畴。传统商标显著性保护理论将固有显著性等同于标志与特定商品的关联性，并认为具有固有显著性的商标为强商标、获得显著性的商标为弱商标，固有显著性比获得显著性应受到更强的法律保护，存在理论缺陷。传统商标显著性理论对商标审查及侵权判断等实务中的很多问题也缺乏理论支撑和解释能力，如识别功能在作为商标资格问题的构成要件与商标注册条件方面如何界分，不能识别商品来源的标志如何通过使用获得识别功能，是否存在商标“被动使用”，非识别商品来源的商业标识能否称为未注册商标，未经他人许可在相同商品上使用相同商标的商标侵权是否需要混淆性要件等。为此，从识别功能角度对商标构成要件与商标注册条件进行区分，从识别对象角度对集体商标、证明商标的识别功能进行反思，纠正当前立体商标审查实践中经常将非功能性条件与识别功能条件混同的错误，确立侵害商标识别功能的商标侵权判定标准，对假冒注册商标行为与商标混淆性使用行为侵害商标识别功能进行区分，完善商标侵权行为类型化立法，为不同类型侵犯商标识别功能的侵权行为提供有针对性的法律救济，体现商标识别功能理论对传统显著性理论的完善。①

① 正如有的学者归纳，商标识别功能是商标法的核心：在原理层面，保护商标的识别功能是商标法的价值目标所在；在制度层面，识别功能是商标法的保护客体的认定条件、商标权范围的确定依据和商标侵权的认定标准。换句话说，商标法的基本目的就是保护商标的识别功能，这体现在它只保护具有识别功能或识别性（"distinctiveness"或"distinctive character"）的标识，商标权的范围限于识别功能所必需和所及的边界，因此商标侵权行为就是破坏商标识别功能的行为。参见冯术杰：《商标注册条件若干问题研究》，知识产权出版社2016年版，第3页。

第三章　商标注册识别功能审查研究

商标注册是商标法律现代化的重要制度创新，无论商标权取得采用注册制、使用制还是注册与使用混合制的国家，商标注册规范在各国的商标法律制度中都占有举足轻重的地位，产生权利授予或推定的法律效果。因注册商标的权利授予或确认将引起一系列法律关系的设立、变动或消灭，故必须对商标注册申请进行必要的审查，特别是采用注册取得商标权体制的国家，基本都规定了严格的商标注册条件和注册申请审查程序。传统商标显著性理论对识别功能作为商标构成要件与商标注册条件的差异未予区分，[①]将标志的可商标性与商

---

① 少数案件中对两者进行了区分，如在第7150928号"美丽不打烊"商标驳回复审行政纠纷中，一审法院认为，"美丽不打烊"并非汉语中常见词汇搭配形式，指定使用在第25类服装、童装等商品上，相关公众需要一定程度的想象才能得出其含义，并非直接描述商品的标志，而系暗示性标志，具有显著性，可以获得注册。参见北京市第一中级人民法院行政判决书，(2012)一中知行初字第1583号。二审法院认为，"美丽"和"不打烊"都是常见用语，将"美丽不打烊"使用于服装商品上，相关公众容易将其作为商品的广告宣传用语加以对待，不具有商标识别商品来源功能。基于二审法院的逻辑，是否具备识别商品来源功能和是否暗示商品的特点，是两个不同层面的问题，具有识别商品来源功能是基础，只有在发挥识别商品来源功能的前提下，才能对标志属于臆造性、任意性、暗示性等进行界定和区分。二审法院在该案中首先明确指出审查商标是否识别商品来源功能，抓住了问题的关键。参见北京市高级人民法院行政判决书，(2012)高行终字第1509号。在"LABRIOCHE"商标异议复审行政纠纷中，北京市高级人民法院认为，商标法上所称的显著性包含两个层次，识别性和区分性，

标的可注册性混为一谈,导致商标法对未注册商标保护的缺陷,以及没有显著特征、不便于识别的标志是如何通过使用获得显著性等问题解释上的困惑,商标审查审理实践中也存在将立体商标的识别性与非功能性混同的现象,需要运用商标识别功能保护理论加以澄清。

第一节 商标构成要件与商标注册条件之分

就商标的界定而言,任何能够识别商品来源的标志都构成商标,但不是所有能够识别商品来源的标志都可以作为商标注册。从各国商标法的规定来看,商标注册条件基本上至少规定了3类条件,分别是合法性条件、显著性条件和非冲突性条件。与显著性条件有关的内容主要体现在我国《商标法》第8条、第9条、第11条规定的商标显著特征和第12条规定的非功能性等方面。尤其是《商标法》第8条规定,"任何能够将自然人、法人或者其他组织的商品与他人的商品区别开的标志,包括文字、图形、字母、数字、三维标志、颜色组合和声音等,以及上述要素的组合,均可以作为商标申请注册",不仅通过一定程度揭示商标本质而对商标含义作出了界定,还限定了可以作为商标注册的标志范围,属于商标注册的合法性条件。所以,即使标志具备识别商品来源功能而构成商标,但由于不属于法律规定的可作为商标注册的标志范围,同样不满足商标注册条件,不可以作为商标申请注册。

一、识别商品来源是商标构成要件

商标基本功能是识别商品来源,识别商品来源是商标的存在基础。商标识别商品来源的机理为相关公众能够将使用在商品上的标志作为商品来源标记识别对待,并在此基础上将不同生产、经营者提供的相同或类似商品区别开来。具备识别功能是商标构成要件和受到保护的正当性基础,商标构成要件的核心即识别商品来源功能的有或无的性质判断问题。

要判断被异议商标能否与引证商标相区分,首先要判断其使用在指定商品上是否具备识别性。被异议商标中的文字"LABRIOCHE"是奶油面包或奶油圆球蛋糕的含义,直接表示了被异议商标指定使用的蛋糕、面包等商品或主要原料,相关公众不会将其认定为表示商品特定提供者的商标,不具有识别性。在此情况下,不再对被异议商标能否与引证商标相区分进行审查。参见北京市高级人民法院行政判决书,(2012)高行终字第1725号。

(一)标示商品来源

1. 能够识记

商标要发挥识别商品来源的功能，作为商标构成的标志必须是能为人们所感知的客观存在，这种客观存在可以是以文字、图形、三维标志、颜色组合等形式表达的视觉感知要素，或以声音等形式表达的听觉感知要素，以及上述要素的组合，甚至有的国家还允许以单一颜色等视觉感知要素、气味等嗅觉感知要素、盲文等触觉感知要素提出商标注册申请。美国联邦最高法院在涉及单一颜色的商标注册和使用纠纷的判决中曾指出，《兰哈姆法》规定的商标构成要素具有最广泛的意义，包括一切能够传达意思的要素。[①] 但无论是何种形式表达的感知，被人们感知、识别，能够传达意思是基本要求，不能为人们所感知、传达不了一定的信息，就无法起到标记作用，更谈不上发挥识别功能。所以，能够被识记首先对标志本身提出了一定的要求，非以特定形式表现、难以被感知的标志无法被相关公众识记。一般情况下，能以某种表现形式呈现并能被人们所感知的标志即可推定具备了能够识记的条件。

2. 作为商品来源标志识记

商标能否发挥识别商品来源功能，除了商标标志自身的因素外，还与指定商品密切相关。商标是标志与其使用的商品以及该商品提供者来源的结合，商标和其使用的商品及该商品来源之间具有一一对应关系。商品不仅是商标结构的必备要素，更是保护商标识别功能的重要内容。脱离商品，无所谓商标，也没有识别商品来源功能可言。商标是标志和指定使用的商品及其来源信息的统一体，商标是否具备识别功能是相对于具体的商品而言的。

标志以特定形式表现、便于被感知识记，并与特定的商品相结合，才能与商品来源建立稳定的联系。就商标标志与商品关系而言，有些标志本身具有很强的独创性，与任何商品都毫无关联，该类标志无论使用在哪一种商品上，一般都便于相关公众将其作为商品来源的标志识记；有些标志使用在指定商品上，由于该标志的含义与指定商品存在一定的关联，如暗示该商品的质量、功能等特点，不容易作为商品来源的标志识记，描述该商品的原料、成分等标志与指定商品的关联过于紧密，很难发挥识别商品来源的作用；而有些标志本身是某个商品的通用名称，相关公众不会将特定商品上的该标志作为商品来源标志识记。

---

① See Qualitex Co. v. Jacobson Products Co., Inc., 34 U. S. P. Q. 2d 1161 (Supreme Court, 1995).

所以,商标识别功能是相对于特定商品而言的,除独创性非常强的臆造性标志外,一般的商标标志没有绝对的识别性。正因为商标识别功能是相对于特定的商品,特定商标标志针对某个商品不能发挥识别来源功能,并不意味着在其他商品上也不能发挥识别来源功能,即便是某商品通用名称,使用于该特定商品以外,仍然可能发挥识别来源的功能。

(二)区分不同商品来源

使用在特定商品上的标志能够被作为商品来源标志识记,是该标志成为商标的基础,否则以其区分商品来源将无从谈起。但使用在商品上的标志能够标示商品来源、相关公众容易将其作为商品来源标志识记,并不意味着相关公众能够利用其将相同种类商品的不同来源区别开来。因此,商标注册申请审查不仅审查能否被相关公众作为商品来源标记对待,还要审查其与在先申请或者注册的商标的区别。商标识别商品来源功能是使用在特定商品上的标志被相关公众,作为商品来源标志识记对待的基础上时,进一步将相同种类商品的不同来源区别开来的结合。如果申请注册的商标缺乏区分性,即与他人在先注册或者初审公告的商标相同或者在类似商品上的商标相同或者近似,则驳回商标注册申请。在商标异议、无效宣告等确权程序中,如果在后申请或者注册的商标与在先申请或者注册的商标不能区分,则应依法驳回或者宣告无效。所以,标示商品来源和区分商品来源关系密切,使用在商品上的标志容易被相关公众作为商品来源标志识记,具备标示商品来源能力,一般情况下,具备标示商品来源能力也能够区分商品来源。但是,区分商品来源独立于标示商品来源,使用在商品上的标志能够标示商品来源,并不意味着该标志当然能够与在先申请或注册的商标相区别,区分来源需进一步审查申请注册的商标与在先申请或者注册商标的区别。商品来源的标识功能是基础,商品来源的区分功能是关键。

二、便于识别是商标注册条件

(一)便于识别是一种强识别可能性

第一,便于识别是一种强识别性。具备识别商品来源功能是商标构成要件和受到保护的正当性基础,但商标构成与商标注册处于两个不同的层次。在商标权注册取得体制下,不是所有商标都能获得商标法的商标权保护。因注册取得的商标权保护是一种专有权利的排他保护,在构成商标基础上对识别性提出更高的要求,商标注册条件要求的便于识别是一种强识别性,并非具备识别功能就能当然获得商标注册。将相同种类商品的不同来源区别开来，是商标的关键属性及商标注册的基本要求。商标注册条件在标识性基础上对区别性提出了更高的要求，仅具备标示商品来源功能和最基础的区分商品来源功能，但不能与已经注册或在先申请的商标标示的商品来源相区分，仍不具有可注册性。商标的主要功能在于识别商品来源，商标注册所审查的识别商品来源并非单纯商标标志、商品及商品来源等属性的客观比较，而是主要从商标能否共存、是否容易导致混淆及不同商标的保护范围等方面加以综合衡量。①

商标是商业标识的一种，商标识别的是商品来源，而其他商业标识识别的是经营主体、经营活动等，识别商品来源是商标与其他商业标识的区分关键。首先，商标是相对于商品而言，商标注册申请必须指定使用特定商品，这既是商标授权确权审查的重要依据，也直接决定注册商标的保护范围。② 就商标注册和使用而言，使用规范的商品名称，便于商标主管部门的审查，可加快注册进程，有助于商标识别功能的正常发挥。针对商业活动中使用的未列入分类表的不规范商品名称，从注册角度而言，可能无法建立起商标标志与特定商品之间稳定的来源联系，难以获得核准注册。其次，商标识别的是商品来源。在商标注册审查实践中，短语或单词的组合到底是作为识别商品来源的标记还是作为广告语进行宣传，容易存在争议。

在我国商标审查及司法实践中，广告用语必须具有识别商品来源的作用才能获得注册。如在第 9102886 号“怕上火喝”商标注册申请中，商标局和商标评审机关都认为，申请注册商标“怕上火喝”指定使用在第 32 类“啤酒、无酒精饮料、果汁、矿泉水、饮料制剂、植物饮料”等商品上，直接表示了商品的功能、用途等特点，不具备识别功能。在驳回复审行政纠纷中，北京知识产权法院也以相同依据认定复审商标难以识别，不具有显著性。王老吉公司提交的证据显示“怕上火喝王老吉”作为完整广告进行宣传，而并未将“怕上火喝”与“王老吉”拆分使用，并且证据显示王老吉公司对“怕上火喝王老吉”的使用方式会使消费

① 参见北京市高级人民法院行政判决书，(2016)京行终 3210 号。

② 世界知识产权组织管理并颁布了《商标注册用商品和服务国际分类》，并定期修订。我国自 1988 年正式采用《商标注册用商品和服务国际分类》，国家工商行政管理总局商标局根据《商标注册用商品和服务国际分类》制定了《类似商品和服务区分表》，并根据市场发展变化和商标注册的需要不断修订，还不定期公布《类似商品和服务区分表》以外可接受的非标准的商品和服务项目名称。

者将其作为广告语识别,而通常不会作为商标进行识别。① 二审法院也基于相同的认定,维持了一审判决。②

第二,便于识别是一种识别可能性。相关公众能够将使用在商品上的标志作为商品来源的标记对待及区分商品来源,仅是说明商标具备识别商品来源的可能性,并不要求该标志已经实际发挥识别商品来源效果的现实性,即使用在特定商品上的商标,具有能够被相关公众作为标识和区别商品来源标记的较大可能性即可,至于该商标是否已经产生识别商品来源的实际效果,在所不问。商标注册仅是确认商标能够发挥识别来源功能的能力,为商标将来实际识别商品来源预留一定的空间。除不具有固有显著性的标志需要通过使用取得显著性才能注册外,核准已经发挥识别商品来源的商标注册申请,仅是对其识别商品来源能力的确认,实际发挥识别商品来源功能不是商标注册的强制要求。商标注册申请识别商品来源的可能性而非现实性,是商标权注册取得制的体现,也体现了注册商标与未注册商标法律保护的差异。商标法及反不正当竞争法对未注册商标和有一定影响的商品名称、包装、装潢和企业名称等商业标识提供的保护,主要是对商业标识发挥识别功能的实际使用、产生一定影响所形成的权益的保护。因此,标志获得商标注册本身并不能当然证明该标志通过使用具备了《反不正当竞争法》第6条的"有一定影响"。"商标法对于申请注册商标的显著性要求是包括将来能够识别商品来源的显著特征以及已经具有识别性的显著特征,具有固有显著性的未使用的标识通常不在反不正当竞争法的保护范围。《反不正当竞争法》第五条第(二)项所涉的特有性是指区分商品来源的现实性,其强调的名称、包装、装潢通过商业使用,客观上能够起到区分商品的来源,审查的重点是实际的商业使用行为。"③当然,识别可能性虽然不要求已经现实用于识别商品来源,但作为商标注册的便于识别可能性(likelihood)是一种相当程度的"盖然性",而不是仅仅"有可能"(possible),是消费者在看到特定商品上使用该标志施以一般注意力就能不假思索地将其作为商品来源标记对待。

---

① 参见北京知识产权法院行政判决书,(2015)京知行初字第4522号。

② 参见北京市高级人民法院行政判决书,(2016)高行终第3025号。

③ 最高人民法院民事裁定书,(2016)最高法民申3693号。《反不正当竞争法》于1993年9月2日第八届全国人民代表大会常务委员会第三次会议通过,并于2017年11月4日第十二届全国人民代表大会常务委员会第三十次会议和2019年4月23日第十三届全国人民代表大会常务委员会第十次会议先后修订,该裁定书援引2017年修订前的《反不正当竞争法》。

(二)便于识别的基础是便于标示

识别商品来源是商标构成要件,申请注册的商标标志在指定商品上无法发挥识别商品来源功能,不能被相关公众作为商品来源标志识记的标志,不构成商标,当然不能作为商标注册。能够发挥识别商品来源功能的标志首先需易于被相关公众感知,标志过于简单或过于复杂则不容易识记,在纷繁复杂的标志世界难以走入人们的感知领域,使用在商品上不容易被认知为标示商品来源的标记,无法发挥标记作用。如过于简单的线条、普通表现形式的单个字母或阿拉伯数字、单一的颜色等标记,以及过于复杂的文字、图形等。

有些标志本身能够被感知,但使用于特定商品不便于被相关公众作为商品来源的标志对待,也不能作为商标注册。如有些标志使用在特定商品上,相关公众更容易将其作为表示商品的质量、性能、用途等特点的标志,而非标示商品来源的标志,不具有可注册性。如针对指定使用在"牙刷、电动牙刷"等商品上的第 7763084 号"男士"注册商标,申请人以"男士"使用在牙刷等商品上缺乏显著性、容易导致相关公众误认进而产生不良影响等为由提出无效宣告申请。商标评审机关认为,争议商标使用在指定商品上,仅仅直接表示了商品的消费对象等特点,相关公众容易将其作为商品的消费对象识别,难以作为商品来源识别,不能发挥区分商品来源的作用。第 18712084 号"货运圈"商标注册申请指定使用在"货运;运输预定"等服务上,仅直接表示了服务的内容特点,不得作为商标注册。[①] 与第 3909917 号"BEST BUY 及图"商标驳回复审行政纠纷中最高人民法院的意见不同,佳选公司在相同的服务上将"BEST BUY 及图"向欧共体提出商标注册申请时,欧共体初审法院认为,"BEST BUY"描述了相关服务价格特点,彩色价格牌在所有的商品或服务上被普遍使用,其与"BEST BUY"的组合在整体上也无法作为服务来源识别,相反更加容易使相关公众认为其是在描述服务的价格特点。[②] 在第 18200400 号"愿无岁月可回头"商标注册申请驳回复审中,商标评审机关认为,相关公众易将申请商标文字理解为广告用语而非商标,作为商标使用在指定商品上缺乏显著性。[③] 该商标注册申请文字既不

---

① 参见国家工商行政管理总局商标评审委员会商评字〔2017〕第 67631 号《关于第 18712084 号"货运圈"驳回复审决定书》。

② Best Buy Concepts Inc. v. Office for Harmonization in the Internal Market (Trade Marks and designs) (OHIM), T-122/01, paragraphs 25-38.

③ 参见国家工商行政管理总局商标评审委员会商评字〔2017〕第 39337 号《关于第 18200400 号"愿无岁月可回头"商标驳回复审决定书》。

是商品通用名称，也非直接表示商品的质量、性能等特征的描述性用语，但使用在指定商品上，相关公众不容易将其作为商标识别，更容易将其作为广告用语对待，在商标注册申请人无法提供经过使用已经具有作为商标识别商品来源所具备的最基本的显著特征的情况下，不能获得核准注册。

当然，对于是否便于相关公众作为商品来源标志识记对待，容易产生认识上的分歧。如备受关注的第8840949号"微信"商标异议复审行政纠纷，二审法院认为，复审商标使用在指定服务上不具备识别功能。① 二审判决充分尊重既定的有关"其他不良影响"的司法政策，②纠正了一审判决错误适用商标注册不得违背公序良俗的法律规定，值得肯定。尽管如此，二审判决仍值得商榷。"'微'与'信'并不是一个常见的组合，在腾讯公司的'微信'服务为人们所熟知之前，也不能使相关公众立刻想到相关服务的内容，所以'直接描述'恐怕并不存在。"③"微"与"信"的任意组合，并没有特定含义，标识本身具有显著特征，指定使用在有关服务上，并未直接描述指定服务的特点，便于作为商品来源标记对待。二审判决以此认定"微信"商标缺乏显著性，值得商榷。

不便于标示商品来源的标志虽不能获得注册，但并不意味着绝对排除其标示商品来源、成为商标的可能性。通过长期使用，其与特定商品来源建立起稳定的甚至唯一的对应关系，获得显著特征，便于识别，可以作为商标注册。但是，有些标志具有公共资源属性，使用于指定商品上不仅事实上无法发挥识别商品来源功能，而且出于公共政策的考量也不宜用其识别特定的商品来源，即使使用人有将其作为"商标"使用的主观目的和客观行为，但仍不应认定为商标使用，不能产生经过使用获得显著特征、便于识别的法律效果。否则，不仅与其事实上不能发挥识别商品来源功能矛盾，而且与公共政策目标相冲突。如本商

---

① 北京市高级人民法院认为，"微信"商标标识中的"微"具有"小""少"等含义，与"信"组合使用在指定服务上，易使相关公众将其理解为比电子邮件、手机短信等常见通信方式更为短小、便捷的信息沟通方式，是对指定服务功能、用途或其他特点的直接描述，而不易被相关公众作为区分服务来源的商标加以识别和对待。参见北京市高级人民法院行政判决书，(2015)高行(知)终第1538号。

② 最高人民法院《关于审理商标授权确权行政案件若干问题的意见》(法发〔2010〕12号)第3条规定："人民法院在审查判断有关标志是否构成具有其他不良影响的情形时，应当考虑该标志或者其构成要素是否可能对我国政治、经济、文化、宗教、民族等社会公共利益和公共秩序产生消极、负面影响。如果有关标志的注册仅损害特定民事权益，由于商标法已经另行规定了救济方式和相应程序，不宜认定其属于具有其他不良影响的情形。"

③ 王迁：《知识产权法教程》(第5版)，中国人民大学出版社2016年版，第407页。

品通用名称，属于行业共有，也为同业竞争所必需，相关公众很难将本商品通用名称作为区分本商品来源的标记识别对待，既不具有固有的识别商品来源能力，也无法通过“使用”获得识别商品来源的能力，不应适用获得识别商品来源能力的规则，应防止行业共用的市场语言被特定市场主体独占，侵蚀公有领域，阻碍自由、公平竞争。作此区分对厘清《商标法》第 11 条有关经过使用获得显著性的规定，①以及纠正当前理论上就有些不具有显著性的标志经过使用获得商标注册所要求的显著性存在的认识上的误区具有积极意义。所以，识别商品来源的商标使用，是使用人将其作为商标使用的事实行为与相关公众将其作为识别商品来源的商标对待的客观效果的统一。仅有使用人将其作为商标使用的事实行为，客观上不能发挥识别商品来源的效果，仍然不能产生商标使用的法律效果，不构成商标法意义上的商标使用行为。

商标注册申请审查及授权确权纠纷司法实践中，很多指定使用在特定商品上的本商品通用名称的注册申请被驳回、撤销或宣告无效。如在第 12953093 号“SIMMONS 席梦思及图”指定使用在“家具、长沙发、床垫、床、弹簧床垫、垫褥(亚麻制品除外)、软垫”等商品上的驳回复审行政纠纷中，审理法院认为，申请商标的主要识别部分为“席梦思”文字部分，相关公众普遍以其指代床垫商品，且也没有取得显著性的证据。② 有些仅含有本商品通用名称的商标申请虽获得核准注册，但在商标评审过程中被撤销或宣告无效，如争议商标第 3140227 号“兰贵人”核定使用商品为第 30 类茶、茶饮料、咖啡、糕点、调味品等，商标评审机关认定“兰贵人”属于一种乌龙茶约定俗成的通用名称，不能起到识别商品来源的作用，遂适用仅有本商品的通用名称不得作为商标注册的规定作出撤销该注册商标中茶、茶饮料等与茶密切相关商品的商标注册，其余商品上的商标

① 《商标法》第 11 条第 1 款规定：“下列标志不得作为商标注册：(一)仅有本商品的通用名称、图形、型号的；(二)仅直接表示商品的质量、主要原料、功能、用途、重量、数量及其他特点的；(三)其他缺乏显著特征的。”第 2 款规定：“前款所列标志经过使用取得显著特征，并便于识别的，可以作为商标注册。”

② 参见最高人民法院行政裁定书，(2017)最高法行申 2200 号。该案一审判决参见北京知识产权法院行政判决书，(2015)京知行初字第 5307 号；二审判决参见北京市高级人民法院行政判决书，(2016)京行终 2967 号。

注册予以维持。[①] 该裁定得到一审法院、二审法院的支持。[②] 在第 1055861 号“避风塘 bft”指定使用第 42 类“餐饮、备办宴席、鸡尾酒会服务”等服务上的商标撤销纠纷中，商标评审机关认为，“避风塘”作为一种风味料理的名称，不应由一家公司独占，故裁定撤销该商标注册。[③]

当然，商品通用名称有法定和约定俗成之分。法定的通用名称相对较容易认定，但约定俗成通用名称的认定标准较为原则，难以把握，需要严格结合证据进行个案认定。[④] 如在第 12358149 号“大姨妈及图”商标无效宣告中，商标评审机关认为，争议商标的主要识别部分“大姨妈”系一种亲属的称谓，特指母亲的姐姐，现已成为公众约定俗成的对于女性月经的代名词。[⑤] 而且，是否为商品通用名称并非一成不变，商标申请日的状态与审查核准时的状态可能不尽一致，需要分别判断。[⑥] 有的注册申请因申请时为商品通用名称，但经使用取得了显著特征并便于识别，或者在审查及授权确权行政程序中由于相关国家标准的修订、行业使用情况的变化不再作为商品通用名称对待，商标注册予以维持。如在“散利痛”商标争议复审行政纠纷再审中，最高人民法院指出，虽然“散利痛”曾被上海、四川等省市列入地方药品标准，成为药品的通用名称，但由于相关药品标准在修订后不再继续将“散利痛”作为法定的通用名称，且作出评审裁定时也没有其他经营者将“散利痛”作为止痛退烧药的通用名称使用，故维持商标注册。[⑦] 在“21 金维他”商标行政纠纷中，“21 金维他”也因曾被列入国家药品标准，后国家标准修订不再作为药品法定通用名称。在认定驰名商标考虑该商标

---

① 参见国家工商行政管理总局商标评审委员会商评字〔2008〕第 5892 号《关于第 314027 号“兰贵人”商标争议裁定书》。

② 参见北京市第一中级人民法院行政判决书，(2008)一中行初字第 1411 号；北京市高级人民法院行政判决书，(2009)高行终字第 330 号。

③ 参见国家工商行政管理总局商标评审委员会商评字〔2000〕第 11 号《“避风塘 bft”商标注册不当案终局裁定书》及商评字〔2001〕第 187 号《“避风塘 bft”商标注册不当案重新评审终局裁定书》。

④ 依据法律规定或国家标准、行业标准属于商品通用名称的，应当认定为通用名称。相关公众普遍认为某一名称能够指代一类商品的，应当认定为约定俗成的通用名称。参见最高人民法院《关于审理商标授权确权行政案件若干问题的规定》第 10 条第 1 款的规定。

⑤ 参见国家工商行政管理总局商标评审委员会商评字〔2017〕第 105612 号《关于第 12358149 号“大姨妈及图”商标无效宣告请求裁定书》。

⑥ 人民法院审查判断诉争商标是否属于通用名称，一般以商标申请日时的事实状态为准。核准注册时的事实状态发生变化的，以核准注册时的事实状态判断其是否属于通用名称。

⑦ 参见最高人民法院驳回再审通知书，(2007)行监字第 111－1 号。

的知名度时，曾作为法定的通用名称但注册商标未被依法撤销，仍可参考其被列入国家标准、成为法定通用名称期间注册商标权利人对该商标的使用、宣传等因素。① 而有的注册商标在申请和审查过程中尚未成为商品通用名称，但后来由于相关国家标准的修订、行业使用情况的变化成为法定或行业约定俗成的商品通用名称而被撤销或宣告无效。如第647624号“吉普”注册商标，在中国获得注册后曾在相对长的时期内一度被相关公众作为越野车商品的通用名称使用，虽然尚未被撤销或宣告无效，但事实上已经不能被中国境内的相关公众作为商品来源标记识别。商标管理部门曾使用行政资源专门发文要求规范使用“越野车”商品名称，不得使用“吉普车”，不仅涉嫌行政资源的滥用，而且改变不了相关公众将其作为商品通用名称的市场实际。当然，随着“SUV”等越野车新的商品名称的出现，“吉普”商标的命运也许会出现转机，但这还应主要归功于市场，而非行政机关发文的效果。

此外，有的商标是否属于商品通用名称存在较大争议，典型如“优盘”商标。深圳某公司1999年8月23日在第9类“计算磁盘、计算机存储器、光盘、软盘、数据处理设备、计算机周边设备”等商品上申请注册第1509704号“优盘”商标，2001年1月21日被核准注册后该公司生产销售的“优盘”牌移动存储设备取得极大的市场成功。然而，该公司登记的营业执照经营范围中把“优盘”作为一种计算机移动存储设备的商品名称对待，其商品包装和广告宣传中也将“优盘”作为商品名称使用，甚至同行业的其他经营者也普遍将“优盘”作为这种计算机移动存储设备的通用名称，导致该注册商标被多次提出撤销和无效宣告。②

---

① 参见最高人民法院行政裁定书，(2009)知行字第12号。

② 2004年，商标评审机关曾作出国家工商行政管理总局商标评审委员会商评字〔2004〕第5569号《关于撤销第1509704号“优盘”商标争议裁定书》，后北京市第一中级人民法院以该裁定“违反法定程序”为由判决撤销，责令商标评审委员会重新作出裁定，撤销申请人对一审判决虽提出上诉，但后又撤回，一审判决遂发生法律效力；商标评审机关根据生效判决于2010年3月15日重新作出商评字〔2004〕第5569号重申第270号《关于第1509704号“优盘”商标争议裁定书》，再次认定第1509704号“优盘”商标为商品通用名称，予以撤销注册。商标注册人深圳朗科公司不服，向北京市第一中级人民法院提起行政诉讼，在诉讼过程中，由于撤销商标注册申请人向商标评审委员会提出撤回对第1509704号“优盘”商标的撤销申请，商标评审委员会作出商评字〔2004〕第5569号重申第270号《关于第1509704号“优盘”商标争议裁定书》作废的决定，深圳朗科公司随即向法院撤回对商标评审委员会的起诉，法院据此作出裁定，准许撤诉，至此，第1509704号“优盘”商标注册撤销事宜告一段落。时隔几年后，李某向商标评审委员会提出第1509704号“优盘”商标无效宣告申请，商标评审机关作出国家工商行政管理总局商标评审委员会商评字〔2015〕第58713号《关于第1509704号“优盘”商标无效宣告请求裁定书》，裁定维持争议商标注册。

除商品通用名称外,商品的图形、商品型号、商品形状、商品容器等商品通用标志也难以被相关公众作为标示商品来源的标记对待。仅有本商品的通用图形的商标注册申请不予注册的典型案例,如延庆县果品服务中心在第31类苹果商品上提出的第8488077号"延庆苹果及苹果图形"商标注册申请,该商标标志将苹果图形作为主要识别部分,使用在苹果商品上,相关公众不能将其作为识别商品来源的标志,缺乏商标应有的显著特征。在国际注册第G640537号"瓶型三维标志"商标争议纠纷中,法院认定,商品容器未单独显示争议商标所涉瓶型或者以其他方式向消费者说明该瓶型本身也是指示商品来源的标志,相关公众难以将涉案瓶型单独作为识别商品来源的商标认知,驳回了再审申请人的再审申请。① 某公司在第3类"洗发剂"等商品上申请注册第19119659号瓶子三维标志立体商标,商标局驳回其注册申请。商标评审机关认为,申请商标中瓶子的立体形状为申请人长期使用在海飞丝洗发液、护发素等商品上的包装物的立体形状,已具有一定知名度,能够与申请人建立一一对应关系,可以作为区分商品来源的标志加以识别,故对申请人已长期使用的"护发素、洗发剂"等商品予以初步审定,而针对申请人未提交长期大量使用证据的"肥皂"等其他商品的注册申请予以驳回。可见,行业通用或常用包装物的立体形状等,一般不能被相关公众作为商品来源标志识记,除非有足够证据证明行业通用或常用包装物的立体形状通过使用获得识别商品来源功能。②

(三)便于识别的关键是便于区分

将相同种类商品的不同来源区别开来,是商标的关键属性及商标注册的基本要求。商标注册条件在标示性基础上对区分性提出了更高的要求,仅具备标示商品来源功能,但不能与已经注册或在先申请的商标标示的商品来源相区分,仍不具有可注册性。如果某个标志使用在特定商品或服务上能够识别商品或服务来源,但在通常的商业环境下该标志已被相关公众识别的商品来源指向唯一提供者,由他人注册使用,容易导致相关公众对商品来源产生误认,则不宜再由他人注册为商标。如第3200352号"中超球神及图"商标异

① 参见最高人民法院行政裁定书,(2014)知行字第21号。

② 参见国家工商行政管理总局商标评审委员会公布的"2017年商标评审典型案例"。

议复审行政纠纷。[①] 同样，在第 8840949 号“微信”商标异议复审行政纠纷中，由于深圳市腾讯计算机系统有限公司在“微信”服务上的巨大商业成功，商标审查核准之时该标志已与深圳市腾讯计算机系统有限公司建立了牢不可破的联系，由此该标志事实上已不可能再与创博亚太科技（山东）有限公司的相同或者类似服务形成商标关系，即不可能再用以识别创博亚太科技（山东）有限公司的商品来源，因而对于创博亚太科技（山东）有限公司的商品而言已构成相对的无区别能力。[②] 另外，如果商标所包含企业名称的行政区划或者地域名称、字号、行业或者经营特点、组织形式与申请人名义不符、存在实质性差异，容易使公众对商品来源及内容产生误认，即使能够作为商品来源标志对待，也不得作为商标注册和使用。[③]

三、便于识别是商标注册必要非充分条件

指定使用在特定商品上的标志客观上具有标示和区分该商品来源的识别能力，便于识别，但其并非商标注册的充分条件，还需满足商标注册的合法性、非功能性、非冲突性等条件。

即使申请注册的商标具备识别商品来源能力、便于识别，如果商标注册申请人明显不以发挥识别商品来源的使用为目的，商标注册申请也不能获得核

---

① 北京市第一中级人民法院一审认为，中国足协对“中超”的使用已使相关公众将“中超”与中国足球协会形成了唯一对应关系，他人在第 33 类酒（饮料）等商品上注册被异议商标，相关公众容易将其商品来源识别为中国足球协会或认为与中国足球协会存在关联关系，从而对商品来源产生误认，进而产生不良影响。二审法院予以维持。参见北京市第一中级人民行政判决书，(2010) 一中知行初字第 2839 号；北京市高级人民法院行政判决书，(2011) 高行终字第 1634 号。该案还有另外一个问题值得讨论，法院以容易导致相关公众对商品来源产生误认为由适用《商标法》第 10 条第 1 款第 8 项规定的其他不良影响，因为“中超”是“中国足球协会超级联赛”的简称，是国内最高水平的足球职业联赛，中国足球协会全国性群众体育组织的主体性质和国内最高水平的足球职业联赛的知名度和影响力，确实容易与公共利益关联起来。当然，并不是容易对商品来源产生误认都会产生不良影响，普通的民事主体及其特定的民事权益的商标保护一般不会产生不良影响，这也正是“中超球神及图”与“微信”案存在本质的区别。

② 参见孔祥俊：《论商标法的体系性适用——在〈商标法〉第 8 条基础上的展开》，载《知识产权》2015 年第 6 期。

③ 如恒大地产集团有限公司于 2015 年 11 月 6 日在第 36 类“分期付款的贷款”等服务上提出第 18271460 号“恒大银行”商标注册申请，国家工商行政管理总局商标局和商标评审委员会均以该商标申请与申请人名义不一致，存在实质性差异，指定使用在“银行”等服务上，易使公众产生误认为由，对注册申请予以驳回。参见国家工商行政管理总局商标评审委员会公布的“2017 年商标评审典型案例”。

准。商标识别商品来源功能是生产、经营者将标志作为商标使用的事实行为和该标志为相关公众识别商品来源的客观效果的统一,不以识别商品来源的使用为目的的商标注册申请,虽然客观上具备便于识别商品来源的能力,但由于商标注册申请人明显不以发挥识别商品来源的使用为目的,不符合商标系识别商品来源标志的本质属性,驳回不以使用为目的的恶意商标注册申请具有商标识别商品来源功能理论基础。而且,核准明显不以使用为目的的商标注册申请,容易导致商标资源的囤积和浪费,也阻碍他人为生产经营目的正常利用商标识别商品来源,扰乱了商标注册和使用的正常秩序,与鼓励在商业活动中使用注册商标以促进产业发展的目的相悖。所以,驳回不以使用为目的的商标注册申请源于商标识别商品来源的根本属性。

第二节　商标注册识别功能反思

商标的基本功能是识别商品来源,便于相关公众作为识别商品来源的标记认知,是商标获得注册的基本条件,不具备标示商品来源能力的标志不具有可商标性,缺乏显著特征、不便于识别的商标不具有可注册性。但有些非传统类型商标由于标志要素的特殊性致其识别功能与文字、图形、字母、数字等要素构成的传统商标明显不同,[①]表现为识别功能保护基础与保护方式的差异性。为此,在普通商标识别商品来源基本原理的基础上,本节对一些特殊类型商标的识别功能的特殊性作进一步的探讨。

一、非传统商标注册识别功能之错位

随着技术的发展和商品交易方式的变化,商标的表现形式和商标使用推陈出新,商标不再是使用于商品上的文字、图形、字母、数字、三维标志、颜色组合等要素组成的传统可视性标记,声音、单一颜色、动态全息图、位置、嗅觉、味觉、触觉等要素逐渐在商业活动中被用于识别商品来源。如何理解商标法有关商标注册构成要素的规定与商标显著性、非功能性等条件及其法律适用的关系,是非传统商标注册的重点和难点。

---

① 非传统商标不是一个严格的法律概念,并没有明确的范围,一般认为与文字、图形、字母、数字等可视性标志构成的商标属于传统商标,与之相对的三维标志、单一颜色、全息图、位置、声音、气味等要素构成的商标为非传统商标。

(一)非传统商标注册的实践

《保护工业产权巴黎公约》作为商标领域重要的国际公约,未对商标给出定义,并将商标注册条件交由各成员国国内法决定。《与贸易有关的知识产权协议》规定,任何标志或标志的组合,只要能将一个企业的商品或服务与其他企业的商品或服务相区别,均可构成商标,也未对可以作为商标的构成要素作出强制性规定。但与《保护工业产权巴黎公约》相比,《与贸易有关的知识产权协议》明确了商标构成的识别性要件,并允许各成员国以"视觉上可感知"作为注册条件,事实上允许成员国将可作为商标注册的要素限定在具有识别性的可视性标志。[①] 作为协调商标注册程序性规定的国际条约,《商标注册马德里协定》和《马德里协定议定书》就商标注册的实体规定很少,仅就颜色商标的注册作出了明确,即申请人要求将颜色作为商标构成要素,需说明实际情况,并随同说明书提出要求保护的颜色或颜色组合的通知书及商标彩色图样。2019 年 2 月 1 日生效的《商标注册国际马德里协定及该协定有关议定书的共同实施细则》中对非传统商标注册作出了补充,表明马德里体系接受非传统标志商标注册并积极对其进行国际协调。

为简化、协调各国有关商标注册的程序,便利当事人注册申请,促进缔约国间商标权的相互保护,世界知识产权组织于 1994 年 10 月在日内瓦主持召开外交会议签署了《商标法条约》,并于 2006 年 3 月签署了《商标法新加坡条约》,扩大了条约规定的可以作为商标注册的标志的范围,即从原来条约的视觉标志扩大适用到听觉标志、嗅觉标志构成的商标,系目前对非传统商标注册规定最全面的国际条约,且该条约实施细则明确了非传统商标的标志类型。[②] 虽然《商标法新加坡条约》有关非传统商标注册的规定并非强制义务,允许缔约方通过保留声明的形式限制其适用,但对国际社会非传统商标的注册起到了积极的示范作用,很多国家以该条约为蓝本修改或正在研究修改本国商标法,对非传统商标注册采取更加包容和开放的态度。如有些国家将非传统商标与传统商标同等对待,只要满足商标注册条件、按照相应注册程序即可获得注册,有些相对慎重的国家则以有限列举的方式规定部分非传统要素的商标注册。《跨太平洋伙伴关系协定》与《全面与进步的跨太平洋伙伴关系协定》也积极为非传统商

① 参见《与贸易有关的知识产权协议》第 15 条第 1 款。

② 《商标法新加坡条约实施细则》明确了立体商标、全息图商标、动作商标、颜色商标、位置商标、声音商标以及含有除声音以外的非可视性标志的商标等类型。

标注册问题扫清障碍,明确规定各缔约方不得以"可视性标志"为注册条件,还要求缔约方应尽最大努力提供气味商标的注册便利。①

我国现行《商标法》第8条采用内涵界定加外延列举相结合的方式,将商标内涵界定为"任何能够将自然人、法人或者其他组织的商品与他人的商品区别开的标志",外延列举为"包括文字、图形、字母、数字、三维标志、颜色组合和声音等,以及上述要素的组合"。这样的立法表述究竟是强调前半部分区别商品来源的"任何标志",还是后半部分的"包括",而且"包括"之后的"等"字,是作"等内"解释还是"等外"解释,理论与实践中存在理解与适用上的分歧。

商标审查部门倾向于认为,引入新的商标注册要素应通过修改法律的途径,不能对商标注册要素进行任意扩张,在未匹配后续审查规则和审查标准的情况下对"等"字作开放性解释将对商标授权工作造成不利影响。如第G1031242号"红鞋底"商标国际注册申请在中国领土延伸保护,世界知识产权组织公告的国际注册详细信息的"商标描述"中记载:"该商标由图样显示的红鞋底(潘通号18.1663TP)构成(高跟鞋的外形不属于商标的一部分,仅用于指示商标的位置)"。商标局和商标评审机关均以缺乏显著性为由,驳回了申请人的领土延伸保护申请。复审裁定认定,申请商标由常用的高跟鞋图形及鞋底指定单一的颜色组成,将其归类为图形商标,指定使用在女高跟鞋商品上,相关公众不易将其作为区分商品来源的标志加以认知,缺乏商标应有的显著性。商标注册申请人提交的证据也不足以证明,申请商标在指定使用商品上,经过实际有效的商业使用已具有商标应有的显著性。② 一审法院认为,驳回复审商标为立体标志,撤销商标评审机关的决定,判令商标评审机关在将该商标认定为立体商标的基础上重新审查商标的显著性。③ 由于商标申请人对一审法院有关商标属性的认定持不同意见,申请人及商标评审机关均对一审判决提起上诉。二审法院在指出,商标评审机关和原审判决审查对象错误的基础上,将复审商标认定为"限定使用位置的单一颜色"商标,并指出,虽然该商标构成要素不属于

① 2015年10月,美国、日本、加拿大等12个国家达成《跨太平洋伙伴关系协定》。2017年1月,美国宣布退出《跨太平洋伙伴关系协定》,2017年11月,美国退出后的11个国家发布联合声明,宣布就新的协议达成了基础性的重要共识,并决定改名,最终于2018年3月8日签署《全面与进步的跨太平洋伙伴关系协定》,该协定于2018年12月30日正式生效。

② 参见国家工商行政管理总局商标评审委员会商评字〔2015〕第8356号《关于国际注册第G1031242号图形商标驳回复审决定书》。

③ 参见北京知识产权法院行政判决书,(2015)京知行初字3648号。

《商标法》第 8 条明确列举的范围，但也没有明确将其排除在可作为商标注册标志要素范围之外。[①] 国家知识产权局不服二审判决向最高人民法院申请再审。再审申请中，国家知识产权局不再坚持申请注册商标的属性为图形商标，而是将争议焦点集中于该"指定使用位置的单一颜色"商标是否符合《商标法》第 8 条的规定和是否具有显著性。最高人民法院裁定驳回国家知识产权局的再审申请，维持北京市高级人民法院的二审判决。

当然，人民法院在司法实践中也曾明确，在我国可作为商标注册的标志以《商标法》第 8 条所列举的标志范围为限，如在阿迪达斯"三条杠"商标异议复审行政纠纷中，阿迪达斯公司主张被异议商标是一个视觉可以感知的位置商标，属于《商标法》第 8 条列举的可注册标志。北京市高级人民法院二审认为，除在申请书中特别予以声明的三维标志或颜色组合商标外，在我国申请注册的商标只能是以文字、图形、字母、数字形式或以上述要素的组合形式表现出来的商标。[②] 最高人民法院再审认为，"三条杠"图形在中国是一种常见的服装装饰图形，不具有注册商标应有的显著性和识别作用，不能由任何一家企业取得"三条杠"图形的商标专用权从而排斥其他人的使用。[③]

（二）非传统商标显著性与标志构成要素的逻辑关系

在理论与实践中，不仅对作为商标注册的构成要素是否以《商标法》第 8 条明确列举为限、如何解释"等"字存在明显的分歧，而且对《商标法》第 8 条与《商标法》第 9 条规定的商标显著性以及《商标法》第 11 条规定的缺乏显著性不得作为商标注册的法律适用的逻辑关系认识也不统一，可注册性的判断是否先于显著性的判断，也就是适用缺乏显著性不得作为商标注册的规定是否以作为商标申请注册的标志满足《商标法》第 8 条规定为前提？如果将《商标法》第 8 条可以作为商标申请注册的标志重心落脚于前半部分的"任何"能够区别商品来源的标志，显然《商标法》第 8 条的重点就成了判断申请商标注册的标志是否具备"区别"商品来源的功能，而标志的构成要素则在所不问。但如果将《商标法》第 8 条可以作为商标申请注册的标志的重心落脚于后半部分的"包括"和"等"，是否可以作为商标申请注册则首先要审查标志是否属于该条明确列举的构成要素，以及如果不在明确列举范围时对"等"字作何种解释。因为构成要素

---

① 参见北京市高级人民法院行政判决书，(2018)京行终 2631 号。

② 参见北京市高级人民法院行政判决书，(2011)高行终字第 387 号。

③ 参见最高人民法院行政裁定书，(2012)知行字第 95 号。

的判断比“区别”商品来源抽象功能的判断更加直观、便利。

由于对《商标法》第 8 条是否限定了可以作为商标申请注册的标志的范围存在认识上的分歧，进而产生《商标法》第 8 条规定的标志构成要素范围是否是审查商标显著性的逻辑前提的争议。如果构成要素的范围以《商标法》第 8 条明确限定为限，采用“等内”解释，构成要素关系到作为商标申请注册的可注册性问题，优先于商标注册申请显著性的审查，商标显著性以可以作为商标申请注册的标志为前提。不满足《商标法》第 8 条规定的商标构成要素法定范围条件，直接予以驳回，无须审查其是否满足显著性条件。如果标志构成要素的范围不以《商标法》第 8 条明确列举为限，采用“等外”解释，任何能够区别商品来源的标志，都可以作为商标申请注册，则主要是审查标志能否起到“区别”商品来源的作用，在此基础上审查商标的显著性，商标显著性的审查不以《商标法》第 8 条明确列举的标志构成要素为前提。可见，非传统商标注册申请显著性与标志构成要素的逻辑关系最终取决于对《商标法》第 8 条规定的作为商标申请注册的标志构成要素范围的理解与适用，消除理解与适用分歧的根本出路在于根据国际条约的义务和域外国家的通行做法，优化我国《商标法》第 8 条将商标构成要件与可以作为商标注册的标志杂糅在一起的立法技术，通过不同条款区分商标构成要件和商标注册条件，立足我国的市场实际对当前可以作为商标注册的标志构成要素作出立法选择，并且由立法机关作出明确说明，避免不必要的争执。

（三）非传统商标识别功能与显著性的关系

商标理论与实践往往忽视《商标法》第 8 条规定的标志区别商品来源的基础属性，审查及审理实践中针对不能识别商品来源标志的商标注册申请，基本都是适用《商标法》第 11 条第 1 款缺乏显著性的规定予以驳回，而很少适用《商标法》第 8 条的区别属性，即认为不能识别商品来源的标志即为缺乏显著性，将商标识别商品来源属性与商标显著特征混同。理论上有的学者认为，《商标法》第 8 条是商标可注册性实质条件的一般规定，而第 9 条至第 16 条则是该规定基础之上的特别规定。①

能够将不同来源的商品区别开是商标的根本属性，是标志作为商标的最基本要求，当然也是申请商标注册的前提，无论是传统的文字、图形、字母、数字标

---

① 参见孔祥俊：《论商标可注册性要件的逻辑关系》，载《知识产权》2016 年第 9 期。

志，还是非传统的三维标志、颜色组合、声音，乃至我国《商标法》尚未明确列举的动态全息图、位置、嗅觉、味觉、触觉等非传统标志，概莫能外。与传统标志的商标申请注册一样，非传统标志构成商标、作为商标申请注册都需具备识别商品来源功能。判断非传统标志能否构成商标以及是否可以作为商标申请注册，最基础和关键的是判断其是否具备识别商品来源功能，即相关公众是否容易将其认知为商品来源标记。但与传统标志申请商标注册不同，非传统标志能否识别商品来源、作为何种类型商标识别商品来源的判定相对困难。从立法来看，商标法不可能对新兴的非传统标志的商标注册条件作出前瞻性规定，以文字、图形、数字、字母等传统要素标志为基础设定的商标注册条件一般规定适用于非传统商标时显得捉襟见肘，行政与司法实践对申请商标注册的标志是否构成商标及其是否属于《商标法》第 8 条可以作为商标申请注册的构成要素等法律适用问题难以达成共识。立法模糊甚至有意搁置争论根本上源于对非传统要素构成的商标属性认识和研究的不足。从理论上来说，虽然相关公众对商标的认知不断丰富和发展，但与相关公众对传统商标认知习惯较为成熟不同，非传统商标在构成要素、表现形式、使用方式和相关公众的接收感官等方面存在明显的差异，相关公众对非传统商标的认知习惯有待形成，能否以其识别商品来源缺乏明确的标准。由于目前成熟的识别功能判断理论与方法建构于传统技术环境和商品交易模式下，非传统商标在构成要素、表现形式及其使用方式等方面的特殊性决定了相关公众难以根据业已形成的认知习惯将其作为商品来源标记识别对待。

商标识别商品来源的判断标准在于相关公众的认知习惯，相关公众通过学习和经验积累形成的认知习惯，产生将使用在商品上的标志与商品来源建立联系的条件反射，便于将其作为商品来源标记识别对待，该标志具备了商标的属性，也就是发挥了识别商品来源的功能。因此，相关公众的认知习惯对商标商品来源功能的形成与判断具有决定性。但是，由于非传统要素往往都是商品自身的特点标志或起到装饰、容器等作用，相关公众看到在商品上使用上述非传统要素难与商品来源建立联系，无法将其作为识别商品来源的标记对待，而仅将其看作直接描述商品特点的标志，或者将其作为商品的形状、装饰、包装、容器等。由于非传统要素的标志往往与商品本身的联系过于紧密，缺乏区别于商品本身的显著特征，或者尚未形成标示商品来源的习惯，有些要素甚至还属于不能被特定市场主体垄断的公共资源，难以与商品来源建立联系。即使有些非传统要素构成的标志符合相关公众商标认知习惯，能够与特定商品及其来源建立联系，这些要素是如何与特定商品及其来源建立联系，相关公众容易将其认知为何种类型的商标，即商标类型的问题，也值得进一步研究。如在前述“红鞋底”商标注册申请驳回复审纠纷中，对“使用在鞋底位置的红色”复审商标的定性存在巨大的争议，申请人主张诉争商标为颜色和指定使用位置的组合商标，商标评审机关将申请商标认定为图形商标，一审判决将争议商标界定为三维标志，二审判决认为被诉决定未准确界定申请商标的商标标志及其构成要素，在纠正一审判决错误认定基础上维持一审判决的结论。①

当然，相关公众的认知习惯是一个逐渐形成和发展的过程，不同时期对使用在特定商品上的相同标志是否具备识别商品来源功能可能得出不同的结论，这也正说明非传统商标是一个相对于传统商标的动态范畴，非传统要素标志的商标注册应尊重相关公众的认识习惯，循序渐进，适时将相关公众已经形成稳定认知习惯的要素纳入可以作为商标申请注册的标志范围，实现可以作为商标注册的标志构成要素的法定性和开放性的平衡。

因此，需要谨慎处理非传统标志的识别商品来源属性与作为商标注册的非功能性之间的关系。虽然有些非传统要素针对特定商品具有功能性，其作为商标申请注册既可能不便于相关公众将其作为商品来源标记识别对待，也可能属于商标注册禁止条件中的功能性限制，从商标注册申请审查来看结果相同。但从商标法相关制度立法目的来看，识别性和非功能性两者在能否通过使用克服不得注册的障碍的效果上有明显差异，即《商标法》第 11 条第 2 款规定缺乏显著特征、不能识别商品来源的标志可以经过使用取得显著特征、便于识别进而可以作为商标注册，而《商标法》第 12 条规定的商标注册功能性限制没有例外规定，功能性商标即使通过长期的使用或广告宣传，使商标具有很强的显著性，仍然不允许其通过商标注册达到扩展技术保护的目的。

二、集体与证明商标识别功能之虚无

集体商标、证明商标的功能与普通商标功能定位不同，②决定了其注册主

---

① 参见北京市高级人民法院行政判决书，(2018)京行终 2631 号。

② 《商标法》第 3 条第 2 款规定，集体商标是指“以团体、协会或者其他组织名义注册，供该组织成员在商事活动中使用，以表明使用者在该组织中的成员资格的标志”；第 3 条第 3 款规定证明商标是指“由对某种商品或服务具有监督能力的组织所控制，而由该组织以外的单位或个人使用于其商品或者服务，用以证明该商品或服务的原产地、原料、制造方法、质量或者其他特定品质的标志”。

体、注册条件、使用主体、许可使用、商标转让等方面的特殊要求和差异性。普通商标的基本功能是识别商品来源,而集体商标表明使用者在集体组织中的成员资格,集体商标使用能达到识别商品来源的作用,但相关公众将使用该商标的商品来源识别为集体组织,或者说是实际使用人与集体组织的成员关系,而非具体使用集体商标的成员个体。而且,集体商标的使用主体非集体商标注册人,作为商标注册人的集体组织自身不能使用,只能供集体组织成员使用,否则,就构成撤销集体商标注册的事由。

集体商标实际使用者是商标注册人的集体成员,如果这种集体组织与成员之间的关联关系还属于识别商品来源的范畴,那证明商标主要功能显然完全与识别商品来源无关。证明商标是对商品具有监督能力的组织为了实施一定的管理并对他人生产销售商品的产地、原料、成分、制作方法和工艺、质量或其他特点予以保证而注册和管理的,注册人自己不能使用该证明商标,使用人经许可使用证明商标的主要目的是证明商品特定品质。证明商标既未识别作为商品来源的生产、经营者,也未识别商标注册人,而是起到证明商品原产地、原料、质量、工艺等特点的作用,商品特点与商品来源在商标法上具有完全不同的意义。正是基于证明商标与普通商标在识别商品来源与证明商品特点基本功能上的差异,证明商标注册人必须是对特定商品有检验检测、监督管理能力的法人组织,要有明确的证明商标管理规则,且自己不能在特定商品上使用该证明商标;而普通商标注册人主体资格限制较少,且自己负有使用注册商标的义务,两种类型的商标表现出的这些区别都源于两者功能上的差异。所以,证明商标不属于典型意义的商标,甚至可以说在识别商品来源基本功能方面与商标制度格格不入。尽管如此,在将证明商标作为商标的一种并纳入商标法调整的情况下,其注册申请的审查仍然首先要从商标法有关商标注册条件的基本规定入手,在满足一般规定的基础上,再审查其是否符合证明商标注册条件的特别规定。当然,若不满足商标注册条件的一般规定,则没有审查是否符合证明商标注册条件特别规定的必要。

如有关“蓝牙”证明商标注册驳回复审纠纷,申请人分别于 2007 年 2 月 14 日在第 9 类“电话机、卫星接收器、无线电接收器”等商品上、第 42 类“计算机编程;与数据、声音、影像及照明的录制、传送及复制有关的计算机硬件及软件咨询”等服务上提出第 5918202 号、第 5918201 号“蓝牙”证明商标注册申请,商标局认为上述“蓝牙”商标注册申请因仅直接表示了商品或服务的技术、功能、用途等特点予以驳回。商标评审机关也作出驳回复审决定。① 一审法院认为，"蓝牙"使用在指定商品或服务上，仅仅直接表示了指定商品或服务的功能、用途和服务内容、服务方式等特点，难以起到区分商品或服务来源的作用。② 二审法院在对证明商标与普通商标注册条件明确分析的基础上维持原判。③ 在"CSA及图"证明商标注册纠纷中，申请人于2012年4月24日申请注册第10817383号"CSA及图"商标，指定使用于第28类锻炼用固定自行车等商品。商标局以申请商标与在类似商品上在先注册的第9217739号"SA"引证商标构成近似、加拿大标准协会所提供的相关材料不符合证明商标管理规则为由驳回其注册申请。申请人向商标评审机关提出复审，同样被驳回。④ 申请人不服，提起行政诉讼。一审法院以申请商标与引证商标构成类似商品上的近似商标为由驳回原告诉讼请求，同时指出商标注册审查机关在驳回复审审查过程中，针对申请人提交的《证明商标的使用管理规定》不符合《集体商标、证明商标注册和管理办法》的情形，没有明确告知申请人具体理由，有违行政公开的基本要求。⑤ 二审法院作出与"蓝牙"案对证明商标与普通商标注册条件同样的分析，并认为申请商标与引证商标构成类似商品上的近似商标，违反了《商标法》第30条有关商标注册的一般规定，已无必要审查其是否符合证明商标可注册性的其他条件，故驳回上诉、维持原判，进一步厘清了商标法有关商标注册的基本规定与证明商标注册条件特别规定之间的关系。⑥

---

① 参见国家工商行政管理总局商标评审委员会商评字〔2013〕第129420号《关于第5918202号"蓝牙"(证明商标)商标驳回复审决定书》;国家工商行政管理总局商标评审委员会商评字〔2013〕第129452号《关于第5918201号"蓝牙"(证明商标)商标驳回复审决定书》。

② 参见北京市第一中级人民法院行政判决书,(2014)一中知行初字第6072号;北京市第一中级人民法院行政判决书,(2014)一中知行初字第6074号。

③ 北京市高级人民法院指出,尽管证明商标与商品商标的作用不尽相同,对其进行可注册性审查的标准亦不完全相同,但是,证明商标是否具备可注册性,应当首先依据商标法有关商标注册的基本规定进行审查,即该商标是否属于《商标法》所规定的禁用之列,是否具有显著特征、便于识别,是否与在先权利相冲突等。参见北京市高级人民法院行政判决书,(2015)高行知终字第1928号;北京市高级人民法院行政判决书,(2015)高行知终字第1927号。

④ 参见国家工商行政管理总局商标评审委员会商评字〔2015〕第7247号《关于第10817383号"CSA及图"商标驳回复审决定书》。

⑤ 参见北京知识产权法院行政判决书,(2015)京知行初字第3658号。

⑥ 参见北京市高级人民法院行政判决书,(2016)京行终492号。

三、立体商标识别性与功能性之混同

立体商标识别功能方面的特殊性主要体现在很多立体标志与商品自身的形状、技术效果、实质性价值等属性密切相关。根据立体商标与核定使用商品的关系,可将立体商标分为两类:一类立体商标为与商品无关的三维标志,另一类立体商标为与商品相关的三维标志。与商品无关的三维标志的识别商品来源的审查判断与普通的平面商标一样,本章第一节的论证同样适用。与商品相关的三维标志又可细分为商品本身的形状、商品包装和商品容器等类型和表现形式。商品本身的形状、商品包装和商品容器,由于与商品本身的联系过于紧密,在审查判断其能否识别商品来源时相对较为谨慎、严格,在相关公众不能以其识别商品来源,自然也没有通过商标注册对其进行保护的必要。而且,商品形状、包装、容器等标志往往可以通过著作权、外观设计专利以及反不正当竞争等途径加以保护,立体商标保护方式必须要保持与其他相关法律制度的协调和平衡。所以,与商品密切相关的三维标志通过商标注册加以保护,必须具备发挥识别商品来源的能力,并便于作为商标识别。当然,商品形状、包装、容器等三维标志是否具备固有识别商品来源的能力,存在一定的争议。如日本商标法就规定,除非商品或包装的形状与其他具有显著性的标志一起注册,否则不具有固有显著性,即使商品的形状、包装具有独特性而吸引消费者。[①] 美国联邦最高法院在"沃尔玛超市诉萨马拉兄弟公司案"(Wal-mart Stores, Inc. v. Samara Brothers, Inc.)中认为商品设计不同于商品包装,商品包装本身具有固有识别性,商品本身设计目的主要是美学和使用功能,即使其设计独特,也不能自动起到识别商品来源的作用,必须通过使用产生第二含义,才能受到商标法的保护。[②] 在我国司法实践中,基于个案审查原则曾对商品包装和商品本身作出过不同的认定。如申请人提出使用在第30类"面包、饼干、蛋糕、糕点和糖果"等商品上的第G783985号指定颜色的三维标志商标领土延伸保护申请,商标局和商标评审机关均认为,该立体商标仅有指定使用商品较为常用的包装形式,难以起到区分商品来源的作用。而法院认为,该三维标志色彩和商品包装形式并

---

① 参见《日本商标法》第3条第3款。

② See Wal-Mart Stores, Inc. v. Samara Brothers, Inc. 529 U.S. 205 (2000).

非本行业及相关商品惯常设计，能够发挥识别商品来源功能。[①] 而在第3975565号图形商标驳回复审行政纠纷中，复审商标为密封端纽图形，指定使用在第7类密封端纽等商品上，法院认定该图形为商品本身的形状，不具备识别商品来源功能，不应获得注册，除非通过使用取得识别性。[②] 这两个案件处理结果的差异反映了商品包装和商品本身三维标志的不同，商品包装具有固有显著性，而商品本身形状不具有固有显著性。

在三维标志的商标注册审查条件中，除识别商品来源要件外，非功能性也是独立的条件，体现了立体商标注册将功能性要素隔离在商标保护范围之外的公共政策考量。尽管三维标志的非功能性与识别商品来源作用存在一定的联系，具有功能性的三维标志一般也难以被相关公众作为商品来源标记识别对待，不具有可注册性。但是识别性和非功能性是立体商标审查的两个不同条件，不能混同，具有不同的价值追求。《商标法》第8条商标区别商品来源的一般规定与第12条三维标志非功能性的特殊规定的立足点不同，三维标志能否区别特定商品来源，是对相关公众就标志与商品特点关系属性认知习惯的考察，而功能性限制则是防止将三维标志等非传统要素通过申请商标注册的方式达到垄断技术和商品本身的公共政策考量，不允许通过商标注册实现对由商品性质产生的形状、为获得技术效果而需有的形状或使商品具有实质性价值的形状的垄断。

我国《商标法》对立体商标非功能性的审查标准的规定不尽完备，而且由于功能性的判断有一定的技术依赖，审查实践中普遍存在将识别性与功能性混同的现象，或者说将具有功能性特点的三维标志通过认定为不能识别商品来源而回避非功能性的直接适用，即仅以商品自身形状、商品包装、商品容器的功能性要素作为三维标志申请注册商标，相关公众一般不能将其作为指示商品来源的标记识别对待，因而不具备识别商品来源功能的要件。事实上，以识别性不当

---

① 法院认为，该三维标志由一个栗色和金黄色相间并带有波纹形状的底座和在底座之上放置的具有皱褶状包装效果的金黄色球形三维形状组成，其对色彩和商品包装形式的选择均不在本行业和指定使用商品包装形式的常规选择范围之内，申请商标的独特创意使得消费者在看到商标后就能清楚地判断该商标所附着商品的来源。参见北京市第一中级人民法院行政判决书，(2007)一中行初字第815号。

② 法院认为，以商品本身作为三维标志立体商标申请注册的，由于商标与商品完全重合，因此原则上不具有可以作为商标注册的显著特征，除非能证明，该三维标志已经通过使用使消费者能够通过它来识别商品的提供者。参见北京市高级人民法院行政判决书，(2010)高行终字第131号。

吸收非功能性,将功能性作为相关公众不能将该三维标志作为识别商品来源标记的论证理由,不仅导致立体商标注册理论基础的错位,而且容易引发商标法律适用的混乱。如第 7688821 号指定使用在第 3 类"浴液、洗发液、洗发剂、护发素、洗面奶、洗洁精"等商品上的包装瓶三维标志驳回复审行政纠纷案件判决中指出,就包装瓶三维标志而言,即使其设计细节相较于指定使用商品的常见包装容器有局部细节特征的不同,但由于申请商标的包装瓶属于相关商品的常见包装,相关公众也缺乏通过包装容器识别此类商品来源的生活习惯,相关公众难以将该包装瓶作为指定商品的来源加以识别。法院进一步分析了三维标志已经获得专利保护与能否获得商标保护并无必然联系,即使该三维标志是获得外观设计专利权的新设计,系申请人独创、最早使用,但并不当然导致其具有商标法所规定的商标注册应有的指示商品来源的识别功能。[①] 在意大利爱马仕公司指定使用在第 18 类"皮革及人造皮革"等商品上的皮包外观设计图形三维标志第 G798096 号国际注册领土延伸保护商标注册申请驳回复审行政纠纷中,更加充分地说明了商标审查及授权确权行政纠纷司法实践中对识别性与非功能性要件的混同。[②] 最高人民法院再审审理也是依据申请商标不具有内在显著性,也没有证据表明经市场使用获得了显著性,作出驳回再审申请的裁定。[③] 可见,最高人民法院的审理思路和适用的法律依据仍然是具有功能性的立体商标缺乏内在显著性、未经使用获得显著性,相关公众无法据此识别商品来源。

事实上,仅由商品自身的属性和特点决定的三维标志由于功能性的固有作用过于强大,往往很难通过使用被相关公众作为商品来源标记识别对待,获得识别商品来源的功能。而且,即使通过长期使用能够被相关公众用作识别商品

---

① 参见北京市高级人民法院行政判决书,(2014)高行终 1573 号。

② 该案中,商标评审机关认为,申请商标为皮包等商品上常见的外观设计图形,用在指定商品上,缺乏应有的显著性,无法起到区别商品来源的作用。国家工商行政管理总局商标评审委员会商评字〔2007〕第 5692 号《关于国际注册第 798096 号"立体图形"商标驳回复审决定书》。一审法院指出,虽然申请商标包体上的开关部分具有一定的独特设计,但是该设计更多体现的是指定商品的功能性特点。从申请商标的整体考虑,缺乏商标应有的显著性,不足以使相关公众区分商品来源。参见北京市第一中级人民法院行政判决书,(2008)一中行初字第 325 号。二审判决在纠正商标评审委员会和一审判决将包体和提手部分也认定为申请商标请求保护范围的事实认定错误的基础上,认为申请商标由包体上的翻盖、由包背面穿出的两条平行皮带及开关挂锁组成,并仍然适用缺乏显著性、无法发挥识别商品来源作用的法律依据维持了一审判决。参见北京市高级人民法院行政判决书,(2009)高行终 624 号。

③ 参见最高人民法院行政裁定书,(2012)知行字第 70 号。

来源，获得了识别商品来源功能，由于非功能性作为立体商标注册的特别规定，只要具有技术功能或对商品有实质性价值等功能，同样要受到立体商标注册非功能性条件的限制而不能获得注册。欧共体法院指出，不管功能性三维标志经过长期使用是否产生第二含义，是否便于相关公众将其作为识别商品来源的标记对待，都不能获得商标注册。① 在飞利浦电子公司三头剃须刀外形注册商标无效宣告纠纷中，欧共体法院也清晰地阐释了非功能性要件的独立价值。② 非功能性是立体商标注册的“过滤器”，不允许通过商标注册来获得对技术特征的无限期保护，防止架空著作权法、专利法等对作品和技术成果保护期限的规定，这是高于具体制度层面的立法政策的考量。因此，识别性和非功能性是三维标志商标审查中不可或缺的两把标尺，具有不同的价值目标，缺一不可，不能混同和相互替换。

四、地名标志商标识别功能之限制

地名是赋予某一特定地理空间位置的专有名称，通过地名可以区分不同地理实体的空间位置。商标是识别商品来源的标志，地名标志如果能在地理空间位置含义之外发挥识别商品来源的作用，便于识别，则可以作为商标注册。但一般情况下，地名标志使用在商品上用于说明商品的产地，而不能识别商品生产、经营者来源。假如让该类标志获得商标注册，注册人将获得禁止他人使用的排他权，这种排他权可能不公平地妨碍他人在商业活动中正常使用地名。而且，对于住所不在上述地域的生产、经营者，将上述标志作为商标进行注册和使用，还易使相关公众对商品的产地来源产生误认。③ 所以，有必要对地名商标的注册进行一定的限制，防止空间位置上地理含义公共资源的垄断、欺诈及导致

---

① See Benetton Group SpA v. G-Star International, Court of Justice, Case C – 371/06, paragraphs 25 – 28.

② 欧共体法院总法务官鲁伊斯 – 雅各布 · 科洛梅尔（Ruiz-Jarabo Colomer）指出，仅由商品本身的形态、产生技术功能或对商品有实质性价值等形状不能获得商标注册，不仅是基于标志缺乏显著性的考虑，而是反映了阻止利用商标注册扩展技术垄断的公共政策。禁止将那些仅具有功能性的形状或者那些赋予商品实质性价值的形状注册为商标，是为了防止用注册商标权这种独占和持久的权利去扩展专利权的期限。See Koninklijke Philips Electronics NV v. Remington Consumer Products Ltd., Court of Justice, Case C – 299/99, paragraphs 16, 28, 30.

③ 参见国家工商行政管理总局商标局、商标评审委员会编著：《商标法理解与适用》，中国工商出版社 2015 年版，第 28 页；国家工商行政管理总局商标局编：《中华人民共和国商标法释义》，中国工商出版社 2003 年版，第 58 ~ 59 页。

相关公众的误认。

我国有关地名商标注册的限制性规定,最早可见于1988年《商标法实施细则》,[①]1993年修改《商标法》时针对用行政区划名称作为商标注册未作限制的问题增加了不得以地名作为商标的规定,[②]确立了地名商标注册限制的规定,[③]2001年第二次修改《商标法》时进一步完善了地名作为集体商标、证明商标组成部分的例外规定。[④] 2013年第三次修改后的《商标法》第10条第2款沿用了2001年《商标法》第10条第2款的相关规定,但在第10条第1款第7项增加了带有欺骗性,容易使公众对商品的质量等特点或者产地产生误认的规定。

理论上,对地名"不得作为商标"的性质存在很大的争议。有的学者认为,地名不得作为商标使用是绝对禁止性规定;[⑤]有的学者认为,地名不得作为商标因其容易造成产地误认;[⑥]有的学者认为,地名不得作为商标只是缺乏显著性,"倘若地名具有了识别商品或服务来源的意义,也就是具有了商标的属性,可以

---

① 1988年《商标法实施细则》第6条规定:"县级以上(含县级)行政区划名称和公众知晓的外国地名,不得作为商标。使用前款规定名称已经核准注册的商标继续有效。"

② 时任国家工商行政管理总局局长刘敏学受国务院的委托,在1992年12月22日第七届全国人民代表大会常务委员会第二十九次会议上所作的《中华人民共和国商标法修正案(草案)》的说明指出,修法说明中增加这一规定的主要目的是解决实践中的如下问题:一是以地名作为商标,缺乏显著性,不利于消费者通过商标识别不同类别的商品,容易造成混乱;二是如果同一地区多家企业生产同类商品,一家企业率先以地名作为商标注册,容易形成实际上的垄断,使其他企业处于不利地位。同时,考虑到我国在传统上不少商品已用地名作为商标注册,有些在国内外还久负盛名,如贵州茅台、青岛啤酒等,某些地名往往还带有其他的含义,如凤凰县、长寿县等,不能不照顾到这一实际情况。因此,同时规定了具有其他含义的地名除外。

③ 1993年《商标法》第8条第2款规定:"县级以上行政区划的地名或者公众知晓的外国地名,不得作为商标。但是,地名具有其他含义的除外;已经注册的使用地名的商标继续有效。"

④ 2001年《商标法》第10条第2款规定:"县级以上行政区划的地名或者公众知晓的外国地名,不得作为商标。但是,地名具有其他含义或者作为集体商标、证明商标组成部分的除外;已经注册的使用地名的商标继续有效。"时任国家工商行政管理总局局长王众孚受国务院的委托,在2000年12月22日第九届全国人民代表大会常务委员会第十九次会议上所作的《中华人民共和国商标法修正案(草案)》的说明指出,修法说明中对增加集体商标、证明商标进行了解释,主要是商标法实施细则和《集体商标、证明商标注册和管理办法》对集体商标、证明商标的保护作了规定,经过几年实践,对集体商标、证明商标的保护已经有了比较成熟的经验,在商标法中作出明确规定的时机已经成熟。

⑤ 参见董炳和:《我国商标法上地名商标的其他含义——以"红河"商标争议案为切入点》,载《知识产权》2009年第2期。

⑥ 参见北京市第一中级人民法院知识产权庭编著:《商标确权行政审判疑难问题研究》,知识产权出版社2008年版,第19页。

作为商标使用和注册，这就是地名还可以作为商标使用和注册的根据所在”①。有的学者认为，该规定是“关于使用地名作商标的管理规定”。② 有的学者从历史和体系解释的角度认为，2001 年《商标法》第 10 条第 2 款关于地名的规定，仍然是以地名作为商标缺乏显著性为主要理由，比 1993 年《商标法》增加了地理欺骗性的理由，因此根据不同的情形，可以是禁止使用的情形，也可以是禁止注册的情形，但以后者为主。但 2013 年第三次修改后的《商标法》第 10 条第 1 款第 7 项将地理欺骗性明确为禁用条件后，第 10 条第 2 款应理解为禁止注册的情形。而且，第 10 条第 2 款规定本身也可以将地名解释为禁止注册情形而非禁止使用情形。③ 在司法实践中，北京市高级人民法院在相关案件中指出，将县级以上行政区划的地名作为商标禁止注册条款规定的根本原因在于，通常情况下县级以上行政区划的地名作为商标使用缺乏显著性，相关公众一般不会将其作为商标予以识别。④

地名商标注册申请的审查与审理实践中，地名的拼音和地名具有其他含义的审查容易产生争议。在“jiujiang”商标异议复审纠纷中，广东省佛山市南海区九江镇的九江酒厂在酒类商品上申请注册“jiujiang”商标，广东省食品进出口公司提出异议，认为“jiujiang”是江西省九江市的行政区划名称，不得作为商标注册。商标评审机关和一审法院都认为，九江市既不是省、自治区、直辖市、特别行政区、省会城市、计划单列市，也不是著名旅游城市，虽然庐山位于九江市，但不能认定九江市就是著名旅游城市，而且九江直到 2001 年才获得国家旅游局授予的“中国优秀旅游城市”称号，而被异议商标“jiujiang”1996 年就提出注册申请，故核准被异议商标。⑤ 但二审法院认为，被异议商标“jiujiang”与江西九江市发音相同，指定使用在酒类商品上，容易使消费者误认为商品来源为江西省九江市，故被异议商标不宜予以核准。⑥

---

① 孔祥俊：《商标与不正当竞争法：原理和判例》，法律出版社 2009 年版，第 82 页。

② 卞耀武主编：《中华人民共和国商标法释义》，法律出版社 2002 年版，第 52 页。

③ 参见北京市高级人民法院知识产权审判庭编著、陈锦川主编：《商标授权确权的司法审查》，中国法制出版社 2014 年版，第 146 页。该章的撰稿人为亓蕾。

④ 参见北京市高级人民法院行政判决书，(2011)高行终字第 686 号。

⑤ 参见国家工商行政管理总局商标评审委员会商评字〔2007〕第 5871 号《关于第 1029013 号“jiujiang”商标异议复审裁定书》；北京市第一中级人民法院行政判决书，(2007)一中行初字第 1317 号。

⑥ 参见北京市高级人民法院行政判决书，(2008)高行终字第 55 号。

地名的“其他含义”如何认定,其与地名经过使用产生识别商品来源的“第二含义”之间是什么关系?根据2016年《商标审查及审理标准》的规定,“地名具有其他含义”是指地名作为词汇具有确定含义且该含义强于作为地名的含义,不会误导公众的。① 而最高人民法院在相关司法文件中认为地名“其他含义”即为“第二含义”。② 在第1024730号“Munich RE及图”商标领土延伸保护申请中,商标局、商标评审机关均以“Munich”的中文含义是“慕尼黑”,是德国巴伐利亚州首府,为公众知晓的外国地名,驳回其注册申请。一审法院作出维持商标评审机关复审决定的判决。③ 二审法院认为,在案证据能够证明申请商标经过大量使用产生“第二含义”,且早已在德国获准注册,应当予以核准注册。④ 该案是典型的含有地名的商标注册申请因具有“其他含义”而获得注册的案例。虽然指定使用在第36类保险、金融服务上的“Munich RE及图”包含的“Munich”的含义为“慕尼黑”,属于公众知晓的外国地名,但该地名文字仅为申请商标的一部分,申请商标中还包含“RE”和图形,相关公众不会将申请商标仅仅认知为地名或作为商品或服务的产地来源加以识别,且经过申请人的大量使用,申请商标整体上已经形成区别于地名的其他含义,相关公众能够将其与指定服务的来源相联系,用于识别指定服务的来源。当然,需要注意的是,地名标志的“其他含义”与缺乏显著特征的商品通用名称、图形、型号,及仅直接表示商品的质量等特点的标志经过使用获得的“第二含义”不同,地名标志本身具有显著特征,便于识别,但相关公众更加容易将其识别为地名含义,如果地名标志本身除了空间位置含义外还有其他含义,该其他含义可以作为商标使用,并不要求其他含义强于地名空间位置含义,因为两者均为固有含义。要求地名具有的其他含义必须强于县级以上行政区划的地名

---

① 参见2016年版《商标审查及审理标准》第一部分第10条的规定。

② 最高人民法院就《辽宁省高级人民法院关于大连金州酒业有限公司与大连市金州区白酒厂商标侵权纠纷一案的请示》的答复(〔2005〕民三他字第6号)中指出,“注册商标含有地名的,商标专用权不得禁止地名所在区域的其他经营者为表明地理来源等正当用途而在商品名称中使用该地名。但是,除各自使用的地名文字相同外,如果商品名称与使用特殊的字体、形状等外观的注册商标构成相同或者近似,或者注册商标使用的地名除具有地域含义外,还具有使相关公众与注册商标的商品来源必然联系起来的其他含义(即第二含义),则不在此限”。

③ 参见国家工商行政管理总局商标评审委员会〔2012〕第20021号《关于国际注册第1024730号“Munich RE及图”商标驳回复审决定书》;北京市第一中级人民法院行政判决书,(2012)一中知行初字第3335号。

④ 参见北京市高级人民法院行政判决书,(2013)高行终字第884号。

含义，才能作为商标使用，不符合商标识别商品来源基本理论，也有悖于我国《商标法》第10条的规定。[①]

关于“地名具有其他含义”与地名经过使用产生的“第二含义”的关系，我国《商标法》第10条有关县级以上行政区划的地名不得作为商标使用的规定，似乎排除了通过使用获得“第二含义”的可能，只能是地名标志本身具有其他含义。实务部门也认为，虽然应承认地名通过使用可以获得显著性，但在目前的商标法框架下，第10条第2款是地名禁用条款，法律已经禁止地名作为商标使用，不可能因使用获得“第二含义”。[②] 如在“WASHINGTON及图”等案件中，法院也是如此理解与适用。[③] 在第15627044号“阿里小甄”商标驳回复审行政纠纷再审审查与审判监督行政裁定中，“阿里”为我国西藏自治区所辖县级以上行政区划的名称，二审法院认为，驳回复审申请人提供的证据不足以证明复审商标通过使用已经取得强于阿里地区地名以外的“第二含义”。最高人民法院对此予以纠正，指出以地名为主要识别部分的商标注册申请从整体上是否具有强于地名的其他含义，应基于标识本身的含义作出判断。整体上并未形成区别于地名的其他含义，申请商标的实际使用情况不能成为其获得注册的事实依据。[④] 有的学者也认为，将“其他含义”理解为“第二含义”，或者将其与商标的显著特征、识别性联系在一起，在现行商标法框架下，将会得出自相矛盾的结论。[⑤] 有的学者也是基于该款为禁止使用的规定，使地名失去了经过使用取得“第二含义”的可能，提出应该予以修改的建议。[⑥]

---

① 《商标法》第10条第2款规定：“县级以上行政区划的地名或者公众知晓的外国地名，不得作为商标。但是，地名具有其他含义或者作为集体商标、证明商标组成部分的除外；已经注册的使用地名的商标继续有效。”《商标审查和审理标准》规定，“地名具有其他含义”是指地名作为词汇具有确定含义且该含义强于作为地名的含义，不会误导公众。要求地名其他含义强于地名的含义没有商标法的依据。

② 参见北京市第一中级人民法院知识产权庭编著：《商标确权行政审判疑难问题研究》，知识产权出版社2008年版，第26页。

③ 该案审理法院认定，根据《商标法》第10条第2款的规定可知，除非原告能够证明申请商标亦具有其他含义，否则不得作为商标注册并使用，无论其是否已经通过使用获得显著性，亦不考虑其使用是否会导致产源误认。北京市第一中级人民法院行政判决书，(2006)一中行初字第1160号。

④ 参见最高人民法院行政裁定书，(2017)最高法行申字4104号。

⑤ 参见董炳和：《我国商标法上地名商标的其他含义——以“红河”商标争议案为切入点》，载《知识产权》2009年第2期。

⑥ 参见刘国栋：《从地名的其他含义说开去》，载《中国工商管理研究》2005年第11期。

限制地名作为商标，主要是因为地名属性与商标所需识别商品来源根本属性存在冲突，一般的地名指示地理空间位置，相关公众难以将其作为商品来源标记识别对待。所以，国外立法没有就地名能否作为商标注册和使用的特别规定，基本都是将其纳入显著性和欺骗性条款框架内进行审查，也很少从地名的省、市、县层级形式等方面进行审查，主要从其能否作为商标识别对待、作为商标注册和使用可能导致的结果等方面进行审查。① 在地名具有其他含义时，能够被相关公众作为识别商品来源的标记，可以作为商标使用，并且经过使用，具备显著特征、便于识别的，可以作为商标注册。"其他含义"包含固有的其他含义，或者经使用取得的"第二含义"。其中，固有的其他含义是指客观上存在一种非地名的含义，如"长寿"，该标志本身具有能够作为商品来源识别的固有含义，相关公众不会将其认为是商品产地。地名虽没有固有的其他含义，但经过长期使用，实际上发挥着识别商品来源的功能，与特定的商品来源联系在一起，能够通过该含义识别商品来源，在地名含义之外产生了识别商品来源的"第二含义"。

当然，在作为县级以上行政区划的地名含义与其他含义的关系问题上，前述的"阿里小甄"再审裁定中确立的其他含义强于行政区划名称含义的标准，② 对地名标志作为商标注册所要求的其他含义提出了较高的要求，既是商标注册条件中识别性要件的内在属性，也有防止消费者对商品产地产生混淆误认的考虑。仅具有其他含义、具备识别商品来源功能还不够，只有从整体上形成强于行政区划名称含义的其他含义，相关公众看到地名标志，首先将其作为商品来源标记识别对待，避免消费者对商品产地发生混淆误认，才达到便于作为商品来源标记识别的程度，进而可以作为商标注册。

第三节　商标识别功能的取得与丧失

商标的识别商品来源功能并非一成不变，识别商品来源的能力处于动态变化过程中，原先在特定商品上不能识别商品来源的标志经过长期使用产生识别商品来源的作用，原先在特定商品上能够识别商品来源的标志经过不当使用会导致识别商品来源能力的减弱甚至是完全丧失。商标注册人是否实际使用、使

---

① 参见《美国商标审查指南》第1210节；《欧共体商标条例》第7条。

② 参见最高人民法院行政裁定书，(2017)最高法行申字4104号。

用状态以及他人未经许可的使用都会对商标识别商品来源的能力产生影响。因此,本节以商标使用为切入点,对商标识别功能进行动态研究。

一、商标使用是识别商品来源的过程

商标使用是一种事实行为,该事实行为引起识别商品来源的效果,产生商标法律意义。商标法意义上的商标使用是识别商品来源的使用,①商标使用的过程就是商标识别功能发挥的过程,使识别商品来源从一种可能性变成了现实性。在商标注册审查程序中,就识别功能的审查,商标审查机关侧重申请注册商标发挥识别商品来源功能的可能性,一般并不要求申请注册商标已经实际发挥了识别商品来源功能,商标注册仅是确认申请注册商标具备识别商品来源的能力,并为商标未来发挥识别商品来源功能预留了空间。不仅识别商品来源属性决定了商标使用,而且商标使用的衡量标准就在于其是否发挥了识别商品来源功能,同时商标使用还与识别商品来源的能力大小密切相关。那些使用时间长、相关公众熟知的商标,已在客观上与其他商标识别的商品来源产生显著区别,对商标争议纠纷的解决也会产生重要影响,相关的司法解释也对此予以确认。② 所以,商标使用与商标识别商品来源紧密相关,对商标使用制度的研究,归根结底主要是对商标是否能够发挥识别商品来源功能以及实际发挥识别商品来源功能效果的研究。

商标识别商品来源是经营者将商标使用于特定商品用以识别商品来源的事实行为与相关公众通过该商标识别商品来源的客观效果的统一,因此商标使用的目的性和效果性至关重要,并不是所有将商标与商品进行物理性结合的使用方式都属于识别商品来源的使用。③ 生产、经营者缺乏将特定商标用于识别商品来源的事实行为,或仅有生产、经营者将特定商标用于识别商品来源的事

---

① 《商标法》第48条规定:“本法所称商标的使用,是指将商标用于商品、商品包装或者容器以及商品交易文书上,或者将商标用于广告宣传、展览以及其他商业活动中,用于识别商品来源的行为。”

② 最高人民法院《关于审理商标授权确权行政案件若干问题的意见》(法发〔2010〕12号)第1条规定,审理商标授权确权行政案件时,对于使用时间较长、已建立较高市场声誉和形成相关公众群体的诉争商标,应当充分尊重相关公众已在客观上将相关商业标志区别开来的市场实际,注重维护已经形成和稳定的市场秩序。

③ 立法机关对此解释道,商标使用是以识别商品来源为目的将商标用于商业活动的行为。如果不是以识别商品来源为目的的使用商标,或者将商标用于非商业活动中,都不构成本法意义上的商标使用。参见郎胜主编:《中华人民共和国商标法释义》,法律出版社2013年版,第95页。

实行为而无相关公众通过该商标识别商品来源的客观效果，则不产生识别商品来源的意义，不属于商标法意义上的商标使用，当然也不能引起商标注册申请、已经注册商标授权确权及商标权保护等相应法律关系产生、变更与终止的法律效果。

（一）真实的识别商品来源

商标能否识别商品来源的基础在于经营者是否具有将特定商标用于识别商品来源的真实意图和外化的使用行为。若存在商标使用真实意图及外化行为，则商标从识别商品来源的可能性向发挥识别商品来源功能的现实性迈进了重要的一步。所以，识别商品来源是实际使用在指定商品上用于识别商品来源的行为，或者已为实际发挥识别商品来源做好充分准备的真实使用意图。没有真实的使用意图，仅有象征性使用的表象，未真实地发挥识别商品来源功能，不构成商标使用。

一般情况下，在中国境内商业流通领域将注册商标使用于相关商品，都能够发挥商标识别商品来源的作用。对于出口行为，虽然出口商品的终端销售发生在境外，但出口行为发生在中国境内，境外商家在选择中国出口商和商品的过程中，根据不同商品上贴附的商标识别商品来源，这一过程中商标识别商品来源的作用已经体现，且该识别功能发生在中国境内，因此出口行为属于商标使用行为。① 法国商标法规定，将商标贴附于纯用于出口的商品或其包装的使用，可免于无正当理由连续未实际使用而丧失商标权利。② 即使商标权人以来料加工的方式使用商标，在连续 3 年不使用的商标撤销纠纷中，仍可以认定构成识别商品来源的商标使用行为，并维持相关商标注册。如在第 731233 号“SCALEXTRIC”商标撤销复审行政纠纷中，二审法院认为，境内企业接受来料加工并按照境外企业的要求将成品全部交由境外企业销售，法院基于公平理念及拓展对外贸易政策考虑，认定属于商标使用行为。③ 同样，在第 832775 号“Sinok”商标撤销复审行政纠纷中，法院也根据相同的理由裁判案件，并且在判决书中直接援引了“SCALEXTRIC”商标撤销复审行政纠纷的二审判决中的说理，认定商标权人在中国境内实际经营、制造的产品上使用注册商标，虽该产品

① 参见北京知识产权法院行政判决书，(2015)京知民初字第 408 号。

② 参见《法国知识产权法典》L. 714－5 条。

③ 参见北京市高级人民法院行政判决书，(2010)高行终字第 265 号。

全部出口,但也是积极使用注册商标的行为。① 实际上,法院也无须援引公平原则,在来料加工贸易中,境外委托人之所以委托境内加工方生产商品,正是基于境内在该商品上贴附该注册商标,注册商标对确定商品的来源发挥了至关重要的作用。可见,商标是否真实地发挥识别商品来源功能主要依据经营者持续的生产经营活动、从事相关商品的生产销售行为来综合判断,从促进商业发展和商品流通、发挥商标功能的目的出发,商标权人以来料加工的方式使用商标,虽然注册商标具有地域性且贴附商标的加工商品未在中国境内流通,但在境内加工商品上贴附商标并将上述商品出口的行为,也是商标权人借以贴附商标识别商品来源真实意图和行为的体现。

尽管如此,那些缺乏真实的使用意图、未用于识别商品来源,或者单纯的广告、少量的销售商品、未实际履行的许可合同等象征性地用于识别商品来源的行为,都不能被认定为真实的识别商品来源的行为,不能维持商标注册。② 在商标授权确权纠纷中,法院认为,仅在广告宣传中使用商标且未指定具体商品,不构成注册商标的使用。③ 针对单纯的许可或转让商标,商标撤销复审行政纠纷中也被司法机关明确否定其商标使用性质。④ 同样,不以使用为目的的恶意商标注册申请,未发挥真实的识别商品来源功能,应当予以驳回,以规制商标恶意注册和囤积行为,并将不以识别商品来源的使用为目的作为商标异议、宣告注册商标无效事由纳入异议程序和无效宣告程序中,前移规制恶意注册关口。⑤

(二)公开的识别商品来源

相关公众是商标能否发挥识别商品来源功能的判断主体,而相关公众作出判断的基础是要能接触到商标使用行为。商标使用行为必须处于相关公众能

---

① 参见北京知识产权法院行政判决书,(2015)京知行初字第342号。

② 参见最高人民法院行政判决书,(2015)知行字第181号。

③ 参见北京市第一中级人民法院行政判决书,(2009)一中行初字第917号;北京市高级人民法院行政判决书,(2007)高行终字第78号。

④ 法院认为,仅是许可人或转让人与被许可人或受让人之间的行为,不具有面向消费者昭示商标的标识功能,因此商标权人对涉案商标的许可他人使用以及其后的转让行为均不属于商标的使用。参见北京市高级人民法院行政判决书,(2006)高行终字第78号。

⑤ 2019年4月23日,第十三届全国人民代表大会常务委员会第十次会议通过修改《商标法》的决定,修改条款自2019年11月1日施行。其中,将第4条第1款修改为"自然人、法人或者其他组织在生产经营活动中,对其商品或者服务需要取得商标专用权的,应当向商标局申请商标注册。不以使用为目的的恶意商标注册申请,应当予以驳回。"并将违反第4条作为提出商标异议、宣告注册商标无效的事由纳入异议程序和无效宣告程序。

够接触的状态,才能对相关公众产生商标法意义。具备这种使相关公众能够获得接触机会的使用,即公开的识别商品来源的使用。公开使用使相关公众能够接触到商标,也对其他生产、经营者产生"公示"效力,告知其他生产、经营者其已将某商标标志与特定商品来源建立一定联系,提示其他生产、经营者及后来者合理避让。商标符号在进入商品流通领域之前的非公开使用,其仅具有符号的意义,并不为市场中的相关公众所知悉,不能在市场中发挥区分商品来源的识别功能。所以,商标法意义上的商标使用,是在商业活动中的公开使用,商标必须为不特定的相关公众接触、作为商品来源识别对待,才能对外产生法律效果。

在司法实践中,是否属于公开的识别商品来源的商标使用行为,容易存在认识上分歧。如在中国注册的第853410号"恒大"商标撤销纠纷中,该商标核定使用在第14类"贵重金属及其合金、仿金制品、镀金制品、珠宝、首饰、宝石及贵重金属制纪念品"等商品。申请人以复审商标无正当理由连续3年不使用为由提出撤销申请,商标注册人在复审阶段提交复审商标许可使用合同、销售发票与收据、广告合同与发票、委托代加工和购买"恒大"纯银纪念章的合同及发票等证据。复审机关认为,仅提供委托加工、购买"恒大"纪念章的证据,未提供对外销售上述纪念章的证据,表明商标注册人并未将其投入商业流通领域,且定制带有企业名称的纪念章通常是赠送纪念之用,而非在公开市场针对不特定人群进行商业目的的销售,商标注册人提供的证据不足以证明其用于公开的识别商品来源,故撤销复审商标。① 但一审法院持不同观点,认为即使在庆典活动上的赠品或纪念品上使用商标,也是面向消费者的公开商业性使用行为,属于公开的识别商品来源的商标使用行为,遂撤销复审决定,责令商标评审机关重新作出决定。② 二审法院赞同一审判决的说理分析,维持一审判决。③ 根据该案判决可以看出,法院对"公开"识别商品来源的商标使用行为的认定较为宽松。尽管如此,仅在特定的经营主体之间的使用,如在发放给公司内部员工的福利用品上贴附商标、注册商标许可使用人与被许可使用人之间的商品交易中使用商标,不能产生识别商品来源效果。在司法实践中,法院也曾认定,注册商标许可使用人与被许可使用人之间的商品买卖中,即使买卖商品上使用了被许

① 参见国家工商行政管理总局商标评审委员会商评字〔2016〕第35273号《关于第853410号"恒大"商标撤销复审决定书》。

② 参见北京知识产权法院行政判决书,(2016)京73行初2913号。

③ 参见北京市高级人民法院行政判决书,(2017)京行终2424号。

可使用商标的标志，也不属于识别商品来源的使用。对于这种发生在特定市场主体之间的商品交易，即使商品上使用了特定的商标，相关公众并不能在流通领域接触到该商品上使用的商标，该商品交易行为不是通过商标的识别功能建立，无论对特定交易主体还是相关公众来说，此时商标并未发挥识别商品来源的功能，因而发生在特定市场主体之间使用商标标志的行为不属于商标使用。①

（三）合法与否的分析

商标识别商品来源功能在商品流通过程得以发挥，贴附了商标的商品的流通不仅受商标法调整，而且受与商品及商品流通相关的法律法规的规范。商标使用是一种识别商品来源的行为，一般情况下应是合法的使用行为，才能产生识别商品来源的法律效果。但在不同的语境下，合法性的含义存在一定差异。在商标法视野下，从商标使用角度来看，只要是将商标用于识别商品来源的使用，都属于商标使用。从商标使用管理的角度来看，注册商标权人超出核定使用商品范围或商标图样并标注注册标记，违反了有关商标注册标记使用的规定，但商标识别商品来源与注册标记本身并无必然联系。针对商标侵权行为，侵权人未经商标权人许可的侵权性使用，同样发挥了商标识别商品来源的功能，但这是一种违反商标法的使用。

在商标法上，商标使用有合法与非法之分。在商标法之外，同样存在合法与否问题，如违反进出口或税收管理法律的商品上使用商标的行为是否属于合法的商标使用。商标使用的合法性认定中“法”的范围确定方面存在很大的争议。以连续 3 年不使用撤销案件中是否构成商标使用为例，商标评审机关一般坚持将符合法律规定的商标使用行为限定为符合商标法律规定，对于违反其他行政管理法律法规规定的使用，不影响商标实际使用的事实认定，反映出商标主管部门更加倾向于将商标使用的合法性判断限定于商标法。但最高人民法院在不同案件审理中反映的司法政策和态度就曾发生过摇摆和变化。在“康王”商标撤销复审行政再审纠纷中，最高人民法院认为合法性包含所有的强制性、禁止性规定。② “康王”案再审判决作出后，理论界与实务界中对商标使用

① 参见北京市高级人民法院行政判决书，(2012)高行终字第 1820 号。

② 在“康王”案中，最高人民法院驳回再审裁定中指出，《商标法》第 44 条第 4 项所指的“使用”应该是在商业活动中对商标进行公开、真实、合法的使用，并指出判断商标使用行为合法与否的法律依据，不限于《商标法》及配套法规。经营者在违反法律法规强制性、禁止性规定的经营活动中使用商标的行为，不能认定为商标法规定的使用行为。参见最高人民法院驳回再审通知书，(2007)行监字第 184 - 1 号。

的合法性要件、判断合法与否是仅限于商标法及配套法律法规还是包括其他法律法规等问题的争论仍然不断。在后来的“卡斯特”商标撤销复审行政纠纷中，最高人民法院又改弦易张，认为违反商标法以外的其他行政管理的法律规定并不影响商标使用事实的认定，进而作出维持“卡斯特”商标注册的判决。①

因此，虽然商标异议、撤销等授权确权案件贯彻个案审查原则，但商标法规定的注册商标无正当理由连续3年不使用撤销制度的立法目的在于激活商标资源，督促商标使用，防止商标资源的囤积和闲置。若注册商标不存在商标法明确规定的自行改变注册商标、未予限期改正等撤销情形，不应轻易予以撤销。是否合法使用的评价规范应限制在商标法框架内，至于是否违反其他法律法规，尤其是商品流通行政管理性法律法规的规定，与商标使用行为分属不同的法律关系，并非商标撤销制度中商标使用所要考虑和调整的范围，防止将其他法律法规的规范意旨强行塞进商标法，破坏商标法的体系性和逻辑自洽，使商标法负担不能承受之重。当然，违反商标法以外的其他法律法规，并非对商标使用行为的认定丝毫没有影响。最高人民法院在第9274903号“捕鱼达人”商标异议复审行政纠纷一案再审中指出，在违反市场准入行业监管要求的游戏机产品上在先使用未注册商标，会在相当程度上影响相关公众对该商标的知悉程度，对于在先商标使用行为是否产生“一定影响”的认定，具有消极作用。②

二、商标注册所需识别功能的取得

使用于特定商品上直接描述该商品的质量、功能、数量等特点的标志，根据相关公众通常的认知习惯，不易将其作为商品来源标记识别对待，以其作为商标申请注册不能获得核准。尽管如此，经过长期大量的使用，相关公众的认知习惯会发生变化，之前不作为商品来源标记识别的条件反射和认知习惯可能发生改变，容易将其作为商品来源标记识别对待。因此，商标法并不禁止直接描述该商品的质量、功能、数量等特点标志的使用，经过长期使用取得显著特征、便于识别的，可以作为商标注册，也正因为该类标志能够识别商品来源，构成商

---

① 最高人民法院认为，只要在商业活动中公开、真实地使用了注册商标，且注册商标的使用行为本身没有违反法律规定，则注册商标权利人已经尽到法律规定的使用义务，不宜认定注册商标违反该项规定……至于争议商标有关的其他经营活动中是否违反进口、销售等方面的法律规定，并非《商标法》第44条第4项所要规范和调整的问题。参见最高人民法院行政裁定书，(2010)知行字第55号。

② 参见最高人民法院行政判决书，(2016)最高法行再96号。

标使用,才有获得识别性的可能。[①] 所以,这些标志通过使用于特定商品,在固有含义的基础上产生“第二含义”,相关公众的认知习惯相应变化,便于相关公众将其作为商品来源的标记,并以此区分不同商品来源,此时获得了商标注册所需的识别性条件。典型的案例如“六个核桃”商标纠纷。指定使用在第32类“无酒精果汁”等商品上的“六个核桃”商标注册申请,经异议及复审程序被核准注册。异议复审行政诉讼纠纷中,一审法院认为,根据商标注册人提交的销售区域、聘请名人代言的广告、获得的荣誉、商标受保护的记录等证据可以证明,经过使用,被异议商标取得了显著特征,便于相关公众作为指示商品来源的标记识别,故维持商标注册。二审法院维持了一审判决。[②] 因此,对不具有固有显著特征的标志,如果使用人能够提供证据证明该标志通过长期、大范围的宣传使用等,达到了便于相关公众通过该标志区分商品来源的程度,则可以认定上述标志已获得了作为商标注册所要求的识别性。

缺乏显著特征的标志如何经过使用取得显著特征、便于识别的呢?传统商标获得显著性理论不能有效解释缺乏显著特征、不能识别商品来源的标志如何构成商标意义的使用并获得显著特征。商标识别商品来源属性包括标示和区分两个方面,商标识别功能的获得与否也需要从这两个方面考察。“判断是否已经通过使用取得显著性主要把握两项原则:第一,申请人对‘标志’的使用构成商标意义上的使用。第二,该‘标志’通过使用已经起到区分商品或者服务来源的作用。”[③]针对特定商品缺乏显著特征的标志使用在该特定商品上,如仅直接表示商品质量、主要原料、功能、用途等特点的标志,首先要容易被相关公众作为商品来源标记对待,具备标示商品来源的能力,在此基础上,与其他商标相区别,才能起到区分商品来源的作用。所以,在特定商品上缺乏显著特征的标志,经过使用,相关公众容易将其作为商品来源的标记对待,获得了标识商品来

---

① 我国1983年3月1日施行的《商标法》第8条曾规定,商标不得使用本商品通用名称和图形、直接表示商品的质量、主要原料、功能、用途、重量、数量及其他特点的标志,剥夺了通过使用获得识别商品来源功能的可能。但期间在第587920号“两面针”商标注册申请审查及异议复审的实务中事实上认可了直接表示商品主要原料的标志可以通过使用获得识别商品来源功能。2001年修改后的《商标法》第11条将不得使用改为不得注册,并且明确规定允许使用,且经过使用获得显著特征、便于识别,可以作为商标注册。

② 参见北京市第一中级人民法院行政判决书,(2011)一中知行初字第2293号;北京市高级人民法院行政判决书,(2012)高行终字第256号。

③ 汪泽:《民法思维与商标权救济》,商务印书馆2020年版,第27页。

源的能力，同时若能与标示于同类商品的不同商品来源的标志相区分，则进一步具备了区分商品来源的能力，获得了显著特征。相反，如果针对特定商品缺乏显著特征的标志使用在该商品上，不能被相关公众作为商品来源标记对待，则这种使用不属于商标法意义上的使用，无论生产、经营者怎样的使用强度和广度，都不可能取得显著特征。

对于经过使用取得识别商品来源能力的商标，识别商品来源的含义与标志固有含义两者之间关系如何，或者说识别商品来源能力需要达到什么程度才能获得商标注册，实务部门在不同案件中给出各不相同的阐释，把握的标准不尽统一。一种观点认为，相关公众能够通过标志形成特定商品与某提供者之间固定或紧密的联系即已产生识别商品来源含义。如在"WESTLAW"商标驳回复审行政纠纷中，法院认为，从事法律学习、研究和实务的相关公众已将"WESTLAW"与商标注册人提供的法律数据库建立紧密的联系，而不会将其作为描述法律服务、法律研究服务特点的词汇，具备了识别服务来源的功能。[①] 而另一种观点认为，不具有固有显著特征的标志只有经使用被相关公众作为商品来源标记认知，产生商品来源的"第二含义"，且相关公众对该"第二含义"的认知强于标志描述性固有含义时，才具备识别商品来源的功能。因为相关公众熟知该标志的描述性含义，作为识别商品来源的含义只有达到相关公众熟知的程度，才能使相关公众产生强于其描述性含义的商标意义上的认知。[②]

笔者认为，商品来源的"第二含义"要独立于商品质量等特点的固有含义，达到便于相关公众识别的程度，显然仅仅是相关公众能够通过标志建立特定商品与某提供者之间的联系是不够的。因为商品质量、功能等特点这类标志的描述性含义为相关公众普遍接受，使用在特定商品上相关公众更容易将其作为描述商品特点的固有含义认知，识别商品来源的"第二含义"往往不容易被发现、认知。形成便于相关公众认知识别商品来源的"第二含义"是一个艰难的过程，要真正地具有独立的识别商品来源含义，不至于发生固有的描述性含义与识别商品来源"第二含义"的混同，识别商品来源含义必须强于标志描述性固有含义。所以，识别商品来源的"第二含义"强于标志描述性固有含义更加符合注册商标对商标识别功能的要求。仅仅具有识别商品来源的含义，还不足以便于相关公众将其作为商品来源标志识别。不过，若严格要求标志与指定商品之间必

---

① 参见北京市第一中级人民法院行政判决书，(2011)一中知行初字第3069号。

② 参见北京市高级人民法院行政判决书，(2010)高行终字第188号。

须建立唯一对应关系，达到为相关公众熟知的程度，对描述性标记作为商标注册的要求未免过高，基本上等于关闭了描述性标志通过使用获得商标注册条件所要求的便于识别商品来源的大门。

当然，描述性标志识别商品来源的含义是否强于其描述性含义、或者说标志的主要含义是否是识别商品来源的判断，需要执法者、司法者运用智慧，根据标志本身的属性以及申请人的使用方式、其他经营者的使用情况、使用持续的时间、地域范围、规模、强度、相关公众的认知状况等市场实际综合因素进行个案判断。而且，即使经过使用、标志识别商品来源的含义强于其描述性含义，商标注册申请获得核准，他人对该标志描述性含义的正当使用，商标注册人也不能禁止。

三、注册商标识别功能的丧失

商标识别商品来源功能的发挥，不仅体现在赋予了商标权取得、维持的积极作用，还在于对商标权终止产生的消极影响。注册商标专用权的终止归根结底是商标无法或持续未发挥识别商品来源功能而导致识别能力的消灭。具体体现为商标无效、商标撤销、商标注销等制度。

（一）商标无效

商标无效是指已经核准注册的商标由于违反了商标法有关禁止注册的强制性规定而存在权利取得瑕疵，由商标主管部门宣告该注册商标无效、自始不产生商标注册法律效力的制度。商标法规定了商标注册的积极和消极条件，不符合商标注册积极条件，或违反禁止注册规定的商标注册申请即使获得核准，都应当被宣告无效。当然，由于《商标法》修改前后商标无效制度有明显的变化，特别是2013年《商标法》修改后对商标无效和撤销制度作了严格区分，故援引2013年修改之前的《商标法》处理的商标无效纠纷案例，很多虽冠以商标撤销纠纷案由或商标注册不当纠纷案由，[①]但按照现行《商标法》的规定，其实质

---

① 1982年《商标法》虽规定了对已经注册的商标有争议的可以自商标核准注册之日起一年内向商标评审委员会申请裁定，但对商标争议的类型未进行明确。1993年修订的《商标法》明确了注册商标撤销的争议终局裁定程序。2013年修改的《商标法》明确商标无效的概念并将注册商标的无效宣告作为专门一章加以规定，对商标无效与商标撤销进行严格区分。如前文所提及的第1055861号"避风塘BFT"注册商标因"避风塘"是一种"菜肴名称"，不能作为菜肴商品或餐饮服务的来源加以识别，商标评审委员会作出的商评字〔2000〕第11号《"避风塘BFT"商标注册不当案终局裁定书》和商评字〔2001〕第187号《"避风塘BFT"商标撤销注册不当案重新评审终局裁定书》，均涉及商标撤销纠纷。

内容是注册商标无效宣告纠纷。

无论是禁止作为商标使用的标志,还是不得作为商标注册的标志,都与标志使用于指定商品上是否便于识别商品来源具有密切的联系。不得作为商标注册并禁止使用的标志,如我国的国家名称、国旗、国徽、国歌等标志,该类标志不仅具有特定的含义和政治象征,而且使用在指定的商品上,相关公众难以将其作为商品来源的标记识别。缺乏显著特征的标志,如仅有本商品的通用名称、图形、型号等,这些标志与该商品的关联非常紧密,一般情况下相关公众都会将该标志与商品本身相联系,而不会将其作为识别商品来源的标记,使用在该特定商品上,难以发挥识别商品来源的功能。同样,仅直接表示商品的质量等特点的标志,使用在指定商品上,不便于相关公众将其作为商品来源标记识别,不能获得商标注册。上述两类标志在指定商品上即使获得注册,也应当被宣告无效。

当然,如果申请注册的商标标志不仅含有本商品通用名称,还包含其他标志,则需要重新审视其整体上能否发挥识别商品来源功能。特别是该标志除商品通用名称外还具有其他固有含义时,不能仅以该注册商标含有本商品的通用名称而轻易宣告其无效。如在第1427895号"竹家庄避风塘及图"商标撤销争议纠纷中,该商标指定使用在第42类"餐馆;酒吧;餐厅"等服务上,争议申请人以"避风塘"一词是"菜肴名称"为由申请撤销,商标评审机关裁定对争议商标予以维持。① 在后续的行政诉讼中,法院充分考虑含有"避风塘"这一通用名称的争议商标主要识别部分为其他文字及图形从而认定其整体上具有识别商品来源功能。② 该案不仅明确了为相关公众所普遍知晓的标志若具有固有含义,则商标注册人无权禁止他人在该含义上使用这一标志的重要规则,而且阐释了标志整体识别与主要部分识别的关系,对于科学界定商标权利保护范围及其与其他商业标识保护的界限,防止权利人不当侵占公有领域的"符号圈地"具有积极意义。

---

① 参见国家工商行政管理总局商标评审委员会商评字〔2008〕第30896号《关于第1427895号"竹家庄避风塘"商标撤销争议裁定书》。

② 最高人民法院指出,争议商标由"竹家庄避风塘"文字与竹子图案组合而成,虽"避风塘"具有"一种风味料理或者菜肴烹饪方法"的含义,但该争议商标中"竹家庄"文字及竹子图案为服务来源的主要识别部分,整体上具有显著性,争议商标的注册、使用不会造成相关公众的混淆、误认,且由于"避风塘"不仅仅是再审申请人字号,还具有"躲避台风的港湾"和"一种风味料理或者菜肴烹饪方法"的含义,再审申请人不能以其企业名称权禁止他人在上述含义上正当使用"避风塘"一词。遂判决驳回再审申请人的再审请求。参见最高人民法院行政判决书,(2013)行提字第8号。

(二)商标撤销

与商标无效不同,商标撤销针对获得注册本身并无瑕疵,只是由于核准注册后商标使用方面出现特定事由,导致注册商标丧失了继续受到商标法保护的基础,如自行改变注册商标、无正当理由连续3年不使用等。商标识别商品来源功能的实际发挥对注册商标的维持具有决定作用。注册商标权人无正当理由未实际发挥识别来源功能连续超过一定期限,或者自行改变注册商标使原注册商标识别来源功能未得以发挥,则没有继续作为注册商标保护的必要。注册商标长时间连续停止使用,商标识别商品来源功能持续地处于一种废弛的状态,未发挥注册商标识别功能,不利于商标资源的有效利用,也不利于商标秩序的稳定。注册商标连续3年不使用撤销制度的目的在于督促注册商标人积极使用注册商标,避免商标资源囤积和闲置。正是基于3年不使用撤销制度的功能出发,理论上对撤销程序中"商标使用"的构成标准存在争议。一种观点认为,商标权利维持中的"商标使用"必须达到识别商品来源的程度时,才符合注册商标撤销制度中商标使用的要求。① 另一种观点则认为,应该确立意图或意思在商标连续不使用撤销制度中"商标使用"的核心地位,通过外在的使用形式判断商标使用是否具有真实的使用意图。② 第一种观点要求该种"商标使用"必须在客观上产生使相关公众识别商品来源的效果,该种观点可称为客观标准。而第二种观点强调使用者是否具有真实的使用意图,可称为主观标准。如前文对商标识别功能保护理论的研究,识别商品来源是生产、经营者利用商标识别商品来源的主观意图与相关公众以其识别商品来源客观效果的统一。

当然,由于"该制度中的使用并非是产生权利的使用,而是在已经有权利的基础上,激活商标,维持权利"③,除不以使用为目的等恶意注册情形外,商标是否实际使用的判定,如认定实际使用的商品与核定商品是否相同或类似、实际使用的商标标志与核准注册的商标标志的是否相同或近似等,避免过于严苛,把握的标准与新产生注册商标权利的商标使用的认定应有一定的区别。如对于印有商标的纪念品的定制与发放是否属于商标使用,在第14类"首饰、宝石以及贵重金属制纪念品"等商品上注册的第853410号"恒大"商标撤销复审纠

---

① 参见李扬:《注册商标不使用撤销制度中的"商标使用"界定》,载《法学》2009年第10期。

② 参见陈明涛:《商标连续不使用撤销制度中的"商标使用"分析》,载《法商研究》2013年第1期。

③ 北京知识产权法院行政判决书,(2015)京知行初5199号。

纷中,商标评审机关认为,商标注册人虽然委托加工并购买“恒大”纯银纪念章,但提交的全部使用证据中未包含对外销售该纪念章的证据,即未将带有“恒大”商标的纪念章投入流通领域,不能证明实际使用了复审商标,故撤销了复审商标的注册。[①] 但在后续的行政诉讼中,对商标注册人提交的与案外人签订的定制“恒大”纯银纪念章的合同及付款凭证等证据,法院作出与商标评审机关完全不同的认定。两审法院均认为,无论是用于销售还是用于赠送,都属于在商业活动中的使用,在该商品上使用复审商标能够发挥标识商品来源的作用。[②] 不过,该案的处理存在较大的争议。虽然商标撤销制度的目的在于督促注册商标人积极的使用商标,尽早地使商标从识别商品来源可能性转化为现实性,并持续地发挥识别功能,但商标识别商品来源功能的发挥离不开一般的商业目的和通常的商业环境,脱离商业目的与商业环境,仅以物品与商标标志的物理结合,通过推理认为存在销售或赠送的可能性,似乎走得太远,混淆了商标注册仅需具有识别商品来源的目的与商标使用是发挥识别商品来源的现实性之间的区别。法院认定复审商标能够发挥标识商品来源的作用,但无正当理由连续 3 年不使用撤销纠纷中仍然只是“能够”发挥识别商品来源,没有实际使用的证据,未实现相关公众将其作为商品来源标记加以识别对待的客观效果,未达到连续 3 年不使用撤销制度中免于被撤销的商标使用的要求。否则,所有因不使用被申请撤销的商标注册人都可以通过定制部分纪念品作为附赠的方式满足商标使用证据要求,达到规避撤销的效果,不利于商标资源的有效利用,与商标撤销制度的立法目的相悖。

商标是识别商品来源的标记,注册商标使用的对象应当是商品,即市场交易的对象,非用于市场交易的对象不能称为商标使用语境中的商品。当然,市场交易对象并不限于等价有偿契约关系中的交易对象,市场流通过程中识别功能作用的对象都属于识别功能构造中的商品要素,即使是免费发放的赠品。当然,注册商标使用应以核定商品为限,如前述的第 853410 号“恒大”商标撤销复审纠纷中,法院正是基于作为赠品的银质纪念章属于复审商标核定使用的贵重金属纪念品的范围的认定,进而维持复审商标的注册。超出核定商品范围识别

---

① 参见国家工商行政管理总局商标评审委员会商评字〔2016〕第 35273 号《关于第 853410 号“恒大”商标撤销复审裁定书》。

② 参见北京知识产权法院行政判决书,(2016)京 73 行初 2913 号;北京市高级人民法院行政判决书,(2017)京行终 2424 号。

商品来源不能认定为注册商标的使用,即使是在类似商品上的使用也不构成注册商标的使用。如最高人民法院在商标连续 3 年不使用撤销纠纷再审判决指出,商标使用行为应以核定使用的商品为限。① 当然,如果在核定的某一个商品上实际使用,不仅可以达到维持该商品上商标注册的效果,还能维持类似商品上的商标注册。如在第 1975042 号“DCLSA”注册商标撤销纠纷中,法院即作出过这样的认定。②

同样,注册商标使用应以核准注册的标志为限,自行改变、使用与注册商标有明显区别的标志,意味着商标注册人未以注册商标识别商品来源,这种自行改变注册商标标志的行为经商标管理部门责令限期改正,若期满仍不改正,则充分表明商标注册人无继续使用原注册商标识别商品来源的意愿和行为,理应予以撤销。

(三)商标注销

注册商标的注销是商标主管部门基于法定事由的出现而使商标专用权归于消灭的行为。法定事由主要包括商标注册人自愿放弃、到期未续展、商标注册人消亡等。其中,商标注册人自愿放弃的,可以申请注销。在注册商标有效期届满前 12 个月及到期后的 6 个月的宽展期内未办理续展手续,由商标局注销该注册商标。商标注册人消亡,如自然人死亡、法人注销等,主体不存在,导致商标的人、物、志结构瓦解,形式上注册商标虽还在,但在无人继承也未许可使用的情况下,事实上其已经无法发挥识别商品来源的功能,这种未发挥识别商品来源功能的状态持续一定时间,任何人均可向商标局申请撤销该注册商标。③ 同

---

① 最高人民法院针对第 16888809 号“B 及图”商标撤销纠纷的再审判决指出,在注册商标连续三年不使用的撤销制度中,复审商标使用行为应以核定使用的商品为限。参见最高人民法院行政判决书,(2015)知行字第 255 号。

② 法院基于对商标法立法目的和社会经济效益的分析指出,在核定某个商品上的实际使用,既可维持在与实际使用商品构成“同一种类”的核定使用商品上的注册,也足以维持其在“相类似”的核定使用商品上的注册。当然,该判决同时特别指出,如果实际使用的商品并未在该注册商标核定使用的商品范围内,则即便其实际使用的商品与核定使用的商品构成类似商品,亦不能维持注册商标。参见北京知识产权法院行政判决书,(2015)京知民初字第 408 号。

③ 2014 年修改前的《商标法实施条例》曾规定:“商标注册人死亡或者终止,自死亡或者终止之日起 1 年期满,该注册商标没有办理移转手续的,任何人可以向商标局申请注销该注册商标。”2014 年修改后的《商标法实施条例》不再将商标注册人死亡或终止作为注册商标注销的事由。尽管如此,若商标注册人死亡或终止,该商标未办理移转手续,则只要该状态持续达 3 年,任何人都可以向商标局提出撤销该注册商标。

样，在第8778266号“屈臣氏”商标异议纠纷中，商标注册异议复审裁定作出后，异议商标申请主体被注销，审理后续的商标异议复审行政诉讼的法院认为，主体资格主动注销且注销前未办理被异议商标申请人变更手续的，被异议商标在丧失申请主体的情况下不应被核准注册，故撤销了商标评审机关核准注册的裁定和一审法院维持注册的判决。①

不过，商标注册主体消亡，并不当然导致商标权的消灭，其形式上仍然是合法有效的注册商标，该注册商标应作为遗产继承或作为企业财产进行处理，存在相应的归属主体。如果由于注册商标主体消亡，又未办理继承或其他变更登记手续，消亡的主体不能继续成为商标识别的商品来源指向的对象，相关公众又无法识别应然的归属主体，事实上该注册商标无法实际发挥识别商品来源的功能。只有在办理主体信息变更登记手续后，该注册商标识别的来源信息才得以稳定、明确。否则，在判断申请商标与引证商标是否构成使用在同一种或类似商品上的近似商标时，考虑到引证商标权人已经注销且未对商标权利进行处理，引证商标处于无权利主体的状态，使用引证商标的商品进入市场流通领域的可能性极小，不容易导致相关公众产生混淆误认，可以认定申请商标与引证商标不构成使用在同一种或者类似商品上的近似商标，不能作为在先注册的引证商标阻止在后的商标注册申请。如在国际注册第G923954号“ANNA'S”商标领土延伸保护申请中，商标审查部门及评审机关均以该申请商标与在先核准注册的引证商标第7918952号“ANNA”商标构成类似商品上的近似商标为由驳回申请。② 申请人不服，提起行政诉讼，并在一审诉讼阶段提交了第7918952号“ANNA”引证商标的注册人在评审期间已经被核准注销的证据，其中包含的股东会决议没有涉及对注册商标如何处理的内容。两审法院均认为，引证商标注册人作为法律主体的资格已经灭失，且现有证据显示引证商标并未被新的权利主体所承继，虽然引证商标目前仍为有效商标，但因其注册主体已不存在，该商标已成为无人使用并主张权利的商标，客观上不可能与申请商标共存于市场，申请商标的注册和使用不会因引证商标而导致相关公众混淆误认。因此，引证商标不应再构成申请商标可以获得中国领土延伸保护的权利障碍。③

---

① 参见北京市高级人民法院行政判决书，(2017)京行终3370号。

② 参见国家工商行政管理总局商标评审委员会商评字〔2013〕第68655号《关于国际注册第923954号“ANNA'S”商标驳回复审决定书》。

③ 参见北京市高级人民法院行政判决书，(2015)高行知终字第107号。

在引证商标尚为有效商标的情况下，由于商标注册主体的消亡，也没有出现他人使用并主张权利，注册商标处于未实际识别商品来源的状态，且申请商标本身又能够发挥识别商品来源的功能，即使申请注册的商标与引证商标形式上构成冲突，但此时由于引证商标在市场上未实际发挥识别商品来源功能，也就不存在两个不同的商品来源，核准注册商标申请并不会导致相关公众对商品来源的误认。当然，在先注册商标权人消亡并暂时无人承继这种状态毕竟是暂时的，如果这种状态持续达3年，任何人都可以向商标局提出撤销该注册商标的申请，一旦撤销，结束了相同或类似商品上的相同或近似的两个注册商标"共存"的局面，则法律关系趋于稳定。但因引证商标主体消亡核准了新的商标注册申请，如果引证商标主体消亡3年内后续承继者申请变更登记，实际使用并主张权利，此时容易出现两个商标识别商品来源的实质冲突，如何处理两个注册商标的关系？相关公众的利益如何保护？是否核准承继者变更登记为商标注册人的申请？目前制度层面还没有明确的规定。根据商标法基本原理，以及修改后的《商标法实施条例》删除了自商标注册人消亡之日起1年期满未办理移转手续可注销该注册商标的规定，上述注册商标没有法定的无效、撤销、注销的事由，属于合法有效的注册商标，承继者提出变更登记申请，商标局应该核准变更登记，不能以与在后核准的注册商标冲突为由不予核准，否则，有违注册在先原则。但容易导致相关公众对两个注册商标识别商品来源产生混淆误认时，商标注册人之间可以进行意思自治或附加区别标记，在不影响相关公众识别商品来源的前提下协商解决。或者在先注册商标承继者也可以通过无效宣告程序等进行救济。另外，为避免这种冲突的发生，也可构建在后商标注册申请附条件核准制度，商标局审查过程中可要求商标注册申请人提交一旦引证商标权利主体确定其立即放弃商标权的声明，解决两个注册商标"共存"的尴尬局面。当然，出现类似商品与近似商标"共存"，并不必然影响商标识别功能的发挥。正因如此，有些国家和地区并不绝对禁止相同或类似商品上的近似商标分别转让，如何转让、是否一并转让由商标所有人和受让人协商决定。

本章小结

使用在商品上的标志能够被相关公众作为商品来源标志识记对待，是商标构成的基本要件。在标识性基础上便于区别商品来源的商标可以获得注册。使用在指定商品上但不能标识商品来源的标志不具有可商标性。使用在商品上能够被相关公众作为商品来源标志识记对待，但不便于区分商品来源的标志，不具有可注册性。当然，不便于区分商品来源的标志可以通过长期使用获得商标注册所要求的识别性，从而可以作为商标注册。集体商标、证明商标、立体商标、地名商标等特殊商标的注册审查在识别商品来源属性基础上还要考虑其特别规定，如证明商标主要的识别对象事实上不是商品来源，立体商标注册审查应厘清功能性与识别性条件的差异。商标基于实际使用其识别商品来源从一种可能性变成了现实性。商标持续地发挥识别商品来源才能维持商标注册，并逐渐建立注册商标的市场声誉。当商标不能发挥识别商品来源功能或者未实际发挥识别商品来源的状态持续一定时间而导致识别性退化，商标权将归于消灭。识别商品来源既是商标注册申请获得核准、维持注册商标的核心要件和度量标准，也是商标权归于消灭的根本原因，贯穿商标授权确权程序整个过程。

第四章　侵害商标识别功能判定研究

商标的功能是商标赖以存在的基础,商标权的保护及其边界由商标功能决定。商标权保护首先是对商标识别商品来源功能的保护,确保商标识别商品来源功能的发挥,是商标权作为一种支配权及绝对权效力的体现。赋予商标注册人对注册商标的专用权,发挥和强化商标与商品及商品来源之间的稳定联系,还可以排除他人不法利用和妨碍商标与商品及商品来源间的联系,防止商标识别商品来源功能的弱化,导致相关公众混淆误认商品来源,以及防止他人阻断商标与商品及商品来源之间的联系,甚至丧失识别商品来源能力,退化为商品通用名称。识别功能的正常发挥决定了商标权的排他效力,可禁止对他人商标识别功能的不当利用和妨碍,恢复商标识别功能发挥的圆满状态,维护业已建立的市场竞争秩序。侵害商标识别功能的判定成为商标侵权认定的重要方法和商标侵权理论重要组成部分。

第一节　侵害商标识别功能的侵权判定标准

一、侵害商标识别功能标准的确立

(一)商标侵权的实质是侵害商标功能

民事权利的本质是一种受法律保护的利益,即民事主体根据自己意志实施一定行为而产生的受法律保护的特定利益，并在利益受到侵犯时请求法律予以保护。① 作为民事权利的一种，商标权是一种绝对权、支配权和排他权，但商标权不是保护商标标志符号本身，不是对符号的支配和垄断。商标的存在价值在于功能，商标权保护首先是对商标功能的保护，通过对商标功能的控制和排他私用，确保商标功能的发挥和基于商标功能发挥产生的特定利益，该特定利益以商标为载体，以发挥商标功能的商标使用为实现途径，并随着商标功能的发挥呈动态变化。"商标成为财产的根本原因就在于其特有的功能，侵害商标权就是对他人商标功能的不法利用或者妨害。"②赋予商标排他权保护的实质是通过保护商业活动中商标权人对商标功能的支配、排他，保证商标功能的正常发挥而实现基于商标的特定利益。因此，侵害商标权的实质是损害商标功能。

商标权救济基础是由保护商标功能发动，并由商标功能划定保护边界。商标侵权判断的关键在于判断商标功能是否受到侵害，无论是"混淆理论""淡化理论"还是"显著性受损理论"，归根结底都是损害商标功能结果及其理论概括。③ 欧共体法院指出，"授予排他权的目的是使商标所有人能够保护其特定利益，即确保商标实现其功能"。④ 商标的本质是识别商品来源的标志，商标权实质为商标因识别商品来源受法律保护之特定利益，商标侵权判定标准就是商标识别商品来源功能及商标因识别商品来源受法律保护之特定利益是否受损。由于商标上受法律保护之特定利益较为抽象，而商标功能的发挥正是引起商标权利义务关系的发生、变更、终止等基本动因，保护商标权的实质就是保护商标功能的正常发挥。"商标侵权归根结底是对于商标功能的损害，尽管造成市场混淆是损害商标功能的重要方面，但对于商标功能的损害并不以此为限，还有其他的损害形态。这是在认定一些严重损害商标功能的行为构成商标侵权行

---

① 关于权利本质的学说有很多，代表性的有意志说、自由说、利益说、法力说等，有的学说折中以上数种学说，如结合意志理论与利益理论，将权利定义为旨在维护特定利益之意志支配力。参见朱庆育：《民法总论》（第 2 版），北京大学出版社 2016 年版，第 503 页。

② 汪泽：《商标权之侵害及其民法保护方法研究》，中国人民大学 2004 年博士学位论文，第 24 页。

③ 孔祥俊教授认为，商标的功能是商标赖以存在的基础，对于商标的侵权足以达到损害其功能的程度的，无论是否具有市场混淆的后果，均可以直接认定构成商标侵权行为。这反映了商标功能在认定商标侵权中的基础性作用。即便是混淆可能性的商标侵权基础，也同样立足于商标的识别功能。至于对于商标的反淡化保护，则更加突出了商标功能在认定商标侵权中的独立作用。参见孔祥俊：《商标与不正当竞争法：原理和判例》，法律出版社 2009 年版，第 45 页。

④ Arsenal Football Club plc v. Matthew Reed, 12 November 2002, C – 206/01.

为时不考虑混淆可能性的重要基础。无论要求混淆可能性的商标侵权行为,还是无此种要求的商标侵权行为,均以商标的基本功能或者对于基本功能的损害为法律基础。"①

(二)侵害识别功能的结果

商标的基本功能是识别商品来源,构成商标侵权救济的发动基础,商标侵权行为的规定主要围绕保护商标识别功能展开。基于识别系"加标记使区别"的界定,商标识别功能包含标识性和区别性两个方面,并表现出层次性。标示商品来源是商标区别于普通标记的根本属性,是否具有标示商品来源属性决定使用在商品上的标志是否有资格成为商标、受到商标法律保护。而区分商品来源是商标与在先商标相比区别不同商品来源的能力。"识"的层面系是否构成商标的性质问题,而在此基础上的"别"的层面则主要是不同商标区分商品能力强弱的定量问题。商标识别功能不仅是识别商品来源能力的有无,而且包含识别商品来源能力的强弱。侵害商标识别功能之标识性,导致商标权人失去对商标标识来源的控制,甚至是丧失标示商品来源的能力。侵害商标识别功能之区别性,商标难以将不同来源的商品区别开,容易导致相关公众混淆。

商标显著性理论将混淆可能性作为商标权保护的基本理论和商标侵权认定的主要标准,甚至有些国家和地区的商标立法及主流学说认为,商标侵权行为就是混淆行为,"'混淆可能性'是普通法侵犯商标权和联邦制定法侵犯商标权的基础测试"②。2013 年我国《商标法》第三次修改后也从立法层面确认了"非双相同"商标侵权行为需具备"容易导致混淆"要件。商标保护首先要保护商标传递商品来源信息功能的正常发挥,确保消费者根据商标识别商品的来源,正确地作出选购决策。侵害商标识别功能的行为导致商品来源信息混乱,致使相关公众容易混淆误认,破坏了商标识别商品来源信息在商品提供者与相关公众之间的正常交互,商标权人通过商标发挥识别商品来源的功能受到了抑制,混淆就是商标识别商品来源功能的失灵。因此,混淆是侵害商标识别功能的结果,混淆可能性理论的正当性和理论基础在于商标识别商品来源功能。

不过,"混淆可能性固然是认定商标侵权的重要法律基础,但是,不能将其

---

① 孔祥俊:《商标与不正当竞争法:原理和判例》,法律出版社 2009 年版,第 311 页。

② J. Thomas McCarthy, *McCarthy on Trademarks and Unfair Competition*, Thomson Reuters/West, 2013, §23:1.

运用推向极端，而使其作用绝对化”。[①] 正如《欧盟商标指令》立法理由第10条所明确，“注册商标所赋予保护的功能特别是保证商标识别来源的功能，在商标与标识相同以及商品或者服务相同的情况下，这种保护是绝对的”。[②] 我国的司法政策也指出，“未经商标注册人许可，在同一种商品上使用与其注册商标相同的商标的，除构成正当合理使用的情形外，认定侵权行为时不需要考虑混淆因素”。[③] 未经许可在相同商品上使用与他人商标相同的标志，使商标权人失去对其商标标示商品来源的支配和控制，导致商标与特定商品来源的联系不能充分发挥，业已产生的联系被切断，长期未经许可的使用甚至可能导致商标逐步丧失标示商品来源的能力。

所以，侵害商标识别功能后果既包括容易导致相关公众混淆商品来源，也包括妨碍他人商标识别商品来源的正常发挥，如未经许可去除他人商标标识并将该去除商标标识的商品又投入市场，还包括使他人商标丧失识别商品来源的能力。将商标识别功能保护局限于区分商品来源，区分商品来源的失灵、混淆，仅是商标识别功能保护的一个方面。同样，仅将商标识别功能解读为具备识别商品来源的能力，认为损害商标识别功能就是导致商标识别商品来源能力的丧失，也过于片面。

（三）侵害识别功能的表现

未经许可在相同商品上使用与他人商标标志相同的标志，将他人商标用于识别商品来源，首先侵害了他人商标标示商品来源的功能，进而影响其区分商品来源，其次也侵害了他人对商标识别商品来源的支配和排他性控制。未经许可在相同商品上使用与他人商标标志近似的标志，或者在类似商品上使用与他人商标标志相同或近似的标志，用于识别商品来源，由于未在相同商品上使用与他人商标标志相同的标志，并非直接使用他人商标的行为，未侵犯他人商标标示商品来源的功能，但损害他人商标区分商品来源功能，容易导致相关公众混淆，与他人在先商标构成近似，侵害了他人对商标识别商品来源的排他效力。未经许可去除他人注册商标标志并将该去除商标标志的商品又投入市场，使相

---

① 孔祥俊：《商标与不正当竞争法：原理和判例》，法律出版社2009年版，第311页。

② 有关《欧盟商标指令》的立法理由参见 BeckOK, MarkenR/Kur MarkenG, 5. Edition, Rn. 118。转引自杜志浩：《商标权客体“联系说”之证成——兼评“非诚勿扰”商标纠纷案》，载《政治与法律》2016年第5期。

③ 参见最高人民法院《关于当前经济形势下知识产权审判服务大局若干问题的意见》（法发〔2009〕23号）第6条。

关公众无法利用商标识别该商品的来源,彻底剥夺了商标权人通过商标积累商业信誉的机会和努力成果,是对他人商标识别商品来源功能的严重侵害。所以,侵害他人商标识别功能表现为未经商标权人许可使用与他人注册商标相同或近似的商标,以及去除他人注册商标标志并将该去除商标标志的商品又投入市场等。

二、侵害商标识别功能标准正当性

不法利用他人商标识别功能,妨碍他人商标与商品来源的标识和区别作用,甚至使商标彻底丧失对特定商品的识别来源能力,导致相关公众无法通过商标识别商品来源,侵害商标权人实施识别商品来源行为而产生的受法律保护的特定利益。"在认定侵权行为时,必须考虑商标主要是发挥与他人商品或服务相区别的识别来源功能。因此,未经许可的商标使用是否影响商标权人的识别来源功能,就成为问题的关键。"①

(一)侵害识别功能导致商标权效力折损

商标权是一种绝对权、支配权和排他权,其效力体现为对商标功能的支配和排他,而不是对商标符号的支配和控制。通过对商标识别商品来源功能的控制和排他,保证商标功能的正常发挥。

将商标标志使用于指定商品、用于识别商品来源,只能为商标权人专有。未经许可在相同或类似商品上使用他人商标标志用以识别商品来源,或者妨碍商标识别功能发挥,割断商标标志与商品及商品来源之间的联系,容易造成相关公众混淆误认,甚至是剥夺商标识别商品来源的根本价值,致使相关公众无法将他人商标作为商品来源的标志对待,使商标权人基于商标识别商品来源的排他权已事实上无所依存。具体来说,未经商标权人许可,在相同的商品上使用与他人商标相同的标志,识别商品来源,或在特定商品上将他人商标作为本商品通用名称使用,妨碍商标识别功能发挥,破坏商标权人将商标用于识别商品来源的努力,是对商标识别功能之标识性的直接侵害,侵夺了商标权人对商标的支配。而未经商标权人许可,在相同或类似的商品上混淆性使用他人商标标志,侵犯了商标识别功能之区分性,导致相关公众无法通过商标正常地区分不同商品来源进而作出购买决策,给予商标权人防止混淆的排他保护,才能恢

① WIPO, The Enforcement of Intellectual Property Rights: A Case Book, p. 34.

复商标识别功能的圆满状态。未经商标权人许可，侵害商标权人对商标识别商品来源的支配和排他，导致商标权效力折损。

（二）侵害识别功能导致商标权利益受损

"商标所有人只有在保护其作为商标财产权人的特定利益时，才可以行使商标权，那就是其商标的功能处于危险境地时的情形。"①根据民事权利的一般理论，商标权为基于商标特定利益的法律上之力，该特定利益以商标为载体、受商标法保护，基于商标使用过程中商标功能的发挥而产生。具体表现为保护生产经营者将商标使用于特定商品、与其商品来源相联系，便于相关公众以商标识别商品来源的劳动和投入产生的利益，保护商标识别功能本质上就是保护识别商品来源产生的特定利益，具体体现为商标权人对核定商品上使用核准注册的标志的支配控制和对他人未经许可在相同或类似商品上使用与其注册商标相同或近似标志的禁止，前者为商标专用权的积极权能，后者为商标专用权的消极权能。基于商标的特定利益只有经过实质上的使用，即发挥识别商品来源功能，才能具有真正的财产价值，仅仅"符号圈地"难谓正当。② 从商标法律关系来看，商标权保护实质上就是保护基于商标识别商品来源引起的权利义务关系产生、维持、变更、终止等带来的特定利益。对商标权的侵害，主要是侵害识别商品来源功能导致商标上的特定利益受损。注册商标非经识别商品来源的使用，不产生标识和区别商品来源的商誉和特定利益，即使获得核准注册，这种拟制的权利也不能转化为现实的权利。就本书二分法视野下商标识别功能主要研究对象之一的标识性而言，对其侵害表现为割断商标与商品来源之间的联系，即不当利用或妨碍甚至是彻底剥夺商标权人将商标与特定商品相联系、便于相关公众以商标标识商品来源的劳动和投入产生的标识利益。就商标识别功能的区别性而言，则表现为混淆性使用他人商标，窃取和妨碍他人商标区分商品来源产生的区分利益，这将导致他人商标区分商品来源功能的失灵，相关公众容易发生商品来源混淆误认。

（三）侵害商标识别功能导致竞争秩序扭曲

商标识别商品来源的特定利益不仅为商标权人在核定商品上使用核准注册商标的支配利益，还包括禁止他人未经许可使用其商标、不当利用与妨碍商

---

① Arsenal Football Club plc. v. Mattbew Reed, Case C－206/01［2002］ECR I－10273.

② 参见本杰明：《近期商标法实务中的几个"危险"倾向》，载知产力网 2015 年 1 月 21 日，http://www.zhichanli.com/article/253.html。

标识别来源功能发挥等侵害发挥识别商品来源功能的排他利益。未经他人许可使用其商标、发挥商标识别商品来源功能,将他人商品标有的商标去除后又投入流通领域、影响他人商标识别商品来源功能发挥,都对他人商标识别商品来源功能造成了极大的损害,并导致以发挥商标识别商品来源功能而构建起的竞争秩序扭曲,影响相关公众根据商标识别商品真正来源进而作出选购商品的决策,增加消费者的搜索成本。商标法不仅保护生产、经营者在商业活动中使用商标建立与特定商品来源的联系,保护诚实信用的生产、经营者利益,而且要防止竞争者扭曲、割断商标与特定商品来源的联系,保护消费者利益,维护公平有序的市场竞争环境。“商标权保护的本质在于通过避免他人不正当利用商标权人的来源识别性,维护其通过来源识别性积累所获得的竞争优势。”①

所以,商标法保护识别功能的关键在于保证商标标志、商品和商品来源之间联系的正常发挥,是否侵害商标识别商品来源功能是商标侵权判断的基本标准,即相关公众是否因他人未经许可将商标使用在特定商品上,影响其正常地通过商标识别商品来源进而作出选购决策。“将商标的基本功能作为认定侵害商标权的基础准确把握了商标法的内核。”②

三、侵害商标识别功能标准的适用

商标识别功能通过标志、商品及商品来源得以具体化,商标相对于特定商品而言,对商标识别功能的侵害就是对商标与特定商品来源之间稳定联系的侵害。为此,侵害商标识别功能的适用从商标标志、商品及商品来源等方面展开。

(一)商标标志相同或近似

标志是商标有机体的重要组成部分,商标发挥识别商品来源功能要求标志具有显著特征。对于侵害商标识别功能的认定,商标标志是否相同或近似的判断至关重要。商标标志相同是指两者视觉(听觉)基本无差别,既包括文字、图形或者文字与图形的组合完全相同,也包括在整体及细节方面视觉(听觉)基本无差别。③ 商标标志完全相同相对较容易判断,而“基本无差别”具有一定的裁

---

① 刘铁光:《商标法基本范畴的界定及其制度的体系化解释与改造》,法律出版社 2017 年版,第 13 页。

② 李雨峰:《重塑侵害商标权的认定标准》,载《现代法学》2010 年第 6 期。

③ 最高人民法院《关于审理商标民事纠纷案件适用法律若干问题的解释》(法释〔2020〕19 号)第 9 条第 1 款规定,《商标法》第 57 条第 1 项、第 2 项规定的商标相同,是指被控侵权的商标与原告的注册商标相比较,二者在视觉上基本无差别。

量性。因此,相关审查标准和司法解释对"基本无差别"的情形进行了列举,以增强可操作性,统一裁判标准。① 虽然该司法解释适用于假冒注册商标犯罪,但刑事与民事领域相同商标的认定原则和标准相通。从"基本无差别"的含义和相关司法解释对可认定为"与注册商标相同的商标"的列举来看,主要从两个方面进行考虑。

首先,从商标标志的视觉(听觉)形式进行外在的判断,视觉虽不完全相同但仅有细微差别,如仅是商标要素字体种类或大小、间距等细微改变,不影响整体识别。"基本无差别"既不是完全相同,也不是差异明显,与"商标近似"性质不同。"基本无差别"商标的判断主要从外观形式上进行判断,外观形式具有显著区别,就不构成"基本无差别"。而"近似"的判断除从"形"上进行比较外,还从音、义、排列结构等方面进行综合判断。商标"近似"表明两个商标虽较为接近,但之间的差异还是显而易见的。因此,"基本无差别"与"商标近似"之间的界限是清晰的,特别是在假冒注册商标罪的法律适用过程中,谨防将"近似商标"错误认定为"基本无差别",厘清两者的区别,对准确划清刑法所调整的假冒注册商标犯罪和商标法所调整的商标民事侵权行为的边界具有非常重要的意义。

其次,相关公众是商标标志是否相同或近似的判断主体。对中国相关公众来说,中文一般比外文具有更强的识别意义。如中文"卡斯特"字样,与"CASTEL"标识相比,具有较强的识别意义。在商标标志相同、近似的比对中,商标主要识别部分的确定基础而关键。如成都市稻香食品有限责任公司在第30类"蛋糕、甜食、糕点、糖果"等商品上注册的第3063727号商标由"太阳"图

① 最高人民法院、最高人民检察院、公安部《关于办理侵犯知识产权刑事案件适用法律若干问题的意见》(法发〔2011〕3号)第6条规定,具有下列情形之一的,可认定为"与其注册商标相同的商标":(1)改变注册商标的字体、字母大小写或者文字横竖排列,与注册商标之间仅有细微差别的;(2)改变注册商标的文字、字母、数字等之间的间距,不影响体现注册商标显著特征的;(3)改变注册商标颜色的;(4)其他与注册商标在视觉上基本无差别、足以对公众产生误导的商标。最高人民法院、最高人民检察院《关于办理侵犯知识产权刑事案件具体应用法律若干问题的解释(三)》(法释〔2020〕10号)第1条规定,具有下列情形之一的,可认定为《刑法》第213条规定的"与其注册商标相同的商标":(1)改变注册商标的字体、字母大小写或者文字横竖排列,与注册商标之间基本无差别的;(2)改变注册商标的文字、字母、数字等之间的间距,与注册商标之间基本无差别的;(3)改变注册商标颜色,不影响体现注册商标显著特征的;(4)在注册商标上仅增加商品通用名称、型号等缺乏显著特征要素,不影响体现注册商标显著特征的;(5)与立体注册商标的三维标志及平面要素基本无差别的;(6)其他与注册商标基本无差别、足以对公众产生误导的商标。

形、“稻香园”文字和“DAOXIANGYUAN”拼音组成，其主张山东稻香园食品有限公司、济南稻香园食品有限公司在蛋糕门店、网站及其生产的蛋糕产品包装物上使用“稻香园”侵犯其注册商标专用权，该被控侵权标识由“DAO”、“稻穗”图形、“DANCINGFOOD”英文和“稻香园”中文，“DAO”、“稻穗”图形、“稻香园”中文和“1989”数字，以及“稻香园”中文组成。最高人民法院指出，从标识本身情况看，涉案商标和3个被诉标识均含有“稻香园”文字，但被诉侵权标识“DAO”、“稻穗”图形处于显著位置，较为突出，相关公众一般会将“DAO”、“稻穗”图形作为主要识别部分，与涉案商标存在较大区别。对于“稻香园”中文标识，虽然呼叫上与涉案商标一致，但涉案商标图形部分较为突出，与涉案商标构成要素区别明显。①

（二）商品相同或类似

商标识别来源功能是相对于特定商品而言的，商品维度是判断商标识别来源功能的重要因素，司法实践中很多判决都精辟阐述了商品维度对商标识别商品来源功能和商标侵权判断的作用。②

相同商品是指名称、用途、功能或销售渠道等方面相同的商品。一般情况下，名称相同的商品属于相同商品。但产品设计日新月异，商品推陈出新，商品形式千差万别，新的商品名称也不断涌现，相同商品的认定不仅要看商品名称的形式，更要看商品用途、功能等商品内在属性。与相同商品相比，类似商品的判断更富有弹性。类似商品的判断标准一直存在商品客观属性类似与来源混淆之争。有观点认为，“无论是商标近似还是商品类似，其概念中不能再包含混淆可能性，而只能根据与这些概念相关的要素来加以界定……商品类似是指商品在功能、用途、生产部门、销售渠道、消费对象等方面相同或接近，或者相关公

① 参见最高人民法院民事裁定书，(2017)最高法民申716号。

② 如最高人民法院在杭州奥普卫厨科技有限公司与浙江现代新能源有限公司等侵害商标权纠纷再审民事判决中特别指出，商标法所要保护的，是商标所具有的识别和区分商品及服务来源的功能，而并非仅以注册行为所固化的商标标识本身。因此，商标标识本身的近似不是认定侵权行为是否成立的决定性因素，如果使用行为并未损害商标的识别和区分功能，亦未因此而导致市场混淆的后果，该种行为即不在商标法所禁止的范围之中。参见最高人民法院民事判决书，(2016)最高法民再216号。广东省高级人民法院在“非诚勿扰”商标侵权纠纷再审民事判决中也指出，商标法所要保护的，并非仅以注册行为所固化的商标标识本身，而是商标所具有的识别和区分商品、服务来源的功能。如果被诉行为并非使用在相同或类似商品、服务上，或者并未损害涉案注册商标的识别和区分功能，亦未因此导致市场混淆后果的，不应认定构成商标侵权。参见广东省高级人民法院民事判决书，(2016)粤民再447号。

众一般认为其存在特定联系”。[①] 有观点认为，商品类似是一种混淆可能性意义上的类似，商品类似就是指存在混淆的可能。“类似商品，是指在功能、用途、生产部门、销售渠道、消费对象等方面相同，或者相关公众一般认为其存在特定联系、容易造成混淆的商品。类似服务，是指在服务的目的、内容、方式、对象等方面相同，或者相关公众一般认为存在特定联系、容易造成混淆的服务。”[②]还有观点认为，相同商品或服务的认定采用客观标准，以分类表为依据；类似商品或服务的认定采用主观标准，将所有影响相关公众认知的因素都纳入考虑范围。[③]

同商品与商品类似的判断相比，商品与服务类似关系的判断更具争议。如在电视栏目名称引发的商标侵权纠纷中，电视栏目名称到底是仅为服务名称使用，还是也发挥了识别服务来源的功能，就一直存在认识上的分歧。电视栏目名称本系对电视栏目内容的概括、说明和呼叫方式，其在具体内容的制作、播放、宣传范围内使用，是其原本属性的体现，是实现其经营模式和产业发展的必然要求。电视栏目制作、播放服务上的商标作为识别电视栏目来源的商业标识，与电视栏目名称存在功能上的明显差异。如在湖北网络广播电视台“如果爱”电视栏目名称商标侵权纠纷中，二审法院就清晰地将两者划清界限。[④] 同样，在浙江卫视“中国好声音”电视栏目名称系列纠纷中，“中国好声音”作为电视栏目名称是对电视栏目内容的概括、说明和呼叫方式，是电视栏目的元素和浙江卫视经营的内容之一，未在电视栏目制作、播放领域作为识别电视栏目来源的商业标识，也未损害涉案商标识别来源功能。当然，如果电视栏目中相关标志的使用超出了具体内容的制作、播放、宣传范围，脱离电视栏目内容的概括、说明和呼叫方式的原本属性，则容易被相关公众作为识别商品或服务的来源对待。如在“非诚勿扰”商标侵权纠纷中，被控侵权方抗辩其被诉的“非诚勿

---

① 王太平：《商标侵权的判断标准：相似性与混淆可能性之关系》，载《法学研究》2014 年第 6 期。

② 最高人民法院《关于审理商标民事纠纷案件适用法律若干问题的解释》（法释〔2020〕19 号）第 11 条。

③ 参见王迁：《论“相同或类似商品（服务）”的认定——兼评“非诚勿扰”案》，载《知识产权》2016 年第 1 期。

④ 湖北省高级人民法院认为，“如果爱”文字作为电视栏目名称，未发挥标识涉案电视栏目来源或出处的功能，未损害涉案商标的识别来源功能，属于正当使用。参见湖北省高级人民法院民事判决书，（2016）鄂民终 109 号。

扰”标识的使用仅仅属于节目名称的使用，未起到识别来源的作用，不属于商标性使用。但再审法院通过被诉侵权标识的具体使用形式、状态、频率、效果等方面认定其已不仅是作为电视节目服务名称使用，同时也具备了区分来源的功能。①

（三）商品来源的混淆

未经许可在同一种商品上使用与他人注册商标标志相同的标志，直接妨碍了他人对商标识别商品来源的支配，基于商标权的支配性，是否容易混淆商品来源在所不问。但是，在商标标志近似、商品类似情况下，是否侵害商标识别功能，还需进一步以商品来源混淆可能性为判断基准。

1. 相似性与混淆可能性的关系

“从本质意义上讲，商标是包含 3 个要素的结构，即标志、商品及标志对商品来源的识别能力，缺乏任何一个要素均不构成商标。但是，在特定的语境下，商标也仅指商标标志。商标总是在以上两种意义上被交叉使用。”②基于商标的不同定义，有关商标近似的判断标准，长期存在“客观近似说”和“混淆近似说”的争议。前者认为商标近似是标志呼叫、含义、外观等本身属性的近似，而是否容易导致消费者混淆不是商标近似所需考虑的内容；后者认为商标近似是混淆性近似，应根据商标标志的近似、商品类似情况，以是否容易导致相关公众混淆商品来源为标准进行判断。商标近似与标志近似关系可能呈现 3 种基本形态：一是商标标志近似即构成混淆性近似；二是商标标志不太近似仍可能构成混淆性商标近似；三是商标标志近似但不构成混淆性商标近似。③

由于“客观近似说”和“混淆近似说”的分歧，世界各国及地区的商标立法处理相似性与混淆可能性的关系主要分 3 种方式：一是以美国为代表的混淆可

① 广东省高级人民法院认为，相关标识具有节目名称的属性并不能当然排斥该标识作为商标的可能性，江苏电视台对被诉“非诚勿扰”标识的使用，并非仅仅为概括具体电视节目内容而进行的描述性使用，而是反复多次、大量地在其电视、官网、招商广告、现场宣传等商业活动中单独使用或突出使用，使用方式上具有持续性与连贯性，其中标识更在整体呈现方式上具有一定独特性，这显然超出对节目或者作品内容进行描述性使用所必需的范围和通常认知，具备了区分商品/服务的功能。参见广东省高级人民法院民事判决书，(2016)粤民再 447 号。

② 刘庆辉：《我国商标近似、商品类似的判定：标准、问题及出路》，载《知识产权》2013 年第 4 期。

③ 参见孔祥俊：《商标与不正当竞争法：原理和判例》，法律出版社 2009 年版，第 253 ~256 页。

能性吸收相似性的标准，将相似性作为混淆可能性判断的多因素测试法的因素之一；二是以日本为代表的混淆可能性内化于相似性的标准，其相似性是一种混淆性相似；三是以欧盟为代表的以相似性为基础、以混淆可能性为限定条件的标准，将相似性作为混淆可能性的前提。①

由于我国2013年《商标法》修改前未明确类似商品上使用近似商标标志构成商标侵权的混淆可能性要件，商标执法和司法实践中虽引入了混淆可能性因素，但通常将混淆可能性内化于"类似商品""近似商标"的认定，以契合商标保护的本质，也防止商标权保护范围的过度扩张。如原国家工商行政管理总局商标局1999年制定的《关于商标行政执法中若干问题的意见》规定："近似商标是指两商标相比，文字的字形、读音、含义，或者图形的构图及颜色，或者文字与图形的整体结构相似，易使消费者对商品或者服务的来源产生混淆。"②原国家工商行政管理总局、商标评审委员会2005年制定的《商标审查及审理标准》规定："商标近似是指商标文字、读音、含义近似，商标图形的构图、着色、外观近似，或者文字和图形者组合的整体排列组合方式和外观近似，立体商标的三维标志的形状和外观近似，颜色商标的颜色或者颜色组合近似，使用在同一种或者类似商品或者服务上易使相关公众对商品或者服务的来源产生误认。"③最高人民法院发布的司法解释规定："商标法第五十七条第（二）项规定的商标近似，是指被控侵权的商标与原告的注册商标相比，其文字的字形、读音、含义或者图形的构图及颜色，或者其各要素组合后的整体结构相似，或者其立体形状、颜色组合近似，易使相关公众对商品的来源产生误认或者认为其来源与原告注册商标的商品有特定的联系。"④

我国2013年修改后的《商标法》第57条第1款第2项"将混淆确立为商标侵权的判断标准，理清了相似性与混淆可能性的关系，使商标权的保护更加符

---

① 参见王太平：《商标侵权的判断标准：相似性与混淆可能性之关系》，载《法学研究》2014年第6期。

② 原国家工商行政管理局《关于商标行政执法中若干问题的意见》（工商标字〔1999〕第331号）第5条。

③ 原国家工商行政管理总局商标局、商标评审委员会《商标审查及审理标准》（2005年12月制定）商标审查标准第三部分商标相同、近似的审查。该标准根据2001年《商标法》制定，2001年《商标法》第52条侵犯注册商标专用权条款尚未明确类似商品上使用近似商标"容易导致混淆"的构成要件。

④ 最高人民法院《关于审理商标民事纠纷案件适用法律若干问题的解释》（法释〔2020〕19号）第9条。

合商标立法的本意，也更加符合商标司法中侵权认定的实际情况，具有重大的进步意义。”①商标法确立了商标侵权判断混淆可能性因素的独立地位，实现了从混淆可能性内化于相似性的商标侵权判断标准向以相似性为基础、以混淆可能性为限定条件的商标侵权判断标准转变，将标志的相似性作为商标侵权判定的基础和前提，与混淆可能性相对独立，强化商标侵权的混淆商品来源本质。但是，商标执法和司法实践中有关“近似的商标”与“容易导致混淆的”关系的规定和理解并没有发生明显的变化，仍延续混淆可能性内化于商标近似判断的思维，将“近似的商标”解释为商标的混淆性近似。②

从识别商品来源根本属性对商标概念进行正本清源，在包含标志、商品及商品来源内在结合的有机体意义上规范使用“商标”的概念，基于商标概念相同含义构建商标法话语体系，很多看似激烈的争论实际上就可以迎刃而解。首先，商标相同或近似的判断，离不开对构成商标的标志符号相同或近似的判断，但标志符号相同或近似只是判断商标相同或近似需考虑的要素之

① 张今：《商标法第三次修改的几个重大问题解读》，载《中华商标》2013 年第 11 期。

② 为准确理解与适用《商标法》，全国人大常委会法制工作委员会经济法室组织直接参与《商标法》研究修改的同志和权威机构专家编写的商标法释义仍将混淆可能性内化于商品类似、商标近似的认定，如将“近似的商标”解释为“指对商标进行整体比较，不易辨别，使消费者产生混同的商标”。参见郎胜主编：《中华人民共和国商标法释义》，法律出版社 2013 年版，第 108 页。国家商标主管部门将《商标法》第 30 条的“近似商标”界定为“是指文字、数字、图形、颜色或声音等商标的构成要素在发音、视觉、意义或排列顺序以及整体上虽有一定区别，但易产生混淆的商标”。参见国家工商行政管理总局商标局、商标评审委员会编著：《商标法理解与适用》，中国工商出版社 2015 年版，第 111 页。为适应 2013 年《商标法》的第三次修改，2016 年 12 月原国家工商行政管理总局和商标评审委员会对 2005 年制定的《商标审查及审理标准》进行了修订，修订后的《商标审查及审理标准》的“商标审查标准第三部分商标相同、近似的审查”规定：“商标近似是指商标文字、读音、含义近似，商标图形的构图、着色、外观近似，或者文字和图形者组合的整体排列组合方式和外观近似，立体商标的三维标志的形状和外观近似，颜色商标的颜色或者颜色组合近似，声音商标的听觉感知或整体音乐形象近似，使用在同一种或者类似商品或者服务上易使相关公众对商品或者服务的来源产生混淆”，增加了声音商标近似的判断，将“误认”的表述改为“混淆”。最高人民法院《关于审理商标民事纠纷案件适用法律若干问题的解释》（法释〔2020〕19 号）也是如此规定。当然，最高人民法院《关于审理商标授权确权行政案件若干问题的规定》（法释〔2020〕19 号）相关条款中都规范使用“商标标志的近似”，第 12 条第 1 款明确规定：“当事人依据商标法第十三条第二款主张诉争商标构成对未注册的驰名商标的复制、摹仿或者翻译而不应予以注册或者应予无效的，人民法院应当综合考量如下因素以及因素之间的相互影响，认定是否容易导致混淆：（一）商标标志的近似程度；（二）商品的类似程度；（三）请求保护商标的显著性和知名程度；（四）相关公众的注意程度；（五）其他相关因素”。第 12 条第 2 款还规定：“商标申请人的主观意图以及实际混淆的证据可以作为判断混淆可能性的参考因素。”

一，不是全部，不能将商标相同或近似等同于商标标志符号的相同或近似。其次，商标相同或近似的判断，离不开商品相同或类似的判断，在不相同和不类似商品上使用相同或近似的标志，只能是标志符号的相同或近似，不是商标相同或近似。最后，商标标志近似、商品类似，并不当然构成商标近似。商标近似的判断需要以商品类似、标志近似为条件，但商标近似不仅要考虑标志近似、商品类似因素，还与相关公众对商品来源的认知状况、商标的显著性和知名度等其他因素密切相关。在类似商品上使用与他人商标标志近似的标志，并不必然容易导致相关公众混淆商品来源，如相关公众购买价值很高的商品通常施以较高的注意力，发生混淆的可能性会降低，以及经过长期合法使用已经形成两个商标共存的市场格局等因素都会影响是否容易导致相关公众混淆的判断。

因此，商标标志近似是一种客观近似，而商标标志、商品及商品来源三要素有机体意义上的“商标近似的判断应以两商标使用在相同或者类似商品上是否会导致消费者混淆商品来源为标准”①，商标近似是商品类似、商标标志近似以及容易导致相关公众混淆的概括性表达，商品来源混淆可能性对商标近似的判断具有决定性作用，规范使用有机体意义上的商标术语，商标近似本身蕴含着商品来源混淆可能性的要素。通过认定商品类似、商标标志近似来制止混淆，是在商标法尚未确立混淆可能性标准独立地位、将混淆可能性内化于相似性判断的权宜之计。商标法确立混淆可能性标准独立地位后，相关司法解释已经充分贯彻商标法修改后的规定，将商品的类似程度作为认定是否容易导致混淆的因素之一，且商品类似程度仅是商标识别商品来源的要素之一，商品相同或类似本身不能决定是否容易导致相关公众混淆的认定，必须综合考量商标标志的近似程度、商品的类似程度、在先商标的显著性和知名度、相关公众的注意程度等因素及各因素之间的相互影响，商品的类似程度难以单独起到防止相关公众混淆的作用。② 抱守将混淆可能性内化于商标标志近似、商品类似判断的做法，已不合时宜。而且，将容易导致相关公众混淆作为认定商标标志近似、商品类似的因素或者标准，再以商品是否类似、商标标志是否近似判断是否容易导致相关公众混淆，有因果倒置、循环论证的逻辑

---

① 汪泽：《民法思维与商标权救济》，商务印书馆2020年版，第126页。

② 参见最高人民法院《关于审理商标授权确权行政案件若干问题的规定》（法释〔2020〕19号）第12条。

错误之嫌。

2. 识别商品来源的商标使用与混淆可能性的关系

关于商标使用应当作为判断混淆可能性的前置条件还是混淆可能性判断中综合考虑的因素之一，一直存在激烈的争论。美国商标法学界有关商标使用地位和作用的分歧极具代表性。一种观点认为，“商标使用理论在商标法中居于基础而核心的地位，是保持商标法理论整体性的工具，它不是一个虚构的假象”。① 商标使用是商标侵权构成的前提条件，只有未经许可实施了商标使用行为，才有进一步判断是否存在混淆及侵权的必要。② 商标法意义上商标使用起到过滤作用，识别明显的不侵权行为，避免不必要地启动复杂的混淆可能性判断。而另一种观点认为，美国《兰哈姆法》有关商标侵权的规定，根本未将商标使用作为商标侵权的前置条件，商标使用的作用被不当提升。商标性使用作为判断混淆可能性考量的因素之一，商标使用对商标侵权而言既不充分也不必要。③ 不过，有的学者认为，混淆可能性多因素测试法不仅缺乏理论依据支撑，而且具有先天的模糊性和开放性，没有固定的规则模式，导致法律适用的不确定性和结果的公信力降低。④

我国有学者认为，商业标识意义上的使用，是商标及商标权本质的重要体现，商标直接侵权行为应当限定于标识作为来源识别使用的情形。⑤ “不属于商标法意义上的使用行为，原本就不受商标权的控制。”⑥商标侵权构成包括在商标意义上使用和混淆可能性两个并列的要件。⑦ 商标使用是商标侵权判定的前置性条件。⑧ 商标间接侵权虽然不以商标使用为前提，但间接侵权建构于直

---

① Stacey L. Dogan & Mark A. Lemley, *Grounding Trademark Law through Trademark Use*, 92 Iowa Law Review 1699 (2007).

② Stacey L. Dogan & Mark A. Lemley, *The Trademark Use Requirement in Dilution Cases*, 24 Santa Clara Computer & High Technology Law Journal 541 (2008).

③ Graeme B. Dinwoodie & Mark D. Janis, *Confusion Over Use: Contextualism in Trademark Law*, 92 Iowa Law Review 1597 (2007).

④ See Robert G. Bone, *Taking the Confusion Out of "Likelihood of Confusion": Toward a More Sensible Approach to Trademark Infringement*, 106 Nortthwestern University Law Review 1307 (2012).

⑤ 参见孔祥俊：《商标法适用的基本问题》（增订版），中国法制出版社2014年版，第133~141页。

⑥ 王迁：《知识产权法教程》（第5版），中国人民大学出版社2016年版，第478页。

⑦ 参见芮松艳：《侵犯注册商标专用权行为的构成要件》，载《中华商标》2011年第1期。

⑧ 参见祝建军：《判定商标侵权应以成立“商标性使用”为前提——苹果公司商标案引发的思考》，载《知识产权》2014年第1期。

接侵权基础之上,同样应以商标使用为前置条件。商标性使用是商标侵权的行为要件,混淆可能性是结果要件,两者缺一不可。另有学者认为,以"商标使用"作为商标侵权的先决条件,将不合理地限制注册商标权。① 上述争论主要源于不同的法律传统和立法模式中商标侵权构成要件、多因素检测理论与法律适用方法的差异。

判断使用在特定商品上的标志能否起到识别商品来源的作用,与该使用行为是否引起商品来源的混淆,是两个不同层次的范畴。前者是商标使用性质的界定,后者是在构成商标使用性质基础上进一步衡量的商标使用的客观效果,具有逻辑先后顺序。一般情况下,若不构成商标使用就没有继续判断是否存在混淆可能性的必要。若未发挥识别商品来源功能,则不受商标权控制,运用商标法调整也缺乏基本动因和逻辑前提。所以,识别商品来源的商标使用在商标侵权判定中具有独立而重要的价值,是商标侵权判定的第一道"过滤器",在混淆可能性标准适用中充当着"安全阀"的角色。② 混淆可能性判断中忽视识别商品来源商标使用的关键作用,仅将其作为一个普通因素加以考量,甚至不管标志的使用是否发挥了识别商品来源功能,径直对混淆可能性作出认定,容易不当扩大商标权保护范围,将未损害商标识别功能、本不受商标权控制的行为纳入商标法调整范围,模糊商标法与公有领域及其他商业标识法律之间的界限和不同的价值目标,导致商标侵权判定结果的偏差。

当然,侵害商标识别功能的判定并不必然要求商标已发挥识别商品来源的实际使用,但商标是否实际发挥识别商品来源功能,影响商标保护的范围和强度。美国联邦法院在"Time Out"商标侵权纠纷审理中同样明确指出,商标的功能是向消费者指示商品的来源,企业内部使用时相关公众接触不到商品,更无法将某一商标与具体的商品联系起来,这种内部使用不能获得商标权。③ 最高人民法院再审的"伟哥"商标侵权纠纷,④以及上海市第二中级人民

① 参见何怀文:《"商标性使用"的法律效力》,载《浙江大学学报(人文社会科学版)》2014 年第 2 期。

② See Uli Widmaier, *Use*, *Liability and the Structure of Trademark Law*, 33 Hofstra Law Review 603 (2004).

③ Blue Bell Inc. v. Farah Mfg. Co., 508 F. 2d 1260 (5th Cir. 1975).

④ 参见最高人民法院民事裁定书,(2009)民申字第 268 号。

法院审理的“LV”楼盘商标及不正当竞争纠纷案①等很多商标侵权纠纷案件审理结果均表明，标示在商品上的标志未起到识别商品来源作用，不构成商标使用。未与特定商品相关联的注册商标宣传行为没有实际发挥识别商品来源功能。② 最高人民法院在审理“红河红”商标侵权纠纷判决中指出，由于原告的商标尚未实际发挥识别作用，消费者不会将被告“红河红”啤酒与原告相联系，并以此作为认定被告使用“红河红”商标不构成侵权的主要理由之一。③ 在“滴滴打车”商标侵权纠纷中，法院同时审查了原、被告双方的商标使用状态，并将原告对其商标的实际使用情况作为判断被告的使用是否对其造成混淆服务来源的参考因素。④ 在司法实践中，对于不以识别商品来源为目的的恶意注册商标，直接不予保护。如在“优衣库”系列商标侵权纠纷中，有的法院基于被控侵权标识与恶意注册的商标存在一定差异，并且由于恶意注册商标未发挥识别商品来源功能，认定二者既不相同也不近似，不构成商标侵权，判决驳回商标注册人的全部诉讼请求。⑤ 最高人民法院更是明确指出，违反诚实信用原则，不以发挥识别商品来源为目的申请商标注册，通过注册商标恶意提起诉讼，不予保护。⑥ 所以，商标权的本质是保护商标识别商品来源功能，商标注册人发挥识别商品来源功能的实际使用对是否侵害商标识别功能的判断产生重要的影响。

第二节　侵害商标识别功能类型化分析

将商标使用于指定商品上以识别商品来源，只能为商标权人专用。未经商

---

① 参见上海市第二中级人民法院民事判决书，(2001)沪二中民五(知)初字第242号。

② 参见浙江省杭州市下城区人民法院民事判决书，(2012)杭下知初字第48号；浙江省杭州市中级人民法院民事判决书，(2013)浙杭知终字第8号。相关的案例评析参见王磊：《未与特定商品相关联的商标宣传行为的法律规制》，载《人民司法》2013年第12期。

③ 参见最高人民法院民事判决书，(2008)民提字第52号。

④ 审理该案的法院认为，从原告提交的证据看，其主营的业务与打车运输服务既不相同也不类似，不能证明其在注册商标核定使用的范围内对注册商标进行了商标性使用，其也未在与“滴滴打车”同类的服务上使用。而被告的图文标识在短期内通过使用获得了较高知名度和影响力，市场占有率高，拥有大量用户。参见北京市海淀区人民法院民事判决书，(2014)海民(知)初字第21033号。

⑤ 参见浙江省杭州市中级人民法院民事判决书，(2014)浙杭知初字第265号。

⑥ 参见最高人民法院民事判决书，(2018)最高法民再396号。

标权人许可，非法利用其商标识别商品来源，或妨碍商标识别功能发挥，甚至是剥夺商标识别商品来源的根本价值，致使相关公众无法将他人商标作为商品来源的标志对待，都是对商标标示商品来源属性的侵害，侵入了商标权专有控制的核心领域，此时必须给予商标权绝对保护。而未经商标权人许可，在相同或类似的商品上混淆使用他人商标，容易导致相关公众误认来源，侵犯了商标识别功能中的区别性，导致相关公众无法通过商标正常地区分商品来源进而作出购买决策，应给予混淆可能性的相对保护。当然，区别性建立在标识性基础之上，侵犯商标区别性不必然侵犯标识性，侵犯标识性往往同时侵犯区别性，但即使同时侵犯商标标识性和区别性，仍然有所侧重。商标标识性和区别性二分法精细化考量，对于商标侵权判定及损害赔偿确定具有重要意义。

一、侵害商标识别功能之区别性

商标注册申请审查不仅要审查标志使用于特定商品是否能够被相关公众作为商品来源标记对待，还要审查其与在先申请或者注册商标的区别。与商标注册申请审查一样，被控侵权商标与注册商标是否近似，即被控侵权商标对主张保护商标的区别性的影响，是商标侵权判断需要重点考虑的问题。商标近似的判定实际上是商标区别性的判定，即判定一个商标是否区别于其他商标。[①]商标是区分商品来源的标记，确保区分来源、防止来源混淆是商标识别功能保护的基本要旨。侵害商标区别性，容易导致相关公众对商品来源的混淆，是商标侵权的常见形态，并形成了以混淆可能性为中心的商标侵权行为认定规则和商标显著性理论。混淆误认既是商标区分商品来源失灵的表现，也是侵害商标区别性的结果，沿着混淆可能性溯源至商标区别性，深刻认识仿冒类商标侵权行为的本质，才能准确把握仿冒行为的商标侵权判定标准。

注册商标专用权以核准注册的商标和核定使用的商品为限，商标权人不能擅自改变核准的注册商标标识，也无权在核定商品范围外使用其注册商标。在类似商品上使用与他人注册商标相同或近似标识、在相同商品上使用与他人注册商标近似的标识，不属于注册商标专用权的范围。但是，商标专用权的范围只是商标权保护的核心，从正面积极保障商标识别来源功能的发挥，仅仅控制相同商品上使用相同商标标识，不足以充分保障商标区分功能的发挥，为确保

---

① 参见汪泽：《民法思维与商标权救济》，商务印书馆2020年版，第28页。

消费者能够正常地根据商标标识和区分的商品来源信息进行购物决策,任何未经许可利用他人商标发挥识别功能、容易导致相关公众发生混淆误认的行为都应当被禁止。例如,将与他人注册商标相同或近似的标识使用在类似的商品上,或者在相同商品上使用近似的标识,相关公众施加一般的注意力仍然可能将两个不同的商品来源混淆,或误认两种商品来源之间存在许可、赞助等关联关系,并影响其购物决策。影响商标区分功能发挥,即降低商标将不同来源的商品区别开来的能力,成为侵害商标识别功能的主要形式。因此,防止来源混淆的商标区别性保护理论为司法实践所普遍遵循,混淆可能性成为仿冒类商标侵权判定的基本立足点。不仅如此,我国2013年修改后的《商标法》第57条也从立法层面明确了仿冒类商标侵权"容易导致混淆"的要件,包括相同或类似商品上使用近似商标、类似商品上使用相同商标等情形。

保护商标识别功能之区别性,禁止侵害商标区分来源的混淆性使用,将商标权保护范围从相同商品上使用与注册商标相同的标志延展到相同或类似商品上使用近似标志、类似商品上使用相同标志等领域,使商标禁止权效力范围大于商标专用权效力,排斥他人的相似性使用,这是保护商标识别功能正常发挥的需要。同时,保护商标识别功能不是对商标符号的绝对垄断,对类似商品上使用近似商标标志的禁止以侵害商标区别性、容易导致相关公众混淆为限定条件,也体现了商标保护的相对性和商标权保护范围的有限性。商标是相对于特定商品而言的,商标区分的是商品来源,受到类似商品、近似商标标志的限制,只有在区分商品来源的意义上才能受到保护。

二、侵害商标识别功能之标识性

商标区别性建立在标识性基础之上,侵害商标区别性可能同时损害商标的标识性,但侵害区别性并不必然侵害标识性。同样,侵害标识性的商标侵权行为也未必损害商标的区别性。如在类似商品上使用近似商标等仿冒行为,虽容易导致相关公众混淆商品来源,但并未根本影响他人商标作为商品来源标记的标识性。所以,"混淆可能性固然是认定商标侵权的重要法律基础,但是,不能将其运用推向极端,而使其作用绝对化"。[①] 侵害商标识别功能之标识性,通常表现为非法利用、妨碍甚至是彻底侵蚀注册商标标识商品来源的能力,使注册商标与特

① 孔祥俊:《商标与不正当竞争法:原理和判例》,法律出版社2009年版,第315页。

定商品来源不能充分地建立稳定联系,或者损害已经产生的稳定联系,甚至是完全割断注册商标与特定商品来源之间的稳定联系。与类似商品上使用与他人注册商标近似标识等仿冒行为不同,在相同商品上使用与他人注册商标相同的标识,非法利用或妨碍他人商标的标识性,侵蚀了商标的基础,直指商标权的核心。

(一)假冒注册商标

作为商标侵权的一种,假冒最早源于英国的"passing off",并由此衍生出"仿冒之诉"(action of passing off),即针对以不实言行使公众误解其营业或商品为他人营业或商品的行为提起的诉讼。但随着商标保护的需要和实践的发展,假冒侵权从仿冒侵权中逐渐独立出来。广义的假冒包括假冒他人注册商标、企业名称、商品包装装潢以及质量标记等。假冒注册商标是假冒的一种,其与混淆性仿冒行为不同,假冒注册商标行为侵害了注册商标权人对商标识别商品来源功能的专有和控制,尤其是对作为商品来源标志识记的标识性的直接侵害,相较于混淆性,仿冒对商标识别功能中区分商品来源的损害更加直接、更加彻底。所以,从商标功能上对这种"双相同"与非"双相同"的商标侵权行为进行区分,能够有效克服商标侵权行为类型化困境,走出商标显著性理论的误区。

从2013年《商标法》修改前后对比来看,对于"双相同"的商标侵权作出不需要混淆可能性的解读更符合立法目的。① "'双相同'下的绝对保护本质上是立足于商标功能,以明确确定的保护要件遏制对于商标核心功能的侵蚀,即'双相同'下的商标使用构成了对于他人商标核心功能的损害。"②这种观点也得到了司法实践的支撑。③ 将商标用于识别商品来源、使用在指定商品识别该特定商品来源,只能为商标权人专用。假冒注册商标直接侵害了注册商标权人在核定商品上使用注册商标、识别商品来源的专有和控制,强行利用他人商标的识

---

① 就侵犯注册商标专用权的行为,2001年《商标法》第52条第1项规定:"未经商标注册人的许可,在同一种商品或者类似商品上使用与其注册商标相同或近似的商标的"。2013年修改后的《商标法》第57条将"双相同"与非"双相同"分成两项进行区分,第1项规定,"未经商标注册人的许可,在同一种商品上使用与其注册商标相同的商标的";第2项规定,"未经商标注册人的许可,在同一种商品上使用与其注册商标近似的商标,或者在类似商品上使用与其注册商标相同或者近似的商标,容易导致混淆的"。

② 孔祥俊:《商标法适用的基本问题》(增订版),中国法制出版社2014年版,第330页。

③ 参见上海市高级人民法院民事判决书,(2013)沪高法民三(知)终字第111号。

别商品来源功能,直接影响消费者通过商标正确地识别商品来源进而作出购买决策,是对商标最基本、最核心的识别商品来源功能的直接侵害,并不需要通过混淆可能性推定来认定商标侵权。其与未经商标权人许可的混淆性使用,在侵害注册商标识别商品来源功能的性质上具有明显的差异。

与假冒注册商标相关的还有吞并他人注册商标标识的行为,即将他人注册商标标识的核心部分或全部作为自己商标的一部分使用,使他人商标不能充分和正常使用,妨碍他人商标与商品来源之间联系的形成,甚至致使他人商标丧失单独作为商品来源标记的标识能力。

(二)反向假冒

与普通假冒注册商标相比,反向假冒的不同之处在于:首先,利用对象不同。反向假冒利用他人商品,商品本身的形态和质量未发生改变。而普通的假冒是假冒他人商标,商品一般并不是商标权人或经其同意生产销售的商品。其次,表现形式不同。反向假冒是将他人商品上贴附的商标更换、去除或覆盖后又将该商品投入市场,割断他人商品上贴附的商标与商品来源之间的联系。而普通的假冒一般无须借助他人商品,而恰恰是利用他人商标识别自己的商品。基于上述不同,理论与实务中对反向假冒的法律性质存在着很大的争议。有的学者认为,商标反向假冒与普通的商标假冒一样,都是侵害商标权人利益的商标侵权行为。① 而有的学者认为,商标反向假冒不是商标侵权行为,而是一种主要损害消费者权益的不正当竞争行为。② 有的学者认为,反向假冒并未占用他人劳动成果、不妨碍商标权人商誉的建立,也未损害消费者利益,“其实是商标权人行使自己商标权的一种比较特殊的方式”。③ 有的学者从商标本质角度分析后认为,商标反向假冒行为即便为侵权行为,也不是商标侵权行为。④ 商标反向假冒行为是否需要法律调整,是商标侵权行为还是不正当竞争行为,抑或兼

① 参见郑成思:《商标中的“创作性”与反向假冒》,载《知识产权》1996 年第 5 期;张玉敏、王法强:《论商标反向假冒的性质》,载《知识产权》2004 年第 1 期;张炳生:《论商标功能的实现途径与反向假冒的危害》,载《政法论坛》2005 年第 6 期。

② 参见黄勤南、段广平:《反向假冒商标行为法律研究》,载《政法论坛》1999 年第 1 期。

③ 韦之、白洪娟:《反向假冒质疑》,载《知识产权》2004 年第 1 期。

④ 该观点认为,无论是商标、商标权还是商标侵权均涉及两方面的要素,即商标标志与具体商品,尤其是商标标志属于商标这种符号的“显眼”部分,具有相对于商标标志所代表的商品信息的优先性,不通过它是无法侵犯商标权的。参见王太平:《商标本质的结构功能分析》,载刘春田主编:《中国知识产权评论》(第 3 卷),商务印书馆 2008 年版。

而有之,既关系商标基本理论的澄清,也直接影响商标立法与司法实践。

从域外的立法例来看,很多国家和地区都有制止商标反向假冒的法律规范,但有的国家将其作为商标侵权行为对待,有的国家将其作为不正当竞争行为处理,还有的国家采用商标侵权和不正当竞争双轨制。美国第一个有关反向假冒的案例是"皮克设计公司诉斯特林精密公司案"(PIC's Design Corp. v. Sterling Precision Corp.),被告除去贴附在齿轮上的原告商标,然后使用了带有"Sterling"字样的盒子装船发运。审理法官认为,《兰哈姆法》规定的反向假冒是更换他人商标的行为,仅仅去除他人商标,不属于商标侵权。① 当然,由于《兰哈姆法》第43条同时也是反不正当竞争的法律依据,未经他人许可将他人商标去除后又将去除商标的商品投入市场的,有可能构成不正当竞争。② 所以,美国实际上采用双轨制,将不同类型的商标反向假冒分别作为商标侵权和不正当竞争进行规定。法国、意大利、澳大利亚等国则将反向假冒作为商标侵权处理。法国商标法明确赋予商标权人禁止他人未经许可去除或改变商品上正常贴附的商标标识的权利。③ 意大利的商标法也规定,任何销售者均无权撤换他人商品上原有的注册商标。④ 澳大利亚商标法甚至还将反向假冒作为刑事犯罪处理。⑤ 德国商标法有关商标侵权的规定中未明确提及反向假冒的问题,相反,德国商标法明确规定了商标权用尽,被作为商标权人无权干预他人处分经其同意销售商品的法律依据。⑥ 不过,德国司法实践中也适用《反不正当竞争法》一般条款规制反向假冒行为。而在日本,对流通领域中除去、更换他人注册商标的反向假冒行为,通常运用日本民法中禁止权利滥用的基本原则加以规制。⑦

尽管各国对商标反向假冒行为的处理方式不同,理论上存在商标侵权抑或

---

① 在该案中,被告将原告贴在齿轮上的商标去除,然后装船发运。美国纽约南区法院认为被告未违反当时的《兰哈姆法》第43条的规定,因为该条没有规定去除商标的行为属于混淆行为。法院进一步指出,如果被告在齿轮上换上自己的商标,则将构成侵权。See PIC's Design Corp. v. Sterling Precision Corp., 231 F. Supp. 106 (S. D. N. Y. 1964).

② 参见美国《反不正当竞争法重述》(第3版)第5条。

③ 参见《法国知识产权法典》L. 713-2条。

④ 参见《意大利商标法》第11条、第12条。

⑤ 参见《澳大利亚商标法》第148条。

⑥ 参见《德国商标与其他标志保护法》第24条。

⑦ 参见齐文远、唐子艳:《反向假冒商标行为之刑法思考》,载《现代法学》2011年第2期。

不正当竞争之争，但基本都将其作为侵权行为处理。[①] 究其原因，主要是基于商标反向假冒行为切断了商标与特定商品来源之间的稳定联系，彻底侵蚀了商标识别商品来源的根基，妨碍了商标功能的发挥，剥夺了商标权人通过商标识别商品来源的机会和努力，侵害了商标权人基于商标识别商品来源的特定利益，误导了消费者，扰乱了市场竞争秩序。这种损害商标识别功能根基的行为，彻底割断识别功能作为商标标志、商品与商品来源有机统一体的纽带作用，是一种严重损害商标识别功能的行为，应通过商标法加以规制。2001 年我国《商标法》第二次修改后明确将其作为商标侵权行为处理。此次修改生效实施后不久，在"银雉"印刷机商标侵权纠纷中，法院就适用反向假冒侵权的法律规定认定在商品交易中擅自将他人生产销售的印刷机上的"银雉"商标去除，更换破损部件、重新喷漆后以自己的名义出售，是侵犯"银雉"商标专用权的行为。[②]

商标在商品与消费者之间架起了一座桥梁，商标要正常地发挥识别商品来源的功能，就必须附着在特定商品上。将他人使用在商品上的注册商标更换、去除或掩盖的行为，非法剥夺了商标权人通过商标识别商品来源的机会，直接侵害的是商标权人对注册商标的排他性控制，直接侵害了商标的标识性。不仅如此，商标其他功能都以商标识别商品来源的标识性为基础，彻底侵蚀商标识别商品来源功能的标识性，直接导致商标区别性及品质保证等功能的崩塌，是一种性质极其严重的商标侵权行为。可见，商标反向假冒行为，彻底剥夺了商标权人通过商标识别商品来源的努力，影响了商品依托指示其来源的商标在市场上的流通，窃取了商标权人基于稳定可靠商品品质的商标使用积累的积极评价和良好信誉，严重损害了商标权人的利益。

所以，商标权作为一项识别商品及其来源的民事权利，商标权人有权在核定商品上独占使用商标标识，在相关公众中建立该商标标识与特定商品来源的

---

① 1994 年在我国发生的"枫叶"商标纠纷案，法院作出侵权认定。参见北京市第一中级人民法院民事判决书，(1994)中经知初字第 566 号。该案主审法官公开发表文章表示，反向假冒行为既可以适用当时的《商标法》，也可以适用《反不正当竞争法》。参见罗东川：《审理"枫叶"诉"鳄鱼"案的几个问题》，载《中华商标》1998 年第 4 期。审理"温蓝得"反向假冒商标纠纷案的法官认为，必须要避免商标权在流通领域中被侵害，包括商品与其附着的商标分离，而使商品的生产、经营者追求的经济利益不能实现，或不能完全实现，这才是法律维护商标权的全部内容。参见王范武：《一起"反向侵害商标权"引发的纠纷》，载《电子知识产权》2000 年第 1 期。

② 参见江苏省南通市中级人民法院民事判决书，(2003)通中民三初字第 15 号。

稳定联系。[1] 保护商标识别商品来源功能，首先就是保护商标权人对商标标志与商品来源稳定联系的专有和控制，源于注册商标固有的权利，也是商标权支配性的表现。损害商标识别功能、破坏商标标志与特定商品之间的联系构成对商标权的侵害。商标反向假冒行为剥夺了商标标示商品来源功能的发挥，使商品与消费者之间的沟通桥梁断裂，割断了商标与商品来源之间的联系，是一种严重损害商标识别功能的商标侵权行为，应通过商标法进行调整。

（三）商业标识冲突

使用与他人注册商标标志相同的商品名称，在相同商品上突出使用，容易使相关公众将他人注册商标作为商品名称对待，商标将无法发挥识别商品来源功能。商标识别商品来源，商品名称识别的是商品种类，但有时商品名称既可以识别商品种类，也可以起到识别商品来源的功能。正是由于商标与商品名称的联系，将与他人注册商标作为商品名称使用，会给相关公众通过商标识别商品来源带来困难，经过长期使用，商标识别商品来源功能将受到影响，甚至有退化为商品通用名称的危险，最终可能导致商标识别商品来源功能的彻底丧失。所以，将他人注册商标作为商品名称使用，是一种侵害他人商标标识性的侵权行为。同样，将他人注册商标作为商品包装、装潢、域名等使用，并从事相关商品交易，以及将他人注册商标作为企业名称中的字号突出使用，都会损害注册商标与商品来源之间的稳定联系，造成商标识别商品来源的实质性妨碍，侵害注册商标识别商品来源的功能。

当然，作为商品名称等其他商业标识的使用与他人注册商标的使用发生冲突时，并不一定都是商标侵权行为，还需区分注册商标与商品名称等其他商业标识使用的原因、时间先后顺序、使用的具体形态等因素。如在狗不理集团有限公司（以下简称狗不理集团）与济南市大观园商场天丰园饭店（以下简称天

---

① 参见最高人民法院民事判决书，(2017)最高法民再273号。最高人民法院认为，"注册商标作为一种标识性民事权利的权能和作用，其不仅有权禁止他人在相同、类似商品上使用该注册商标标识，更有权使用其注册商标标识其商品或服务，在相关公众中建立该商标标识与其商品来源的联系。相关公众是否会混淆误认，既包括将使用被诉侵权标识的商品误认为商标权人的商品或者与商标权人有某种联系，也包括将商标权人的商品误认为被诉侵权人的商品或者误认商标权人与被诉侵权人有某种联系，妨碍商标权人行使其注册商标专用权，进而实质性妨碍该注册商标发挥识别作用。因此，如果认为被诉侵权人享有的注册商标更有知名度即可以任意在其商品上使用他人享有注册商标的标识，将实质性损害该注册商标发挥识别商品来源的基本功能，对该注册商标专用权造成基本性损害"。该案入选2017年中国法院50件典型知识产权案例。

丰园饭店)商标权纠纷案中,狗不理集团主张天丰园饭店在经营中使用“狗不理包子”等标识并进行宣传的行为侵犯其“狗不理”商标权,两审法院针对天丰园饭店使用“狗不理包子”的行为均认定“狗不理”为灌汤包的商品名称,天丰园饭店使用在先且为善意使用,不构成商标侵权。① 狗不理集团不服二审判决,提出再审,最高人民法院经再审认为,天丰园饭店使用“狗不理”商品名称未侵犯狗不理集团的“狗不理”服务商标专用权,遂驳回狗不理集团的再审申请。② 又如商标与企业名称发生纠纷时,针对规范使用自己企业名称,用于识别经营主体,而且相关公众不以其识别商品来源的,商标权人无权干涉。所以,解决商品名称、企业名称等商业标识与注册商标的冲突,首先应分析不同标识识别对象的异同,贯彻保护在先权利的原则,根据诚实信用和商业道德,合理划定不同商业标识的权利边界,维护公平有序的市场竞争秩序。

三、侵害商标识别功能之帮助行为

商标是标志、商品和商品来源组成的有机统一体,注册商标权人享有在特定商品上使用商标标志以识别商品来源的专有和控制的权利。未经商标权人许可,伪造、擅自制造他人的注册商标标识,这种行为虽可能尚未将注册商标标识实际使用于特定商品,但为他人将商标标识与特定商品建立联系提供了便利、做好了准备,甚至很多伪造、擅自制造他人注册商标标识上都明确了该标识所使用的商品,侵害他人注册商标识别功能的主观故意和客观行为都非常明显。虽然伪造、擅自制造的注册商标标识还未在流通领域的商品上实际使用,对相关公众商品选购决策还未产生实际影响,但其同样直接侵犯了注册商标权人对商标识别功能的专有和控制,至少现实地威胁到注册商标权人对注册商标

① 一审法院认为,天丰园饭店使用“狗不理包子”在先,且未超出原有的使用地域和服务项目范围,不构成侵犯狗不理集团商标权。参见山东省济南市中级人民法院民事判决书,(2006)济民三初字第229号。二审法院认为,天丰园公司使用的服务标识是“天丰园”,“狗不理”是其提供的商品名称,该商品名称与狗不理集团注册商标客观上存在冲突。天丰园公司使用狗不理灌汤包这一商品名称是善意的,且属于在先使用,该在先权利应予保护。但天丰园饭店将“狗不理”三字用于宣传牌匾、广告宣传、指示牌,并且将“天丰园”与“狗不理”通过割裂开来等方式突出使用,且考虑到狗不理集团“狗不理”商标曾被认定为中国驰名商标,容易使消费者产生两者存在特定联系的混淆,不仅可能淡化“狗不理”驰名商标的显著性,还可能误导消费者,应予制止。故撤销一审判决,判令天丰园饭店停止在宣传牌匾、墙体广告等形式中使用“狗不理”三字进行宣传。参见山东省高级人民法院民事判决书,(2007)鲁民三终字第70号。

② 参见最高人民法院民事裁定书,(2008)民三监字第10-1号。

识别商品来源功能的专有和控制，即将对商标权人商标识别功能带来损害，或者是为他人实施侵害商标识别功能行为提供便利条件，商标权人有权禁止这种侵害或威胁商标识别功能的行为。同样，为他人实施侵害商标识别功能的行为提供仓储、运输、邮寄、经营场所、网络交易平台等，都属于侵害商标识别功能的帮助行为。

所以，除驰名商标反淡化保护外，混淆可能性并未穷尽不当利用或妨碍商标识别功能的所有情形，仅对商标区别性加以保护具有局限性。有些情况下，虽然不具有混淆可能性，但侵害他人对商标识别功能的控制、造成对商标识别功能实质性妨碍的商标使用行为，也属于侵害商标识别功能的商标侵权行为。正如最高人民法院在有关规范性文件中指出："正确把握商标权的专用权属性，合理界定权利范围，既确保合理利用商标资源，又维护公平竞争；既以核定使用的商品和核准使用的商标为基础，加强商标专用权核心领域的保护，又以市场混淆为指针，合理划定商标权的排斥范围，确保经营者之间在商标的使用上保持清晰的边界，使自主品牌的创立和发展具有足够的法律空间。未经商标注册人许可，在同一种商品上使用与其注册商标相同的商标的，除构成正当合理使用的情形外，认定侵权行为时不需要考虑混淆可能性。"①

第三节　商标识别功能保护的限制

任何权利保护都是有限度的，没有绝对的权利，不受限制的权利容易被滥用，甚至威胁公共利益，商标权也不例外。商标权限制也是因商标权可能对他人正当权利和公共利益导致损害而对商标权的行使和保护做出的必要限缩。②广义的商标权限制包括商标权的时间限制、地域限制和权能限制，而狭义的商标权限制仅指对商标权权能的限制。市场经济的精髓是自由竞争，竞争就必然对竞争对手造成损害，但这种损害内生于自由竞争体内，无须启动法律救济措施。"一种行为虽然在形式上构成商标权的侵害，但在商标法所要保护的商标

---

① 最高人民法院《关于当前经济形势下知识产权审判服务大局若干问题的意见》(法发〔2009〕23号)第6条。

② 参见吴汉东主编：《知识产权法》(第3版)，法律出版社2009年版，第255页。

所发挥的功能不受到此行为侵害的情况下,认为商标权侵权的违法性被克服。"[①]对商标权人来说,保护商标识别功能,就是维护其发挥识别商品来源功能的真实、公开、善意的商标使用。相反,并非所有未经许可使用他人商标识别商品来源的行为都有启动商标法律救济的必要。从识别商品来源意义上研究商标权限制,能够更加科学地认识商标权限制的理论基础,厘清真正的商标权限制。

一、未发挥识别商品来源功能

(一)未使用标志识别商品来源的含义

商品名称等通用标志和直接表示商品的质量等特点的描述性标志、地名等一般无法发挥识别商品来源功能,不能作为商标注册。美国早在 1872 年"特拉华州哈德逊运河公司诉克拉克案"(Delaware & Hudson Canal Co. v. Clark)中,就明确了商品的通用名称以及仅表示商品原料、成分、质量等特点的描述性词语不能作为商标保护。[②] 直接表示商品特点的标志不能作为商标申请注册,但并不禁止其使用,并且经过使用取得显著特征且便于作为商品来源识别的,可以作为商标注册。在"标准油漆公司诉特立尼达沥青制造公司案"(Standard Paint Co. v. Trinidad Asphalt Mfg. Co.)确认了直接表示商品原料、成分、质量等特点的描述性用语在先排他使用超过 10 年,可以获得显著性,受到商标法保护。[③] 此后通过一系列判例确立的使用规则被美国商标法所吸收,即描述商品特点的标志经过在先 10 年以上排他使用的,可以获得商标注册保护。我国商标法也有通用名称、描述性标志等经过使用获得显著特征、便于识别可以作为商标注册的规定。但这些标志的固有含义是商品通用名称、图形、型号和直接表示商品的质量、功能、用途等描述商品特点的用语以及地名等,商标保护不是对这些标志固有含义的保护,限于将该标志用作识别商品来源的目的和范围。他人为了说明商品名称和商品质量、功能、用途等特点而在固有含义层面上对这些标志进行使用,是必要的、合理的,注册商标专用权人无权禁止他人正当使

---

① [日]田村善之编:《日本现代知识产权法理论》,李扬等译,法律出版社 2010 年版,第 185 页。

② See Delaware & Hudson Canal Co. v. Clark, 80 U. S. (13 Wall.) 311, 323, 20 L. Ed. 581 (1872).

③ See Standard Paint Co. v. Trinidad Asphalt Mfg. Co., 220 U. S. 446 (1911).

用描述性词汇。“正当使用抗辩禁止商标注册人因其独占使用而占有一个描述性词汇并从而禁止他人准确地描述他们的商品的特点。”①

2013 年,我国《商标法》重要修改之一,就是第 59 条增加了商标正当使用的明确规定。关于商标正当使用的构成要件,理论与实践中存在是否包含不容易导致混淆误认的争议。如有的学者认为,“只有在侵权成立的条件下,即存在相关公众混淆之虞,被告才需要主张并举证证明成立‘正当使用’。故正当使用本身意味着有相关公众混淆之虞”。② 在司法实践中,最高人民法院指出,被诉侵权人在其企业名称及其他商业活动中使用相关符号的主要目的在于客观描述并指示其服务的特点,并且在实际使用过程中从未完整使用与涉案商标相同的图文组合形式,亦无证据显示被诉侵权人对相关符号文字的使用旨在攀附涉案商标的商业信誉,可以认定被诉侵权行为并不具有使相关公众混淆误认的可能性,进而不构成侵害涉案商标权。③ 而有的学者认为,“存在混淆可能性不应纳入正当使用的构成要件。有些公有领域的词汇,即使事实上造成混淆,也应当允许存在,因为这些词语显著性较弱,相应的排他性也会较弱。只要他人不是在商标意义上使用,没有起到识别商品来源的作用,即使造成了一定的混淆,这也是商标权人申请注册这些文字时的代价”。④

商标描述性正当使用,并未发挥标志识别商品来源的功能,本不属于商标权控制范围,也就谈不上商标权的限制。在未发挥识别商品来源功能的情况下,讨论是否存在混淆可能性,没有实际意义。基于商标识别功能分析,商标法领域的正当使用与著作权法领域的合理使用性质不同。将未经商标权人许可、以描述性等方式使用与商标权人注册商标相同或近似标志的行为称为“商标合理使用”,作为对商标权的限制和商标侵权的例外,完全没有必要。⑤

当然,超出说明或客观描述商品必要、合理的界限,相关公众则容易将其作

---

① Uche U. Ewelukwa, *Compatative Trademark Law: Fair Use Defense in the United States and Europe—The Changing Landscape of Trademark Law*, 13 Widener Law Review 110 (2006).

② 何怀文:《“商标性使用”的法律效力》,载《浙江大学学报(人文社会科学版)》2014 年第 2 期。

③ 参见最高人民法院民事裁定书,(2017)最高法民申 4920 号。

④ 王莲峰:《商标合理使用规则的确立和完善——兼评〈商标法(修改稿)〉第六十四条》,载《政治与法律》2011 年第 7 期。

⑤ See Margreth Barrett, *Reconciling Fair Use and Trademark Use*, 28 Cardozo Arts & Entertainment Law Journal 2 (2010).

为识别商品来源的标记。如在“片仔癀”商标侵权纠纷再审案中,最高人民法院认定,漳州市宏宁家化有限公司生产、销售的商品包装装潢显著位置突出标明“片仔癀”等字样,明显大于自己的商标及其他标志,主张以这种方式说明其产品中含有片仔癀成分,不符合商业惯例。①

(二)未用于识别特定商品来源

虽使用他人商标识别商品来源,但识别的商品来源为商标权人,未作为使用人商品来源标记使用,不会导致相关公众将其与使用人的商品来源产生联系,亦未对商标识别功能造成损害。如第 241081 号“LV”商标侵权纠纷中,原告路易威登马利蒂公司起诉上海某房地产公司等在所开发楼盘户外广告中一模特手拎印有“LV 花图形”、包含“LV”商标图案的手提包的画面侵犯注册商标专用权及构成不正当竞争,法院经审理认为,被告广告中使用的“LV”商标,对楼盘没有商标性标识作用,相关公众不会将“LV”商标标志与楼盘的来源联系在一起,不会因为该广告而对该楼盘的来源产生混淆。②

涉外定牌加工(贴牌加工)商标侵权纠纷由来已久,境内加工方按境外委托方要求贴附商标标识于所加工产品,并将加工产品全部出口给境外委托方的行为是否构成商标法意义上的商标使用行为,以及是否侵犯境内注册商标所有人的商标权,经历了从严格遵循商标权地域性的形式向重点关注商标识别商品来源实质的转变,反映了商标理论研究和实践对涉外定牌加工商标侵权纠纷法律属性认识的不断深化,也是商标识别功能理论研究成果的实践应用。

首先,商标是相对于商品而言,脱离商品的标志无所谓商标,商标是使用在商品上用于识别商品来源的标志,在商品上或广告宣传中使用的标志未发挥识别商品来源功能,不属于商标法意义上商标的使用,不在商标权控制范围。商标权的保护范围以保护商标识别功能为限,商标权的地域性与商标识别功能并不冲突,商标权的地域性以商标权控制范围为前提,商标权保护以该特定地域的商标识别功能保护为限。

其次,商标法意义上商标的使用,是生产、经营者使用商标的事实行为与相关公众以其识别商品来源客观效果的统一。有观点认为,涉外定牌加工原则上不构成商标形成和维持意义上的商标使用,但可以构成商标侵权判定意义上的

---

① 参见最高人民法院民事裁定书,(2009)民申字第 1310 号。

② 参见上海市第二中级人民法院民事判决书,(2004)沪二中民五(知)初字第 242 号。

商标使用。[①] 如在无正当理由连续 3 年不使用商标撤销复审行政纠纷中，法院曾认为中国境内企业的出口行为属于在中国境内实施的商标使用行为。[②] 而在涉外定牌加工商标侵权民事纠纷中，法院曾一度认为中国境内企业在加工产品上贴附商标标识和出口产品的行为不属于商标法意义的商标使用行为。但是，商标的使用认定标准应该是确定的、统一的，是使用商标的事实行为与相关公众以其识别商品来源客观效果的结合，产生商标使用的法律效果，除非有证据证明使用商标的事实行为明显缺乏真实使用的意图，或者违背商标持有人意志，不因使用人的不同或处于不同的生产、流通环节而有所差异。

最后，就定牌加工产品上贴附商标标识发挥的功能来看，境内加工方根据境外委托方的委托，在加工产品上贴附商标标识和出口商品的行为，确实有对中国境内的相关公众发挥识别商品来源功能的可能性，不能以其在中国境内仅处于生产、出口等有限的环节而否定其发挥识别商品来源的可能。由于商标权的地域性，以及注册商标“双相同”保护的绝对性，在中国境内未经商标权人许可的“双相同”商标使用的商标侵权判定无须考虑混淆可能性，只要未经境内商标权人许可，在中国境内发挥了商标识别商品来源功能，就属于侵害商标识别功能的商标侵权行为。

但是，如果是非“双相同”的使用，与中国境内的注册商标识别商品来源功能保护则并不冲突。一方面，就境内加工方与境外委托方内部关系而言，双方的委托加工关系，不是因加工产品上贴附的商标标识识别商品来源功能而形成，并没有利用贴附商标标识来识别商品来源的事实行为和客观需要，双方并非基于贴附的商标标识而识别加工产品的来源，境外委托方与境内加工方之间的定牌加工委托关系，不是通过所贴附商标标识识别商品来源功能达成的。另一方面，由于境内加工方将加工产品全部出口、交付给境外委托方或其指定的收货人，不在中国境内市场流通，中国境内的相关公众难以接触到加工产品，不容易导致中国境内相关公众对商品来源产生混淆误认，对中国境内的商标权利人没有带来实质性的损害。而所谓在中国境内加工、运输及出口等环节的“相关公众”有接触商品和产生混淆的可能性，其实并不是评价商标混淆可能性所

---

① 参见王太平：《从“无印良品”案到“PRETUL”案：涉外定牌加工的法律性质》，载《法学评论》2017 年第 6 期。

② 参见北京知识产权法院行政判决书，(2015) 京知行初字第 5119 号；北京知识产权法院行政判决书，(2015) 京知行初字第 408 号。

指称的“相关公众”，至少不是主要构成部分。① 因为商标法意义的混淆可能性是指相当范围和数量的相关公众发生混淆的较大可能性，是相当程度的混淆盖然性和现实可能性，而不是加工、运输及出口等环节个别群体小范围、偶然性的混淆。而且涉外定牌加工中国境内运输方和出口方的混淆与否，不会妨碍相关公众正常地识别商品来源和通过商标作出购物决策，不影响商标识别功能和商标法规范意旨的实现，商标法没有介入的必要。至于定牌加工产品是否侵犯境外委托方指定进口国的商标权、是否会通过电子商务等方式返销到中国境内等，这些都不是评判境内加工和出口商品行为本身是否侵害中国注册商标识别商品来源功能所需要考虑的问题。商品出口前就假想加工商品出口后可能通过电子商务或互联网渠道回流境内市场，并以其作为中国境内相关公众接触和存在混淆可能性的主要依据，恰恰违背了商标权的地域性。

此外，有的判决还进一步分析了商标使用的主体为委托方还是加工方。2018 年 12 月，最高人民法院再审一起涉及第 4538400 号“USAPRO”商标的撤销复审行政纠纷，在认定加工方在加工、出口产品上贴附的商标标识一定程度上发挥了识别商品来源功能的基础上，进一步认定加工产品贴附商标标识和出口行为识别的商品来源指向境外委托方，属于委托方的商标使用。判决书指出，对加工方而言，在国内以贴附等方式使相关商标标识附着于相关产品的行为仅为物理行为，其出口行为也系为委托方将相关产品销售至中国境外而为之；对委托方而言，其系通过加工方的物理加工行为进行生产和销售行为；对相关公众来说，产品虽由境内受托方加工和出口，但商品来源指向委托方，委托方是商标法意义上的商标使用主体。② 根据上述逻辑，境内加工方接受委托在加工、出口产品上贴附的商标标识，发挥了识别商品来源功能，应当认定构成商标法意义上商标的使用行为，至于指向的商品来源到底是加工方还是委托方，并不影响商标使用的性质。在此基础上，用于识别商品来源是基于境外委托方的意志，识别的商品来源为境外委托方，未指向境内加工方，属于境外委托方的商标使用行为。

---

① 最高人民法院《关于审理商标民事纠纷案件适用法律若干问题的解释》（法释〔2020〕19 号）第 8 条规定：“商标法所称相关公众，是指与商标所标识的某类商品或者服务有关的消费者和与前述商品或者服务的营销有密切关系的其他经营者。”

② 参见最高人民法院行政裁定书，（2018）最高法行申 8135 号。

二、不影响商标识别功能的发挥

未发挥识别商品来源功能的标志使用,本来就不属于商标识别功能控制的范围,也难谓对商标识别功能的限制。商标识别功能保护的限制,主要是指虽利用商标识别商品来源,但不影响注册商标识别商品来源功能的发挥,或者说对商标识别功能未造成实质性损害、商标权人负有容忍义务的情形。

(一)商标权利用尽

商标权人无权禁止带有商标的商品合法首次投放市场后的再行销售或使用,这种制度被称为商标权利用尽或商标权利穷竭。商标权利用尽是对商标权的一种限制,不允许商标权人利用商标权对其本人或经其同意将带有商标的商品首次投放市场后实施进一步的控制,有助于促进商品贸易发展、保障商品自由流通,寻求商标权人与社会公众之间的利益平衡。商标权人基于商标的利益在商品进入流通领域、商标发挥识别商品来源和相关公众根据商标作出选购决策的过程中已经充分实现。

商标权利用尽是商标权内容中的全部权利用尽还是部分权利用尽,是国际用尽还是国内用尽,在理论和实践中存在一定的争议,但商标权利用尽是有条件、有限度的,是世界各国的通行惯例和共识。一些国家和地区的商标法规对商标权利用尽有明确的限制,如《欧共体商标条例》①与《德国商标与其他标志保护法》②中都有相关规定。

商标是由标志、商品、商品来源组成的有机统一体。商标权利用尽也是针对特定商品的,不是贴附该商标的所有商品都发生商标权利用尽。商标标志、商品或商品来源三方面任何信息发生改变的商品,已经不是商标权人或经其同意投放市场流通标有其注册商标的商品。如商标标志的改变,包括使用与他人商标近似的标志,甚至将他人商标标志去除或替换成其他商标,影响了他人商标识别商品来源功能的发挥。商品及商品信息的改变,包括商品分装、商品翻新或修理等导致商品质量、性能、成分的改变而未予标注说明,以及商品等级、

① 《欧共体商标条例》第13条规定,共同体商标所有人无权禁止由其或经其同意,已投放共同体市场标有该商标的商品使用共同体商标。共同体商标所有人有正当理由反对商品的进一步流通,尤其是商品在投放市场后商品质量发生变化或损坏的,不适用上述规定。《协调成员国商标立法欧共体理事会第一号指令》第7条也作出了相同的规定。

② 参见《德国商标与其他标志保护法》第24条。

保质期等商品信息的改变。商标标志的改变、商品及商品信息的改变导致商品来源信息可能发生变化，商标识别商品来源的功能可能会受到破坏，不再适用商标权利用尽制度。未经商标权人同意，改变其首次投放市场的商品上的商标标志或其主要识别部分，虽商品的形态和质量未发生改变，但这种改变他人注册商标标志的行为仍然割断了商标与商品的联系，改变了注册商标的识别状态，实际发挥识别商品来源功能的已不是原来的注册商标，而是改变显著特征后的新商标，典型的是反向假冒。未经商标权人同意，改变首次投放市场的带有注册商标的商品，并将改变后的商品又投放市场，当商品发生变化尤其是质量降低、功能效用贬损时，继续以注册商标识别已经改变性状的商品，是对商标识别商品来源的扭曲，同样不适用商标权利用尽。商品信息变化主要容易发生在以下情形：

第一，商品重新包装。为便于商品流通和消费，流通环节中经营者经常会对有些商品实施分装等重新包装行为，在新包装或容器上必然会使用他人商标，这种对商标标志、商品及商品信息不做任何改变的商标使用，对商标的识别商品来源功能一般不会产生影响，这也是为说明商品来源实际情况所必需，为商标权人所能容忍，不构成商标侵权。我国法院审理的相关案例有"中华牌"铅笔分装商标侵权纠纷。[①] 但有些情况下，商品重新包装的印刷粗制滥造，商品分装环境和工艺不当也容易导致商品成分、质量等性能发生改变。如食品、药品分装，分装环境、设备、工艺和流程未达一定标准、条件，容易因分装造成食品、药品污染、变质等。商品性状的变化使贴附其上的商标与其原来识别的商品产生了差异，此时再以注册商标识别性状变化了的商品来源，显然与注册商标识别的商品来源已经不一致，商品变化影响了商标识别商品来源的稳定性、一致性，对商标识别商品来源功能造成了损害。如在"不二家"商标侵权纠纷中，法院以分装行为粗制滥造，影响商标功能为由，将其认定为对商标权人造成其他

---

① 该案中，超市的供应商应超市要求将"中华牌"10支装铅笔分包装为透明吊牌的4支装提供给超市进行销售，分包装的吊牌图案样式与商标权人10支装包装装潢基本一致，含有华表图形商标，并标明了供应商信息。法院认为，涉案分包装商品系合法取得的正品，分包装过程中对商标的使用未造成相关公众混淆，未对商品本身的质量、消费安全造成影响，亦未对商标造成淡化的贬损，符合一般商业惯例。"供应商"身份的标注也仅是为了说明商品的供给渠道，而非刻意地进行攀附。因此，不应再以对商品上的商标享有专用权为由阻碍商品的进一步流通。据此，判决不构成商标侵权。参见江苏省南京市中级人民法院民事判决书，(2014)宁知民终字第17号。

损害的商标侵权行为。[①] 审理法院虽没有分析分装转售行为与商标权利用尽的关系,但从判决结果来看,显然是对销售者主张的商标权利用尽抗辩未予支持,因为分装包装印制粗制滥造、所使用的商标印刷模糊,商品信息发生了变化。当然,涉案商品为正品,认定商标侵权应严格限定在影响商品形象和质量、对商标信誉造成损害的情形,否则容易演变成商标权人变相控制商品流通的手段。

第二,商品翻新或修理。翻新或修理是对商品外观和结构组件的改变、替换,本质上与商品再造行为无异。如果翻新或修理者未明确标注其翻新或修理的情况,将翻新或修理后的商品重新投入流通领域,与商标权人或经其同意投放市场的标有注册商标的商品显然已经不可同日而语,注册商标与其原有商品之间的联系已经发生改变。翻新或修理者仍然使用他人注册商标,不明确告知该商品经翻新或修理而非商标权人或经其同意首次投放市场的带有商标的商品,仍以他人注册商标识别翻新或修理后的商品来源,并且将该商品来源仍然识别为注册商标权人,但事实上经翻新或修理的商品品质与商标权人或经其同意投入市场的商品品质已经不同,仍然以商标权人的注册商标识别翻新或修理后的商品,不仅导致商标识别商品来源的扭曲,而且容易侵害消费者的合法权益。所以,对商品进行翻新或修理,仍标注他人注册商标并投入市场,必须如实地披露商品经翻新或修理的事实。如发生在美国的"冠军"(Champion)火花塞商标侵权及不正当竞争纠纷案,被告回收二手火花塞翻新后进行销售,并在翻新包装上贴上原告"Champion"商标,产品及内包装盒上都标有"翻新"(renew)字样。联邦最高法院判决指出,被告可以不去除"Champion"商标再销售,但应在产品上以烙印形式和区别度较高的颜色标注翻新,以及诸如通过外包装盒、商业记录等方式清楚表明该产品是经被告翻新。[②] 当然,该案中联邦最高法院没有像联邦地方法院初审裁定那样支持原告要求被告除去火花塞上

---

① 该案中,被控侵权销售者主张糖果均是来源于商标权人不二家(杭州)食品有限公司,其仅是更换外包装,且更换的外包装上标注不二家公司的涉案商标也是为指示商品来源,主张商标权利用尽抗辩,但法院从损害商标功能的角度对商标侵权作出认定,认为商标具有识别商品来源的基本功能,也具有质量保障、信誉承载等衍生功能,对于注册商标专用权的侵权程度足以达到损害其功能的,无论是否导致了市场混淆的后果,均可能构成商标侵权。在此基础上,法院进一步认定,该案中分装行为并未产生商品来源混淆的直接后果,但其行为不仅不能达到美化商品、提升商品价值的作用,反而会降低涉案商标指向的商品信誉,损害了商标的信誉承载功能,属于我国商标法规定的"造成其他损害的"商标侵权行为。参见浙江省杭州市余杭区人民法院民事判决书,(2015)杭余知初字第416号。

② See Champion Spark Plug Co., v. Sanders, 331 U. S. 125 (1947).

“Champion”商标的诉讼请求，但如果翻新、修理者在销售翻新、修理后的二手商品时主动去除原商标，商标权人是否有权禁止？发生在我国的如皋市印刷机械厂诉如皋市铁德物资有限责任公司商标侵权纠纷中，被告多次将原告生产销售的“银雉”旧胶印机进行翻新，更换破损部件、重新喷漆，去除“银雉”商标后以自己的名义对外出售翻新胶印机，法院认定被告侵犯了原告的“银雉”商标专用权。①

第三，商品描述信息改变。商品本身未变但制造商及商品产地、成分、保质期等重要描述信息的改变，同样会割断注册商标与商品来源之间的联系，损害其识别功能。如“米其林”商标侵权纠纷案，被告改变轮胎速度级别这一重要商品描述信息，割断了“米其林”商标与其原本识别的不同等级商品之间联系，而此种改变影响了相关公众对商品性能的认知，对商品来源信息的篡改，扭曲了商标识别商品来源的功能。② 同样，在“CARIOCA”商标侵权纠纷中，经销商在商品包装上添加自己企业字号和商标，容易使相关公众将该商品的来源识别为经销商，侵害了商品上原贴附的注册商标的识别功能。③ 在绝对有限公司、保乐力加(中国)贸易有限公司与苏州隆鑫酒业有限公司侵害商标权及正不正当竞争纠纷一案中，苏州隆鑫酒业有限公司平行进口到中国的“绝对”伏特加洋酒加贴了印有非正牌进口商和销售商名称的中文标贴，同时还磨去了识别洋酒灌装信息和追踪质量管理体系的产品识别码，法院从被告改变商标或商品的某一要素都可能导致商品差异，并且当这种差异达到一定程度时，就可能使商标所表彰的商标权人的主体身份和商品特征的功能损害的角度而言，认定未经许可在平行进口商品上加贴印有“绝对”商标的中文标贴侵犯了原告的注册商标专

① 参见江苏省南通市中级人民法院民事判决书，(2003)通中民三初字第15号。

② 法院判决指出，虽然被告销售的轮胎为原告的日本工厂生产，但被告在改变了原告轮胎上原本标注的速度级别信息后的转售行为，仍然会造成消费者的混淆并构成对原告注册商标专用权的侵犯。参见湖南省长沙市中级人民法院民事判决书，(2009)长中民三初字第72号。

③ 法院判决指出，青岛际通文具有限公司、青岛际通铅笔有限公司在产品的包装物上添加自己的企业字号和商标、将自己标注为产品经销商和生产商的行为，破坏了环球股份有限公司“CARIOCA”注册商标的识别功能，割裂了环球股份有限公司“CARIOCA”注册商标所对应的市场主体，容易使相关消费者误认为该水彩笔系来源于青岛际通文具有限公司、青岛际通铅笔有限公司，或者认为该两公司与环球公司存在关联关系，构成商标侵权。参见山东省高级人民法院民事判决书，(2013)鲁民三(知)终字第32号。

用权。①

所以,商标权人商品首次投放市场后,商标功能已经发挥,只要商标标志、商品及商品来源等信息在后续的流通过程中未发生改变,商标权人无权禁止他人再行销售或使用该商品,商标权利用尽。但是,如果改变商标标志或商品、商品来源等信息,并投入流通领域,都可能会切断商标标志与商品、商品来源的信息传输,破坏商标与商品来源之间的联系,损害商标的识别功能。

(二)指示性使用

指示性使用(Nominative Fair Use),是指经营者在商业活动中为客观地指示商品的来源,或说明商品的真实信息而善意地使用他人注册商标的正当使用行为。包括为客观指示自己经销的商品或提供的服务源于商标权人,或者说明自己商品的用途、功能以及服务对象、服务能力等必要信息而使用他人商标等多种类型。客观说明自己经销的商品或提供的服务来源于商标权人的指示性使用,标示和区分的商品来源仍然是商标权人,并非使用他人商标指示自己的商品或服务来源。为说明自己商品的用途、功能以及服务对象、服务能力使用他人商标,识别的是商标权人的商品来源,并未识别使用者自己的商品来源。关于指示性使用的性质,有的学者认为,“指示性使用表面上是对他人商标的使用,但本质上并非商标使用,而是指示商品意义上的符号使用,即使用他人商标指示自己商品的功能用途等,而不是使用他人商标识别商品来源的功能”。②有的学者认为,“商标指示性使用直接指向的是商标权人的商品或服务,但最终目的仍是为了说明使用人自己的商品或服务”。③ 但是,说明使用人自己的商品,并非自己的商品来源,而是说明商品的性质、功能或者用途。

指示性使用规则由美国联邦第九巡回上诉法院在1992年的“New Kids”案中首先确立,该案中美国新闻出版公司在报纸上直接使用他人商标文字及图片对青少年品牌进行民意调查,商标权人认为该报纸构成商标侵权、虚假宣传以及原创设计的仿冒等,联邦第九巡回上诉法院在上诉审中认为,只要被告使用原告的商标旨在指示原告的商品,而不是自己的商品,被告得以侵

---

① 法院判决认为,经营者磨去产品识别码,其主观上有隐匿商品来源的恶意,客观上不仅破坏了商品的整体性导致商品关键信息丢失,而且实质上给消费者和商标权人造成了双重损害,影响了商标的识别功能,侵害了消费者对商品来源及销售渠道的知情权和商标权人对商品质量追踪管理的权利。参见江苏省苏州市中级人民法院民事判决书,(2013)苏中知民初字第175号。

② 汪泽:《民法思维与商标权救济》,商务印书馆2020年版,第111~112页。

③ 李雨峰、刁青山:《商标指示性使用研究》,载《法律适用》2012年第11期。

权豁免,只要符合以下3个条件:(1)所涉商品或服务不使用商标就不易识别;(2)商标的使用必须以识别商品或服务来源的合理必要性为限;(3)该使用不会暗示与商标权人存在赞助或认可关系。① 2003年"The Beach Boys"案中联邦第九巡回上诉法院进一步完善了该规则,将"New Kids"案确立的"该使用不会暗示与商标权人存在赞助或认可关系"修正为"被告须证明不存在混淆可能性"。②《欧共体商标条例》也有对符合工商业活动诚实信用惯例的指示商品用途的商标使用行为加以豁免的规定。③ 在司法实践中,欧共体法院在最为著名的"宝马"案中对指示性使用进行了详细的分析。④《法国知识产权法典》《德国商标与其他标志保护法》《英国商标法》等都有经营者有权按照工商业活动的诚信惯例使用他人商标说明商品的用途,尤其是作为附件或零部件加以提示的类似规定。⑤

我国商标法并未明确指示性商标使用。原国家工商行政管理总局曾就将他人注册商标作为专卖店、专营店、专修店的企业名称或营业招牌使用作出过

---

① New Kids on the Block v. New America Publishing, Inc., 971 F. 2d 302 (9th Cir. 1992).

② Brothers Records, Inc. v. Jardine, 318 F. 3d 900 (9th Cir. 1992). 该案引发了指示性使用是否须证明不存在混淆可能性及举证责任分配的巨大争议。

③ 《欧共体商标条例》第12条规定,只要符合工商业务中的诚实惯例,共同体商标所有人无权制止第三方在商业过程中使用:(1)其自己的名称或地址;(2)有关品质、质量、数量、用途、价值、产地名称、生产商品或提供服务的时间的标志,或有关商品或服务的其他特点的标志;(3)需要用来表明商品或服务用途的标志,特别是用来表明商品零部件用途的商标。第13条规定,共同体商标所有人无权禁止由其或经其同意,已投放共同体市场标有该商标的商品使用共同体商标。

④ 该案中一家非宝马公司授权经销商的汽修厂在广告中使用"BMW修理维护""BMW专家"等字样,宝马公司及其荷兰关联公司认为该汽修厂的行为侵犯其商标权。该案从荷兰地方法院一直上诉到荷兰最高法院,荷兰最高法院向欧共体法院寻求初裁意见。欧共体法院指出:第一,汽修厂有权在广告中使用BMW的商标,若不使用该商标,汽修厂就不可能将他专业从事该车型的销售和维修的真实信息传递给消费者;第二,汽修厂有权使用BMW的商标说明其经营与服务范围。Bayerische Motorenwerke AG (BMW) and BMW Nederland BV v. Ronald Karel Deenik, Case C-63/97.

⑤ 如《法国知识产权法典》第L.713-6条规定,商标注册并不妨碍在下列情况下使用与其相同和近似的标记:a)作为公司名称、厂商名称或牌匾,只要该使用先于商标注册,或者是第三人善意使用其姓氏;b)标注商品或服务尤其是附件或零部件的用途时所必需的参照说明,只要不导致来源误认。参见《十二国商标法》,十二国商标法翻译组译,清华大学出版社2013年版,第53页。《英国商标法》第11条第2款规定,下列行为未构成对注册商标的侵权:(a)一个人使用自己的名字或地址,(b)使用关于种类、质量、数量、用途、价值、地理来源、商品生产或服务提供日期或商品或服务的其他特点的说明,或(c)当有必要说明某一商品或服务的用途(尤其是附件和备用件)时,条件为这种使用是根据工商事务中的诚实原则进行的。参见《十二国商标法》,十二国商标法翻译组译,清华大学出版社2013年版,第419页。

专门规定。[①] 1999 年发布的《关于商标行政执法中若干问题的意见》也有关于善意说明商品或者服务的特征或者属性，尤其是说明商品或者服务的质量、用途、地理来源等使用与他人注册商标相同或者近似的文字、图形的行为不属于商标侵权行为的规定。北京市高级人民法院 2006 年出台的《关于审理商标民事纠纷案件若干问题的解答》曾将符合特定条件、在销售商品时为说明来源或指示用途等在必要范围内使用他人注册商标标识的行为作为《商标法》第 59 条第 1 款的正当使用商标标识行为加以规定，肯定了指示性使用的正当性并规定了相关构成要件。[②] 在司法实践中涉及指示性使用的案例不在少数，有些案件虽没有作出指示性使用的认定，但对指示性使用构成要件进行了分析。如上海浦东法院审理的“VOLVO”商标侵权纠纷，被告主张指示性使用抗辩，法院认定涉案商标使用不符合指示性使用的构成要件。[③] 在“米其林”商标侵权纠纷中，法院认定销售正品的经销商在店铺匾额上突出使用所售商品的注册商标，不属于指示性使用。[④] 有些案件直接作出了指示性使用的认定，如上海徐汇法院审

---

① 即禁止未经商标权人许可，将他人注册商标作为专卖店、专营店、专修店的企业名称或营业招牌使用。需要说明经营商品或提供服务的业务范围时，可使用本店销售、修理等客观叙述性文字，且字体一致，不得突出其中的商标部分。可参见原国家工商行政管理总局 1995 年 7 月印发的《关于禁止汽车零部件销售商店、汽车维修点擅自使用他人注册商标的通知》(工商标字〔1995〕195 号)、1996 年 6 月发布的《关于禁止擅自将他人注册商标用作专卖店(专修店)企业名称及营业招牌的通知》(工商标字〔1996〕157 号)等。上述两个通知已被《国家工商行政管理局关于废止有关工商行政管理规章、规范性文件的决定》(工商法字〔2004〕第 98 号)废止。

② 北京市高级人民法院《关于审理商标民事纠纷案件若干问题的解答》(京高法发〔2006〕68 号)第 26 条对正当使用商标标识行为的构成要件进行了明确：(1)使用出于善意；(2)不是作为自己商品的商标使用；(3)使用只是为了说明或者描述自己的商品。

③ 该案某公司向海关申报出口滤清器上以醒目的、大号的英文字体标写“FOR VOLVE”，且商品及其外包装上都未标注制造商等信息。审理法院认为，被告未经商标权人许可，在其生产的滤清器上以较大的字体突出使用“FOR VOLVE”文字，且使用的“FOR VOLVE”文字含义不清，又未在滤清器产品或其外包装上标注产品制造商的名称等能够识别商品来源的文字，容易使消费者对商品来源产生误认或认为与商标权人存在特定联系。被告主张指示性使用抗辩，法院认定涉案商标使用不符合指示性使用的构成要件。参见上海市浦东区人民法院民事判决书，(2005)浦民三(知)初字第 40 号。

④ 该案中法院认为，被控侵权人虽出售标有“MICHELIN”“米其林”等商标的轮胎正品，但其也仅仅有权在与合法商品密切联系、直接指示合法商品所在货架的位置使用涉案商标，在店铺正门的商业匾额上突出使用米其林商标，并非属于商标的描述性使用，而是直接、特定、唯一地指向米其林品牌的使用，容易使相关公众误以为被控侵权人是经商标权人合法授权许可的经销商，进而容易导致相关公众对其店内销售的其他商品的来源与米其林品牌之间产生混淆，或认为二者存在特定联系。参见广东省佛山市中级人民法院民事判决书，(2013)佛中法知民初字第 528 号；广东省高级人民法院民事判决书，(2014)粤高法民三终字第 239 号。

理的"立邦"商标侵权纠纷案件中,认定被告在网络店铺上经销商品时使用他人注册商标属于描述性使用。① 在"VICTORIA'S SECRET"商标侵权纠纷及不正当竞争纠纷案中,法院也认定了指示性使用。② 在另一起涉及"维多利亚的秘密""VICTORIA'S SECRET"商标侵权及不正当竞争纠纷中,法院同样作出了指示性使用的认定。③

对于转售正品的指示性使用,法院可能基于被控侵权商品为正品的证明责任的不同分配而作出不同认定。如在一起涉及"以纯"商标侵权纠纷中,被控侵权人抗辩其销售的"以纯"服装为授权实体店购得的正品,并不侵权。一审法院以商标权人未能证明涉案商品系未经许可使用的侵权商品为由,驳回了其诉讼请求。④ 而二审法院则认为,被控侵权人有义务证明其销售的带有他人商标的商品系来自商标权人或经其许可等,并认为一审法院举证责任的分配不当,撤

① 法院认定被控侵权人在淘宝网上销售立邦产品时使用了多幅与立邦相关的图片,结合图片使用方式以及网页布局,相关公众通常会认为该商标传达的是在售商品的广告,即指示其所销售商品的品牌信息,而不是传达经营者的商号、商标或经营风格,不会导致消费者对商品来源认知的错误,并且在指出被控侵权人在网店"代理品牌"页面使用"立邦网络旗舰店"的文字表述确有不妥的情况下,仍认定涉案行为不构成商标侵权行为。参见上海市徐汇区人民法院民事判决书,(2011)徐民三(知)初字第138号;上海市第一中级人民法院民事判决书,(2012)沪一中民五(知)终字第64号。

② 该案中,被控侵权人从商标权人的母公司处购买并通过正规渠道进口正牌商品后以批发销售的方式向多家零售商销售,销售的商品吊牌、衣架、包装袋、宣传册上使用"VICTORIA'S SECRET"商标,法院认为,被控侵权人涉案使用注册商标的行为属于销售行为的一部分,不会造成相关公众对商品来源的混淆、误认,不构成侵害原告的注册商标专用权。参见上海市第二中级人民法院民事判决书,(2012)沪二中民五(知)初字第86号。当然,该案中还涉及被控侵权人自称是"美国顶级内衣品牌维多利亚秘密唯一指定总经销商"的虚假宣传行为,法院认定该行为构成不正当竞争。

③ 该案审理法院认为,商标权人无权禁止他人在销售商品过程中对其商品商标的指示性使用,即使是同时注册了与商品商标标识相同的服务商标,也不能禁止他人对商品商标的指示性使用。参见上海市第一中级人民法院民事判决书,(2014)沪一中民五(知)初字第33号;上海市高级人民法院民事判决书,(2014)沪高民三(知)终字第104号。当然,该案中被控侵权人在店铺招牌、店内墙面、货柜、收银台、员工胸牌等多处使用"VICTORIA'S SECRET"标识,在中国女装网、新浪微博、微信等网络上发布的信息也主要涉及维多利亚的秘密的品牌介绍、产品介绍、门店信息、招商加盟信息,超出指示所销售商品必要范围的标识使用行为,事实上是在服务上使用商标的行为,发挥了识别服务来源的功能,侵犯了商标权人在第35类服务上的"VICTORIA'S SECRET"注册商标专用权。

④ 参见辽宁省辽阳市中级人民法院民事判决书,(2014)辽阳民三初字第9号。

销一审判决，改判构成商标侵权。① 最高人民法院也在相关案件中明确认定商标指示性使用不损害商标识别商品来源的主要功能。经销商销售经商标权人或其同意投入市场的正品时，为表明其经销身份、宣传推广商品、说明商品的真实信息等目的善意地在经营活动、经营场所使用他人商标，如在店铺装潢、广告宣传上使用，这种使用是为了向相关公众传递商品来源信息及其经销商的身份，客观、真实地指示商品的来源，一般情况下不仅不会损害注册商标识别来源的功能，反而有利于鼓励经销商积极投入、加大宣传推广力度，以促进商品的流通，增强注册商标识别商品来源的能力。②

允许经销商客观、真实地为指示商品来源使用他人注册商标，经销商的使用必须是主观上出于善意，没有攀附他人商标商誉的故意，客观上对他人商标进行使用的方式、范围和程度应当合理、必要，符合一般的商业惯例，尤其是不能使相关公众误认为该店铺与商标注册人存在直营或授权许可等商业上的联系，并非“只要被告对原告商标的使用具有指示性，与使用原告商标的多少并不存在必然联系，无论使用多少，都不会改变其本身指示性作用”③。例如，江苏省高级人民法院在联想（北京）有限公司诉顾某某侵害商标权纠纷二审判决中指出，顾某某在其经营场所全面使用涉案商标，并在店铺门头、店内装饰、名片、销售清单等处突出使用“联想”“Lenovo”等标识，主观上具有攀附他人商誉故意，客观上形成误导效果，超出了商标指示性使用的必要和合理范畴，割裂了他人商标与商标注册人的对应关系，妨碍了他人商标功能的完整发挥。④

司法实践中，经销商是否出于善意、是否超出必要和合理的范围，以及是否容易导致混淆的证明是关键。如在芬迪爱得乐有限公司诉上海益朗国际贸易

---

① 参见辽宁省高级人民法院民事判决书，（2014）辽民三终字第223号。

② 在四川省宜宾五粮液集团有限公司与济南天源通海酒业有限公司商标侵权及不正当竞争纠纷再审审查中，最高人民法院明确指出，经销商在经营活动中为指明经销商品系商标权人生产销售、其授权经销商的身份及更好地宣传推广和销售商品而使用他人商标，这种使用商标的行为并不破坏商标识别商品来源的主要功能，不构成商标侵权。参见最高人民法院民事裁定书，（2012）民申字第887号。在九牧厨卫股份有限公司、大田县龙丁建材商行侵害商标权纠纷再审审查与审判监督裁定中，最高人民法院指出，龙丁商行销售九牧产品，其在经营场所使用九牧公司涉案商标标识，属于指示商品来源的指示性使用。参见最高人民法院民事裁定书，（2019）最高法民申5946号。

③ 刘铁光：《商标法基本范畴的界定及其制度的体系化解释与改造》，法律出版社2017年版，第152页。

④ 参见江苏省高级人民法院民事判决书，（2014）苏知民终字第0142号。

有限公司、首创奥特莱斯(昆山)商业开发有限公司商标侵权与不正当竞争纠纷案中,首创公司经营的昆山首创奥特莱斯一楼店铺的店招、外墙指示牌、折扣信息指示牌、店内装潢、销售票据、购物袋等处使用"FENDI"商标,并在宣传册、楼层指示牌及微信公众号中使用"FENDI"商标和"芬迪"字号,涉案店铺由被告益朗公司经营。该案涉及的使用"FENDI"标识的行为较为多样,就店铺的店招上单独使用"FENDI"标识行为而言,是否是为指明经销商品系商标权人生产销售、其为授权经销商的身份所必要的善意使用,以及相关公众容易将其识别为所经销商品的商标还是识别为该店铺经营者的商号(字号),是判断商标识别功能是否受到损害的关键。若相关公众主要将店铺店招上单独使用的"FENDI"识别为经销商所销售的正牌商品,该使用行为客观、真实地指示商品的来源,商标识别来源功能未受影响;若相关公众容易将店铺店招上单独使用的"FENDI"识别为经销商身份,误认经销商与商标权人之间存在商标或字号许可使用等特定关系,超出了指示商品来源的合理范围。①

因此,判断经销商经销他人商品使用他人商标是否善意、必要、合理,关键在于相关公众做出何种识别,如果相关公众识别的商品来源是商标权人,则属于善意、必要、合理的使用;如果除识别商标权人的商品来源之外,还起到了识别店铺经营者的作用,容易导致相关公众误认其与商标权人存在自营、许可等

---

① 一审法院认为,涉案的商标使用目的在于指示其提供的商品的真实来源和客观介绍出售商品的品牌,并保持了正牌商品的品质和样态,属于商标合理使用范围。参见上海市浦东新区人民法院民事判决书,(2016)沪0115民初27968号。但二审法院认为,是否属于善意使用,应当根据该种具体使用行为实际体现的使用方式是否超过必要限度,以及给予相关消费者的认知等客观事实,予以综合判断。益朗公司仅是涉案"FENDI"正牌商品的销售者,在涉案店铺上单独使用"FENDI"标识,容易使相关公众将其识别为芬迪公司,或者与芬迪公司存在商标或字号许可使用等关联关系,超过了说明或者描述自己经营商品的必要范围。参见上海知识产权法院民事判决书,(2017)沪73民终23号。当然,该案中还涉及在店铺上单独使用"FENDI"标识是否侵犯芬迪公司在第35类"广告;企业经营;企业管理;办公室事务"等服务上注册的第G1130243号"FENDI"商标权的问题。一审法院认为,益朗公司实施的是商品销售行为,即提供商品销售服务,该服务与芬迪公司第G1130243号"FENDI"注册商标核定使用的服务不相同且不近似,不构成商标侵权。而二审法院则认为,益朗公司在店铺店招上单独使用"FENDI"标识,实质上指向的是店铺经营者的身份,属于在表明企业经营、管理者身份等服务类别上使用"FENDI"标识的行为,与第G1130243号"FENDI"注册商标核定使用的服务类别相同,构成商标侵权。再审法院认为,第35类服务不包括经营者作为销售主体从事的商品批发、零售服务,益朗公司开设涉案店铺系从事商品销售活动,其在店招上使用涉案商标也是指向其店铺所从事的商品销售活动,与第35类服务不属于相同的服务,但与第35类"企业经营、企业管理"构成类似服务。参见上海市高级人民法院民事判决书,(2019)沪民再5号。

特定联系,则可能超出了必要、合理的范围,此时可能将其纳入不正当竞争行为处理更加妥当。

此外,经营者在店铺招牌、员工服装等媒介上突出使用他人注册商标,超出了合理的、必要的范围,侵犯的是他人在相关商品上的注册商标还是相关服务上的注册商标的专用权,尤其是是否侵犯权利人第35类的服务商标,司法实践中也存在截然不同的认定。如前述的"联想""Lenovo"商标纠纷案,江苏省高级人民法院认为被控侵权行为妨碍了联想公司涉案商标功能的完整发挥,对涉案商标权益形成了不当损害。① 但在上海麦司投资管理有限公司与维多利亚的秘密商店品牌管理公司侵害商标权及不正当竞争纠纷中,两审法院均对权利人主张的侵犯其商品商标专用权的诉请未予支持,但认为在指示性使用涉案商品商标指示商品来源外,在店铺大门招牌、店内墙面、货柜以及收银台、员工胸牌、VIP卡等处使用涉案商标,超出了指示商品来源所必需的范围,容易导致相关公众误认销售服务系商标权人提供或者与商标权人存在商标许可等关联关系,构成对相关服务商标专用权的侵害。② 在古乔古希股份有限公司与珠海正邦房地产开发有限公司等侵害商标权及不正当竞争纠纷中,商标权人主张第18类及第25类商品上的"GUCCI"商标专用权、第35类服务上的"GUCCI"商标专用权,广东省高级人民法院认为被控侵权人在店铺招牌等多处突出使用"GUCCI"标识且标识占据了核心位置,不少地方为单独使用,容易导致相关公众误认该店铺提供的商品或服务直接来源商标权人,构成商品商标及服务商标侵权。③

三、商标识别功能的保护限度

未经商标权人许可使用其商标识别商品来源,影响其对商标识别商品来源功能的专有和控制,容易造成商标识别商品来源功能的损害。但商标识别功能损害只有达一定程度,商标法才有介入的必要。

(一)商标权人实际使用

商标识别功能的保护与商标使用密切相关。商标使用的过程,就是商标实际发挥识别商品来源的过程,通过识别商品来源的使用,商标与商品来源之间的联系不断强化,甚至有的商标经过长期使用,容易使相关公众认为使用相同

---

① 参见江苏省高级人民法院民事判决书,(2014)苏知民终字第0142号。

② 参见上海市高级人民法院民事判决书,(2015)沪高民三(知)终字第104号。

③ 参见广东省高级人民法院民事判决书,(2015)粤高法民三终字第363号。

商标的相同、类似甚至是不类似的商品是同一主体提供，或者认为其与注册商标权人之间存在某种特定联系。可见，识别商品来源的商标使用产生的知名度对商标识别商品来源功能保护具有重要影响，使用时间长、强度高、范围广、规模大，具有较高知名度的注册商标的识别商品来源能力更强，相应也应给予更强有力的保护，在判断是否侵害商标识别来源功能时，应充分考虑请求保护商标的知名度。相反，有些注册商标注册使用时间短、使用范围小、使用强度低，知名度小，甚至尚未实际使用，未被相关公众实际用于识别商品来源，就此类商标，对其识别商品来源功能的保护范围应相对予以限缩，甚至不予保护。

在我国司法实践中，在山东泰和世纪投资有限公司与云南城投置业股份有限公司等"红河红"商标侵权纠纷中，两审法院在审理过程中都未充分关注商标权人主张保护的"红河"商标的实际使用情况。① 再审法院认为注册商标标识本身显著性不强，又未经实际使用，商标识别功能未实际发挥，依法认定不侵犯商标权，体现了未实际发挥识别功能商标的保护受到相应限制甚至不予保护的裁判理念。② 对于无正当理由连续3年停止使用，除作为注册商标撤销的法定事由之外，在商标侵权诉讼中可否直接作为不侵权的抗辩，目前尚无明确的法律依据。但从保护商标识别功能的限度来看，直接以连续3年停止使用进行不侵权的抗辩，符合商标权保护不是保护商标标志本身，而是保护商标使用在商品上、用于识别商品来源的宗旨，应该得到司法的肯定，也有助于实质性解决商标确权行政纠纷与商标侵权纠纷程序循环、效率低下等问题。同样，对于因3年不使用被撤销的注册商标，原商标权人主张的对其商标权在有效期内的司法保护，司法机关明确指出，基于商标的生命在于使用的理念，对于未使用且已被撤销的注册商标

---

① 一审法院认为，在啤酒产品及宣传广告上突出使用"红河红"文字，构成近似商标，容易使相关公众与在啤酒等商品上的注册商标"红河"识别的商品来源产生误认，云南红河公司销售部内宣告的一条广告挂旗印有"红河啤酒"的行为也构成商标侵权，故判决立即停止侵权，并赔偿1000万元。二审法院维持一审判决。参见广东省佛山市中级人民法院民事判决书，(2006)佛中法民三初字第98号；广东省高级人民法院民事判决书，(2006)粤高法民三终字第121号。

② 最高人民法院认为，注册商标"红河"文字是县级以上行政区划名称和知名度较高的河流名称，作为商标其固有的显著性不强，在再审法院明确要求商标权人提交真实使用"红河"商标生产、销售产品的有关证据的情况下，商标权人一直没有提交，即没有证据证明其经通过使用获得较强的显著性。由于"红河"注册商标尚未实际发挥识别作用，消费者也不会将"红河红"啤酒与"红河"注册商标权人相联系。综合考虑，认定在啤酒上使用"红河红"文字未侵犯"红河"商标专用权。参见最高人民法院民事判决书，(2008)民提字第52号。

专用权,因没有可保护的实质利益存在,无须再给予追溯性的司法保护。①

与商标权人实际使用密切相关的是,商标权人取得注册商标专用权的主观意图也会影响注册商标识别功能的保护范围。不以发挥识别商品来源功能为目的的注册商标不具有法律保护的正当性。商标权人以非善意的方式取得商标权,并以此对他人使用行为提起诉讼时,对注册商标的保护应给予适当的限制,特别是对于他人正当使用行为恶意提起诉讼,甚至还会构成权利滥用。在司法实践中,对不以发挥识别商品来源为目的的注册商标不予保护的方式也体现出裁判者的智慧。

第一种方式,未发挥识别商品来源的恶意注册商标不受法律保护,但考虑到恶意注册的商标仍处于有效注册状态,被控侵权人使用相关标识时应尽可能避让该注册商标。如广州指南针会展服务公司、广州中唯咨询公司诉迅销中国商贸公司、迅销中国商贸公司中山店侵犯商标权纠纷中,法院认定,两原告的注册商标处于有效期内,其商标专用权受法律保护。两原告注册商标后并无实际使用,其不仅不使用,且意图以高价转让的方式获取巨额转让费,并且明确其转让的目标就是被告。两原告从事商标注册主观上明显具有恶意,其行为有违诚实信用原则,故法院对原告的诉讼请求不予支持。但鉴于两原告的注册商标尚处于有效注册状态,且被控商品使用的标识在构成要素上毕竟与其具有一定程度的近似性,故被告在使用相关标识时,应保持与注册商标有明显区分的相关使用环境和状态,尽可能避让两原告的注册商标。最终,判决驳回原告的全部诉讼请求。②

第二种方式,基于被控侵权标识与恶意注册的商标存在一定差异,并且由于恶意注册商标未发挥识别商品来源功能,法院认定二者既不相同也不近似,不构成商标侵权,判决驳回商标注册人的诉讼请求。如广州指南针会展服务公司、广州中唯咨询公司诉迅销中国商贸公司等侵犯商标权纠纷中,法院认定,原告的注册商标与被控侵权标识在外观上存在一定区别,原告的注册商标未实际使用,消费者施以一般注意力,不会认为被告提供的服装与原告的注册商标有特定联系。而且,原告注册 2600 多个相关商标,远远超过正常经营需要,意图以高价转让的方式获取巨额转让费,主观上具有不正当注册的恶意。因此,法

① 参见江苏省南京市中级人民法院民事判决书,(2008)宁民三初字第 227 号;江苏省高级人民法院民事判决书,(2012)苏知民终字第 0183 号。

② 参见广东省中山市第一人民法院民事判决书,(2014)中一法知民初字第 338 号。

院认定被告的行为不构成商标侵权,判决驳回两原告的诉讼请求。[①]

同样,在杭州奥普卫厨科技有限公司与浙江现代新能源有限公司、浙江凌普电器有限公司侵害商标权再审纠纷中,最高人民法院指出,商标法所要保护的是商标所具有的识别和区分商品及服务来源的功能,而并非仅以注册行为所固化的商标标识本身。因此,商标标识本身的近似不是认定侵权行为是否成立的决定性因素,如果使用行为并未损害涉案商标的识别和区分功能,亦未因此而导致市场混淆的后果,则该种使用行为不属于商标法所禁止的范围。最高人民法院在综合考虑涉案商标的显著性和知名度、被诉侵权标识的使用引发市场混淆的可能性及被诉侵权标识在产品之上的实际使用情况等因素后,认定不构成商标侵权。[②]

第三种方式,违反诚实信用原则、不以发挥识别商品来源为目的申请商标注册,通过注册商标恶意提起诉讼,人民法院不予保护。如在再审申请人优衣库商贸有限公司与被申请人广州市指南针会展服务有限公司、广州中唯企业管理咨询服务有限公司、一审被告优衣库商贸有限公司上海月星环球港店侵害商标权纠纷案中,最高人民法院指出,诚实信用原则是一切市场活动参与者均应遵循的基本准则。根据该案查明的事实,被申请人以不正当方式取得商标权后,目标明确指向再审申请人,意图将该商标高价转让,在未能成功转让该商标后,又分别以再审申请人及其各自门店侵害该商标专用权为由,以基本相同的事实提起系列诉讼。被申请人在每个案件中均以再审申请人或关联公司及作为其门店的一家分公司作为共同被告起诉,利用再审申请人门店众多的特点,形成全国范围内的批量诉讼,请求法院判令再审申请人及其众多门店停止使用并索取赔偿,主观恶意明显,其行为明显违反诚实信用原则,对其借用司法资源以商标权谋取不正当利益之行为,法院不予保护。最高人民法院指出,二审法院虽然考虑了商标权人恶意注册商标,不支持其索赔请求,但未全面考虑商标权人是否诚实信用行使商标权,适用法律有所不当,予以纠正。[③]

(二)他人使用情况

商标识别功能的发挥还会受他人使用情况的影响。如在商标注册人申请商标注册前使用即在先善意使用,或者他人虽在后使用但已建立商标与商品来

① 参见浙江省杭州市中级人民法院民事判决书,(2014)浙杭知初字第265号。

② 参见最高人民法院民事判决书,(2016)最高法民再216号。

③ 参见最高人民法院民事判决书,(2018)最高法民再396号。

源之间稳定的联系，与在先注册商标形成各自稳定的市场格局并已形成与识别商品来源的商标共存的局面，甚至是在后商标的使用获得了巨大的商业成功，此时，注册商标权人无权禁止他人在原有范围内继续使用。

在先使用人后续使用行为的合法性源于其在先的商标使用行为，基于其在先使用商标识别商品来源的努力，即使在后注册的商标与在先使用的商标相冲突，注册商标权人也无权禁止他人继续发挥商标识别商品来源的功能，以实现识别功能在注册制度与使用制度之间的平衡。商标法增加了在先使用的商标侵权抗辩制度，就是充分保护在先使用商标识别商品来源功能的体现。司法实践中，在商标法修改确立在先使用抗辩制度之前，已有对他人在先善意使用予以保护的案例。如在蓝迪（抚顺）国际化学有限公司与上海爱福特实业有限公司"好帮手"商标侵权纠纷中，二审法院认定，爱福特公司使用"84 好帮手"早于蓝迪公司"好帮手"注册商标申请日，故撤销一审判决。①《商标法》2013 年修改后明确在先使用抗辩制度，为司法实践提供了明确的法律适用依据。如在谭某与北京尚丹尼美发中心商标侵权纠纷中，尚丹妮中心成立于 2008 年，一直使用"尚 · 丹尼造型"进行推广，谭某 2012 年 8 月 16 日在第 44 类"美容院、理发店"等服务上申请"尚丹尼"商标注册，2014 年 1 月 14 日获得核准。法院查明，谭某配偶于 2010 年 10 月至 2011 年 2 月期间在被告尚丹尼中心处工作。法院最终认定尚丹尼中心使用在先，对谭某要求停止侵权行为并赔偿损失的诉讼请求未予支持。② 在"启航考研"商标侵权纠纷中，法院也是充分考虑在先发挥商标识别商品来源功能的实际，作出了附加适当区别标识的判决。③ 在先使用抗辩制

① 参见上海市黄浦区人民法院民事判决书，(2002)黄民三(知)初字第 44 号；上海市第二中级人民法院民事判决书，(2003)沪二中民五(知)终字第 9 号。

② 参见北京市朝阳区人民法院民事判决书，(2014)朝民初字第 25490 号。

③ 在贵阳市云岩区启航英语培训学校、北京中创东方教育科技有限公司与北京市海淀区启航考试培训学校、北京市启航世纪科技发展有限公司的"启航考研"商标侵权纠纷案中，法院充分考虑在本案主张保护的"启航"注册商标申请日前，启航考试学校已经在公开出版的图书上使用"启航考研"字样并在公开媒体上发布"启航考研"招生信息，且已经具有一定规模的在先使用、发挥商标识别商品(服务)来源的实际，故仅判决启航学校、启航公司在经营活动中商标意义上使用"启航考研"时附加适当区别标识，停止其他商标意义上使用"启航"文字的行为。参见北京市海淀区人民法院民事判决书，(2014)海民(知)初字第 27796 号；北京知识产权法院民事判决书，(2015)京知民终字第 588 号。类似的案例还有合肥伍伍壹网络科技服务有限公司与上海拍拍贷金融信息服务有限公司的商标侵权纠纷案。参见上海市第一中级人民法院民事判决书，(2014)沪一中民五(知)终字第 187 号。

度体现了对他人先于注册商标申请日前在相同或类似商品上善意使用商标发挥识别商品来源功能的保护。

同样,注册商标申请日后的使用情况也是保护注册商标识别功能时需要考虑的因素。在对商标侵权判断时,不仅要对商标权人使用注册商标、发挥识别商品来源功能情况进行审查,而且要对被控侵权行为进行区分。如果被控商标侵权行为具有特定的历史背景或其他正当事由,经过长期使用,已具有较强的显著性和较高的知名度,相关公众能够在通过商标识别商品来源的基础上对商品来源作出正确区分,则不宜草率地作出责令停止使用的判决,以维护业已形成的稳定市场格局。在前述的“红河红”商标侵权纠纷中,法院充分考虑被控侵权方较大规模持续性使用“红河红”商标,发挥识别功能,已与“红河”商标产生整体性区别。① 在广州市睿驰计算机科技有限公司与北京小桔科技有限公司“滴滴打车”商标侵权纠纷中,法院除审查商标权人对其注册商标的实际使用情况外,还考虑了被告的图文标识在短期内显著使用获得了较高知名度和影响力、市场占有率高、拥有大量用户的情况。②

最高人民法院在相关商标侵权纠纷中,对这种在后使用的法律意义进行了确认,公平合理地划定了商标权保护范围。③ 尤其是他人在后善意使用近似商标的反向混淆案件中,需要重点考察商标共存的可能性。如在第1244366号“MK”商标侵权纠纷中,商标注册人主张被控侵权行为构成反向混淆类商标侵权行为。审理法院认为,在进行反向混淆判断时,不能脱离商标权的本质属性以及商标侵权判断的标准。我国商标法并未对反向混淆作出特别规定,无论是哪种混淆,其结果均是导致注册商标与其所指示的商品之间建立的稳定联系被割裂,使相关公众误认为使用被诉侵权标识的商品与使用注册商标的商品之间具有共同的来源或者提供者之间具有关联关系。在进行混淆可能性判断时,标识的近似性、注册商标的显著性、知名度、相关公众的注意力程度等方面的判断与正向混淆并无不同。反向混淆禁止在后使用人利用自身的经济实力和市场地位,强行使用与他人在先注册商标相同或实质相同的标识,致使注册在先的

---

① 参见最高人民法院民事判决书,(2008)民提字第52号。

② 参见北京市海淀区人民法院民事判决书,(2014)海民(知)初字第21033号。

③ 在拉科斯特股份有限公司诉鳄鱼国际机构私人有限公司、上海东方鳄鱼服饰有限公司北京分公司商标侵权纠纷案中,最高人民法院认为,从诉争标识在中国市场的共存和使用情况看,两者在中国市场内已拥有各自的相关公众,在市场上均已形成客观的划分,已成为可区别的标识。参见最高人民法院民事判决书,(2009)民三终字第3号。

商标声誉被淹没，无法有效地发挥指示商品来源的作用。因此，反向混淆需要重点考察商标共存的可能性。不能因主张保护的在先注册商标知名度低、被诉侵权的在后使用商标知名度高，就倾向于认定构成反向混淆。否则，就会导致知名度越低的商标越容易获得法律保护的后果。①

当然，为防止滥用，考虑在后使用能否共存时，一般应限制在类似或近似商品上的混淆性使用。如果他人的使用属于"双相同"使用，将会对注册商标的识别功能造成直接侵害，应秉持严格保护的原则。如果在后使用的商标与注册商标标志完全相同、使用在同一种商品上，则这种"共存"会直接侵蚀商标识别商品来源的根基。即使签署共存协议，也应严格审查，避免商标识别商品来源功能落空，也防止通过共存协议规避商标共有制度。②

本章小结

商标保护首先是确保相关公众能够通过商标识别商品来源，损害商标识别功能是认定商标侵权的重要标准之一。混淆可能性固然是认定商标侵权的重要因素，但并未穷尽侵害商标识别功能的所有情形。商标识别功能包含标识性和区别性。假冒注册商标，包括反向假冒，都破坏了商标标志、商品和商品来源之间的联系，直接侵害了商标权人对商标识别商品来源功能的专有和控制，是一种严重的侵害商标标识性的行为。与假冒注册商标不同，仿冒商标行为容易导致相关公众混淆误认商品来源，侵害了商标的区别性。应确立侵害商标识别功能的商标侵权判定标准，区分假冒注册商标与商标混淆性使用等侵害商标识别功能的不同类型行为，完善商标侵权行为类型化立法，并对不同类型侵犯商标识别功能的侵权行为提供有针对性的法律救济。当然，未发挥标志识别商品来源功能，不在商标识别功能控制范围。未经许可使用他人商标识别功能，只有那些符合商标法立法宗旨和规范目标的实质性损害才有必要给予商标侵权救济。注册商标根本未发挥识别商品来源功能或不以识别来源为目的，不存在可受商标法保护的利益，对此类注册商标不应机械地给予保护，应加强在民事诉讼程序中对不以使用为目的的恶意注册商标的规制力度。

---

① 参见浙江省杭州市中级人民法院民事判决书，(2017)浙01民初27号；浙江省高级人民法院民事判决书，(2018)浙民终157号。

② 参见北京市高级人民法院民事判决书，(2014)高行(知)终字第2191号。

第五章 商标识别功能保护制度构建与完善

保护商标识别功能是商标保护理论研究的原点和商标法的基本动因。我国传统商标法理论研究和实践对商标的法律保护立足于商标显著性，以防止相关公众混淆误认为中心，一定程度上体现了保护商标识别功能的理念和制度设计，对保护商标权人利益和维护市场秩序发挥了积极的作用。但以财产权为基础的商标保护理论和商誉保护学说日趋兴盛，对商标权的过度保护僭越以显著性保护和防止混淆为基础建立的商标法律秩序和利益平衡格局，形成商标符号垄断，呈现明显的反市场效应，严重扰乱自由、公平的市场竞争秩序，损害社会公共利益。扩张的商标保护以信息识别为基础的效率优势，不能超过这种保护所产生的潜在的反竞争效果。① 回归商标保护的本源，重塑以识别功能为核心的商标法律制度，才能恢复商标法律保护的利益平衡机制。

---

① 参见冯晓青：《商标法利益平衡原理研究》，载《长白学刊》2007 年第 5 期。

第一节　商标识别功能保护立法理念

一、确立保护商标识别功能立法宗旨

(一)保障商标功能实现

世界知识产权组织指出,“授予商标权的目的是确保商标实现其功能”。[①]《欧盟商标条例》和《欧盟商标指令》的立法理由也明确:“赋予商标专用权的保护,旨在保护商标的识别功能。”[②]新中国成立以后,商标法制的发展呈现纠正商标功能误读和错位的清晰脉络。1963 年《商标管理条例》第 1 条开宗明义地指出为加强商标的管理,促使企业保证和提高产品质量制定该法,并且该条例将商标定义为“代表商品一定质量的标志”。1982 年《商标法》第 1 条将保护商标专用权作为立法宗旨,反映了改革开放后我国商标法制开始逐步回归商标功能本源。但商标的质量管理观念仍根深蒂固,“加强商标管理”的立法宗旨依然置于“保护商标专用权”之前,没有确认保护商标识别商品来源功能。

识别功能之于商标具备根本性,保护商标识别功能是维护商标基本构造的内在需求,是整部商标立法的基本出发点。2013 年《商标法》第三次修改正式确立了商标侵权的“混淆可能性”标准,体现了对商标区别商品来源功能的保护。但识别商品来源功能包括标识商品来源和区别商品来源两个层次,仅保护区别商品来源功能,明显对商标识别功能保护不够周严。是否具备标识商品来源的功能,是标志能否成为商标进而给予商标法律保护的前提,关乎商标的性质问题。区别商品来源是在便于作为商品来源识记对待的基础上,进一步将来源于不同生产经营者的同类商品区分开来,区别来源能力与商标注册、商标保护范围和强度密切相关,是决定商标权保护范围尤其是商标禁止权范围的关键。商标法以保护商标显著性为基石,防止相关公众混淆误认是由商标区别商品来源功能在商标功能中的重要地位决定的。但保护商标识别功能中的标识性是商标保护的原点,商标识别功能中的区别性乃至商标其他功能保护都以标

---

① WIPO, The Enforcement of Intellectual Property Rights: A Case Book, p.53.

② 《欧盟商标条例》(Regulation 2015/2424)根据《共同体商标条例》修订而来,于 2015 年 12 月 24 日对外公布。《欧盟商标指令》(Directive 2015/2436)根据《共同体协调成员国商标立法指令》重新拟定和修改而来,于 2016 年 1 月 13 日生效。有关《欧盟商标条例》和《欧盟商标指令》的立法理由参见 BeckOK, MarkenR/Kur MarkenG, 5. Edition, Rn. 118。转引自杜志浩:《商标权客体“联系说”之证成——兼评“非诚勿扰”商标纠纷案》,载《政治与法律》2016 年第 5 期。

识性为基础，过于强调区别商品来源功能的保护而忽视标识商品来源功能的保护，不仅会使区别商品来源功能理论对一些商标保护缺乏解释力，还会偏离商标立法的初衷，使商标立法大厦缺乏作为商品来源标记对待这种标识功能的根基，有倾覆之危险。如过于偏重以防止相关公众混淆误认为中心的商标区别商品来源保护，以至于未经商标权人许可在相同商品上使用相同商标标志的行为是否需要混淆可能性要件争论不休，这些都是对商标识别商品来源功能中"标识性"认识不清的表现，导致商标立法、执法与司法实务中识别商品来源功能保护的理念缺失、措施缺位、效果缺席。所以，商标立法应在坚持商标区别商品来源功能保护的基础上，进一步重视和强化商标标识商品来源功能保护，形成完整的商标识别功能保护理念，维护商标的存在基础及功能发挥，保护商标权人合法权益。

（二）提升消费者的商标法地位

商标法在强调加强商标管理、保护商标专用权的同时，也提出了保障消费者利益的目标。虽然消费者不是商标法律关系的主体，但消费者是商标制度设计中必不可少的主体，以致一直存在商标法立法宗旨中是否包含消费者利益保护的争论，"传统商标法的首要政策动因并不是保护财产权，而是保护消费者免受欺诈和产生误认"，[①]反映出商标法历史上不同发展时期消费者利益的不同地位，这是由不同阶段的市场实际和人们的认知水平决定的。从商标功能保护角度来看，商标功能的发挥需要通过消费者，消费者是商标识别功能的主要判断主体，消费者贯穿于商标构成、商标使用、商标维持、商标权法律救济等整个商标生命周期，商标识别功能必须通过消费者实现，消费者是商标识别来源功能的识别主体，在商标识别功能发挥中具有重要地位。保护消费者利益也是商标立法的重要目标，商标识别功能保护是维护商标权人、其他经营者和消费者利益平衡的支点。

商标识别功能发挥以消费者为识别主体，并不意味着商标法完全以保护消费者为中心进行制度设计，商标法保护生产、经营者使用商标标识和区别商品来源的努力以及商标承载的商誉，商标法所调整的法律关系中的主体为商品生产经营者，消费者是商品买卖法律关系的主体，不是商标法律关系的主体，商标法不可能完全以保护消费者利益为中心。但是，商标权人利益和消费者利益在

① House Report 109－23, Trademark Dilution Revision Act of 2005, p. 25.

商标识别功能保护方面表现出一致性，商标法通过规制商标侵权行为，保护商标识别功能、商标权人利益，同时实现了对消费者利益的保护，在识别功能保护方面，商标权人利益与消费者利益是并行不悖的。防止消费者混淆误认是商标标识和区别功能是否受损的判断方法和依据，假冒注册商标或混淆性商标侵权，侵害了消费者的知情权，影响了其对商品来源信息的判断，这些都是商标标识和区别功能受损的结果，保护了商标标识和区别功能，消费者的利益自然得以恢复。

（三）淡化商标行政管理色彩

侵害注册商标识别功能，侵害了他人商标发挥识别功能产生的特定利益，也扰乱了商标注册和管理秩序，侵害了消费者的利益，此时需要商标行政管理部门介入，以维护商标秩序和消费者利益，对注册商标识别功能以及侵害他人注册商标识别功能的行为通过行政手段进行管理和救济体现了商标立法对商标识别功能保护的重视。但是，商标法应以私权保护为主旋律，突出保护商标特定利益的重心，行政管理色彩不应过于浓厚。

我国《商标法》规定了商标注册人和被许可人保证商品质量的义务，①被解读为商标质量保证或品质保证功能。但商标本身不能反映出商品的质量优劣，商标不是商品质量的强制保障，也无法保证商品的质量，企业也并不因使用商标而承担额外的质量保证义务。立法者将促进商品和服务质量作为商标立法目标之一，通过合理的商标保护制度设计能够促使生产、经营者维持和提高商品质量，但这不是商标功能所要规范的对象、调整的范围。立法目标只能说是立法者希望通过商标制度设计促使生产、经营者提高商品和服务质量，并不意味着商标本身有保证商品质量的功能。

识别商品来源功能是商标之“魂”、商标制度之“本”，保护商标识别功能，维护商标注册和管理秩序，采用行政手段加强商标管理，追究假冒注册商标、反向假冒、伪造他人注册商标标识等侵害商标识别功能的侵权行为，是商标与商标制度的有力保障。但商标法是有关商标的权利保护法，行政干预服务于权利

① 《商标法》第1条开宗明义地规定：“为了加强商标管理，保护商标专用权，促使生产、经营者保证商品和服务质量，维护商标信誉，以保障消费者和生产、经营者的利益，促进社会主义市场经济的发展，特制定本法。”《商标法》第7条第1款规定：“商标使用人应当对其使用商标的商品质量负责。各级工商行政管理部门应当通过商标管理，制止欺骗消费者的行为。”《商标法》第43条规定：“商标注册人可以通过签订商标使用许可合同，许可他人使用其注册商标。许可人应当监督被许可人使用其注册商标的商品质量。被许可人应当保证使用该注册商标的商品质量。”

保护的宗旨,应限制在规范商标注册、使用和违法救济的必要范围内,不应超出权利保护的目的范围。因此,只有淡化商标行政管理色彩,才能更好地释放商标法在保护生产经营者商标权益、保障消费者利益和促进市场经济发展方面的制度效能。

所以,建议将我国《商标法》的立法宗旨修改为:为了促进商标功能发挥,保护商标权,加强商标管理,保障生产、经营者和消费者的利益,促进社会主义市场经济的发展,特制定本法。

二、明确保护商标识别功能基本原则

法律原则是开展法律活动的准绳,是法律理念和指导思想在立法、执法、司法等法律实践中的贯彻和体现,在法律理念与具体制度、法律实践之间起到承上启下的作用,有助于法律活动朝着既定的目标方向发展,确保制定符合立法目标与宗旨的法律规范,并有助于法律规范的实施,引导民事主体按照规范意旨行事,为法律解释与适用提供指导,弥补法律漏洞。

(一)商标法基本原则定位

商标法基本原则贯穿于商标法运行整个过程,是商标法律规范和解决商标问题基础性、全局性的原理和准则。① 所以,作为商标法的基本原则,需具备以下基本属性:

首先,基本原则应具有法律属性。法律的基本原则首先应具有规范功能,体现法律权利义务关系,能够为立法、执法、司法提供明确指引,对商标法律规范具有统领作用。超出法律规范范畴的原则不具有法律意义,不应纳入法律层面,法的基本原则不能脱离于法律规范。

其次,商标法基本原则是规范商标特有法律属性的准则。商标法基本原则应从商标法律规范的特殊性出发,将商标法律关系特有属性加以提炼,以区别于其他法律部门的基本原则,体现商标法律规范的特殊性。在商标法的运行实践中,宪法、民法、行政法、刑法等部门法的基本原则会对商标法的运行产生影响,因为任何一个部门法都是在法律体系中运行的,不是孤立的,其他部门法,

① 原则在现代汉语中的公共含义是观察问题、处理问题的准绳。参见徐国栋:《民法基本原则解释:成文法局限性之克服》,中国政法大学出版社 1992 年版,第 7 页。按照《布莱克法律词典》的解释,法律原则是法律的基本真理或准则,是一种构成其他规则的基础或根源的总括性原理或准则。See *Black's Law Dictionary*, West Publishing Co., 1983, p. 1074.

特别是民法的平等、自愿、公平、诚实信用、公序良俗等基本原则甚至在商标法运行实践中得以直接适用,[①]但商标法的基本原则主要是那些反映商标特有属性、对商标法运行起到基础、根本统领作用的法律原则。

最后,商标法基本原则具有全局性。商标法的基本原则不是商标立法中某个局部的、具体制度层面的原则,也不仅是商标立法的基本原则,而是贯彻于整个商标立法、执法、司法过程和商标相关商事活动中,指导和统领整个商标法体系和商标相关商事活动的基本原则。

(二)商标法的基本原则厘清

关于商标法的基本原则,各国商标法中虽然没有明确使用基本原则的概念,但都有一定程度的体现,并对商标立法、执法及司法产生指导作用。[②] 对商标法相关规定的理解与阐释,现有理论研究不够深入,鲜见有关商标法基本原则的专门论著,[③]部分知识产权法和商标法教材虽然有所提及,但以简单介绍居多,缺少论证,而且主要倾向于围绕商标注册制度归纳商标法的基本原则。[④] 与其他法律部门以及民法典对法的基本原则研究的重视形成很大反差。

目前,世界大多国家采用注册取得商标权的体例,商标法以注册商标为主要保护对象,商标法基本原则围绕商标注册展开无可厚非,但商标法以保护注册商标为主,并不意味着商标法只保护注册商标,未注册商标也受到商标法一定程度的保护,“商标法”毕竟不同于“注册商标法”,从商标功能保护出发,商标法的基本原则还需对整个商业标识法律体系下的商标保护具有统领性。商标立法实践和理论研究中还有一种错误倾向,即将不属于商标法律规范的特殊

---

① 参见齐爱民:《论民法基本原则在知识产权法上的应用》,载《电子知识产权》2010年第1期。

② 《商标法》第7条第1款规定:“申请注册和使用商标,应当遵循诚实信用原则。”

③ 如张玉敏:《商标法基本原则论纲》,中国法学会知识产权法研究会2009年会暨经济全球化背景下的知识产权保护研讨会会议论文。

④ 商标法的基本原则主要有以下几点:(1)保护商标专用权与维护消费者权利相结合的原则;(2)注册取得商标专用权的原则;(3)商标的申请在先原则;(4)商标注册的审查原则;(5)商标使用的自愿注册原则;(6)统一注册分级管理原则。参见王莲峰:《商标法学》(第2版),北京大学出版社2014年版,第36~37页。中国商标法包含了以下基本原则:(1)诚实信用原则;(2)商标专用权依注册产生原则;(3)申请在先为主原则;(4)自愿注册为主原则;(5)集中注册、分级管理原则;(6)注册必须使用原则;(7)全面主动审查原则;(8)自由处分、意思自治原则;(9)司法和行政保护并重原则;(10)允许司法复审原则。参见黄晖:《商标法》(第2版),法律出版社2016年版,第13~14页。

规定抽象为商标法的基本原则，甚至将已经超出法律规范调整范畴的愿景、目标也纳入商标法基本原则的层面，脱离了法律原则必须反映法律上的权利义务运行特点的规律。所以，商标法应从商标的基本属性出发，将商标保护的共性、特有规则抽象上升为基本原则，体现贯彻商标立法理念和指导思想，统领商标保护制度与实践，既不能将不具有法律意义的原则确定为商标法的基本原则，也不能将其他法律部门、非商标法特有的原则看作是商标法的基本原则，更不应将商标法的基本原则局限于商标立法活动或者仅围绕注册商标单一的类型和保护形式。否则，欠缺对商标法律保护的针对性和准绳作用，或者不能全面涵盖商标立法、执法、司法和商标相关的商事活动，无法统领未注册商标的法律保护，不符合商标法基本原则的地位，也不适当地限制了商标法基本原则的适用范围。

（三）保护商标识别功能基本原则确立

商标是一种识别商品来源的标记，识别商品来源是商标的基本属性。这既是商标区别于作品、专利等其他知识产权客体的根本属性，也是商标区别于其他商业标记的基本立足点，使其与识别经营主体、经营活动和表明商品的产地、品质等标志相区别，这种区别决定了商标立法的独特性，不同的保护对象有不同的保护方法和原则，商标法基本原则应从保护对象的自然属性及其发挥的基本功能方面进行研究和确定，以区别于作品、专利等知识产权及其他法律保护对象。① 所以，以商标的基本属性为出发点，促进商标功能的发挥作为商标法的基本原则之一，既契合商标的财产权利属性和市场竞争属性，也符合商标法律保护的客观需要，既贯彻商标法保护商标权的直接目标和维护市场竞争秩序的法终极目标，也科学地划分了商标法与其他部门法的界限，有助于商标立法的完善和对商标法的运行发挥指导作用。因此，建议我国《商标法》第 1 条加入“促进商标功能发挥”的立法宗旨和基本原则。

当然，基本原则并非一定要以法律文本形式明确进行宣示，商标法基本原则既是体现商标法基本内容的规范，更是对商标法基本内容的抽象，关键是要统领商标法各项基本制度，在商标法各项具体制度中得以贯彻执行和充分体

---

① 就科技成果类知识产权而言，权利的边界应更加清晰，边界之内的权利保护强度较大，但保护的条件较为严格，凡不落入权利范围的技术、思想、创意等均可自由使用（模仿），留给使用（模仿）的空间应该较大；就商业标识类知识产权而言，法律保护的强度有时相对较弱，但保护的边界和范围相对较宽，外围边界的模糊性较强，例如，决定商标权范围的商标近似和商品类似的判断均有较大的模糊性，因此留给模仿的空间应该较小，在制止模仿上应该从严。参见孔祥俊：《商标与不正当竞争法：原理和判例》，法律出版社 2009 年版，第 1 页。

现,特别是要有违反基本原则的法律责任的明确规定作为保障,没有后果的法律规范是不完整的法律规范。将促进商标功能发挥确定为商标法基本原则之一,法律规范中贯彻保护商标识别功能的理念与原则,不仅要规定商标法律关系主体的行为规范,而且要规定违反相应法律规范、侵害商标识别功能应当承担的法律后果,充分反映保护商标识别功能原则的基础性、全局性。

三、完善保护商标识别功能制度体系

识别商品来源贯穿商标整个生命周期,商标法律制度围绕保护商标识别功能展开,包括商标识别功能认定、商标注册的识别功能审查、注册商标发挥识别商品来源的使用,及对侵害商标识别功能的救济。

(一)识别商品来源是商标构成要件

商标不同于其标志本身,商标是具有显著特征的标志、商品和商品来源的“人”“物”“志”三要素结合的有机体,缺少标志、商品、商品来源中的任何一个元素,都不能称作商标。将上述要素结合在一起、保证商标结构正常运行的核心和纽带正是识别功能。识别功能作为商标的一种本质属性而存在,是否具有识别功能决定标志能否成为商标、受到商标法律保护的资格问题,属于商标构成要件的核心,是商标区别于其他普通标记的根本所在,也是商标权与其他知识产权的重要区别,商标与识别功能相辅相成。所以,识别商品来源功能之于商标至关重要,是构成商标的关键。

(二)强识别性是商标注册条件

采用商标注册制度的国家,商标法基本都详细规定了商标注册条件。其中,标志具有显著特征、便于识别,是商标注册的基本条件。具备识别商品来源能力仅是构成商标的门槛,回答的是识别能力的有无问题。商标注册条件要求“便于识别”,则包含识别能力的强弱。作为商标注册需要“便于识别”,是在具备识别商品来源能力的基础上对识别能力提出的更高要求。商标法应在明确界定商标定义的基础上,对商标构成条件与商标注册条件加以区分,划清识别商品来源能力与便于识别的界限。

(三)发挥识别功能是维持商标专用权的关键

构成商标和满足商标注册条件仅要求商标具备识别商品来源可能性,并不要求具备识别商品来源的现实性,即具有固有显著性的标志作为商标注册,其是否已经实际发挥识别商品来源功能在所不问,商标注册仅是对商标可以发挥识别商品来源功能进行的确认，为商标现实识别商品来源预留空间和提供保护。但是，在商标注册过程中，在先实际发挥识别商品来源功能也会影响商标注册的审查结果。在仅具备识别商品来源可能性与已实际发挥识别商品来源功能相冲突时，体现对已实际发挥识别商品来源功能的商标使用优先保护的价值取向，如对同时提出商标注册申请要求申请人提交使用在先的证据，禁止以不正当手段抢先注册他人已经使用并有一定影响的商标，以及对未在中国注册的驰名商标的保护、禁止代理人或代表人抢注等，都是在注册审查中对已经在先实际发挥识别商品来源功能的考虑。在商标连续3年不使用撤销等程序中，是否实际使用、发挥识别商品来源功能直接决定商标权的维持与否。

商标核准注册后也必须实际使用于商业活动中，商标上的权利基于使用的事实而形成。[①] 商标的生命在于使用，在注册取得专用权体制下，发挥识别商品来源的商标使用是维系商标专用权的关键。囤积注册、注而不用不仅浪费了商标本身的资源，而且导致了商标审查与司法资源的严重浪费，识别商品来源功能对恢复商标的本来面目、制止商标恶意注册现象具有正本清源的作用。

（四）商标侵权救济禁止侵害商标识别功能行为

保护注册商标的识别商品来源功能，意味着商标所有人有权在核定商品上使用注册商标识别商品来源，并有权禁止他人未经许可去除或更换其注册商标，或者在相同商品上使用与他人注册商标相同标志识别商品来源，这种使用包括但不限于作为商标、企业名称、商品名称、域名等。先于他人使用并有一定影响的未注册商标，即使他人在后获得商标注册，也赋予在先使用人在原有范围内继续使用的权利。对未注册商标的保护，很大程度上就是对在先使用并有一定影响的商标实际发挥识别商品来源功能的保护，在后注册商标权人无权禁止。反不正当竞争法也对发挥识别商品来源功能的未注册商标给予禁止仿冒的保护。

第二节　商标识别功能保护的制度设计

保护商标功能决定了商标法的存在和制度构造，赋予商标识别功能的私权保护成为现代意义商标法与传统行会质量控制垄断法令的“分水岭”。改革开

---

① 参见吴汉东主编：《知识产权法》（第5版），北京大学出版社2011年版，第259页。

放40多年来,我国商标法律制度的完善之路与著作权法、专利法等其他知识产权制度相比,有一个重大的区别:商标法制的完善主要不是为了应对技术和市场的发展"求新求变",而是逐渐澄清对商标功能的误解之后"还原归真"。①

一、明确商标内涵界定

法律概念如法律制度的细胞,准确界定概念是科学立法的起点。商标是商标法的基本范畴,是商标法律大厦的基石。由于绝大多数国家和地区采用注册取得商标权的体例,商标立法和国际公约基本都是从商标注册条件层面对哪些标志可以作为商标申请注册进行规定,②我国《商标法》总则部分对哪些标志可以作为商标申请注册进行了规定,③但并没有全面揭示商标的根本属性,严格来说不是商标内涵的界定,主要是对哪些标志可以作为商标申请注册的外延规定。可以作为商标申请注册,是可以作为商标申请注册的标志范围及资格问题,与何谓商标,即商标的内涵是两个不同层面的问题。国际公约、相关国家和地区立法,虽也是在商标注册规范条款定义商标,但从商标的基本属性角度较为准确地揭示了商标的内涵和外延,值得借鉴。

(一)商标法总则部分界定商标

《商标法》总则部分起到统领性作用,明确了商标立法宗旨、基本原则和基本范畴。但我国《商标法》总则部分一直将商标注册条件和商标注册代理等规则与商标法的原则条款混合在一起,在未充分界定商标基本范畴的情况下径直规定了商标注册制度。建议商标注册条件的法律规范与商标法总则部分切割,保持总则部分立法宗旨、基本原则和基本范畴的纯粹性。在界定商标时,首先,要科学反映商标根本属性和基本功能,即从识别功能角度对商标内涵作出准确概括;其次,保持商标构成要素外延的开放性,明确任何能够发挥识别特定商品

① 参见李琛:《中国商标法制四十年观念史述略》,载《知识产权》2018年第9期。

② 《与贸易有关的知识产权协议》第15条第1款规定:"任何能够将一企业的物品或服务与其他企业的物品或服务区分的标记或标记组合,均可构成商标"。《欧共体商标条例》第4条规定:"共同体商标可以由能用书写表示的任何标志,特别是文字,尤其是包括人名、图案、字母、数字、商品形状或包装组成,只要这些标志能够将一个企业的商品或服务同其他企业的商品或服务区别开来。"

③ 《商标法》第8条规定:"任何能够将自然人、法人或者其他组织的商品与他人的商品区别开的标志,包括文字、图形、字母、数字、三维标志、颜色组合和声音等,以及上述要素的组合,均可以作为商标申请注册。"

来源功能的标志都可以构成商标。

我国《商标法》第3条在未先科学界定商标内涵的情况下对集体商标、证明商标等进行了定义，但从商标识别商品来源基本属性来看，集体商标、证明商标不是严格意义的商标。集体商标、证明商标与普通商标识别的对象不同。商品或服务商标识别的是商品或服务的来源，而集体商标表明的是商标使用者在该组织中的成员资格，证明商标用以证明商品的产地或其他特定商品品质，即一般的证明商标识别的是商品特定的品质，地理标志证明商标识别的是基于商品的原产地特定人文、地理环境形成的特定品质，①这些都不属于严格意义商品来源的范畴，未用于识别商品来源的标志不能称为商标，集体商标、证明商标不属于识别商品来源意义上的商标，不应纳入狭义的商标法进行调整与规范。

（二）足以使相关公众识别商品来源

法律调整的是人与人的社会关系。在商标法律关系中，"人"是不可或缺的要素。商标法在涉及主体的不同条款法律规范中使用了不同的表述，如在立法宗旨中使用"生产、经营者""消费者"等概念，在商标注册申请时使用"自然人、法人、其他组织""商标注册申请人""在先权利人"等概念，在不同语境使用"商标注册人""注册商标专用权人""利害关系人"等多种称谓指代享有商标权的主体，将商标使用者称为"商标使用人"，并在商标使用许可中分别使用"许可人""被许可人"等，在不得作为商标使用以及构成不正当竞争行为条款中使用"公众"的表述，在驰名商标条款使用了"相关公众"的表述。可见，在不同商标法律条款中，针对规范对象的不同使用了众多表述不同的主体概念，这些不同表述是为准确指代的需要，但众多不同的表述不但不利于概念的统一，也容易产生理解上的歧义。而且，商标法在商标的定义、商标注册条件、商标侵权行为等法律规范中对商标识别功能及作为商标侵权判定标准之一的混淆可能性的判断主体没有进行明确。

商标法律关系的主体包括商标注册人、商标使用人、商标主管部门等，但商标法律关系产生、变更、终止并非完全由这些主体的主观意志决定，消费者以及商品生产与流通环节的经营者等相关公众对商标功能的发挥及商标法律关系的形成、变更和终止等产生重要的影响，在商标法上具有重要的地位。可以说，

---

① 参见杭州市下城区人民法院民事判决书，(2015)杭下知初字第13号；浙江省杭州市中级人民法院民事判决书，(2015)浙杭知终字第374号；浙江省高级人民法院民事裁定书，(2016)浙民申1589号。

以消费者为主的相关公众的认知是一切商标问题的检验标准。因此,商标法应当确立“相关公众”的概念,明确相关公众的定义,提升“相关公众”的法律地位,确认“相关公众”在商标结构运行及商标发挥识别功能机理中起到的决定性作用。商标定义应体现“相关公众”对商标识别功能发挥的角色和作用,并在相关法律规范中明确其识别主体地位,如在商标注册条件明确,申请注册的商标应当有显著特征、便于“相关公众”识别;缺乏显著特征的标志经过使用取得显著特征,并便于“相关公众”识别的,可以作为商标注册。在侵犯注册商标专用权行为的规定中明确容易导致混淆的主体为“相关公众”,即容易导致相关公众混淆。

所以,建议商标法将商标定义为“本法所称的商标,是指自然人、法人或者非法人组织在商业活动中使用、足以使相关公众识别商品或服务来源的任何标志”。

(三)厘清商标与商标标志关系

我国商标理论与立法习惯在商标标志和包含标志、商品及商品来源三要素有机体两种意义上交叉使用“商标”的概念,容易导致不同语境下使用相同术语指代不同对象的混乱,引发诸如是否构成商标法意义上的“商标的使用”、被控侵权者的使用是标志的使用还是商标的使用、“商标近似”是标志的客观近似还是商标混淆性近似等理论和法律适用困惑。商标不是标志本身,是相对于商品而言,包含标志、商品及识别商品来源等要素的统称,建议全面梳理商标法相关条款,规范使用商标术语,根据不同的语境严格区分“商标”与“标志”、“标识”等不同概念,保持话语体系的规范性、一致性。

我国《商标法》第 30 条规定,申请注册的商标与他人在先注册或者初步审定的商标相同或者近似的由商标局驳回申请,以“同一种商品或者类似商品”限定“商标相同或者近似”,似有画蛇添足之嫌。商标相同或者近似,本身就内含了商品相同或类似、标志相同或近似,以及容易导致相关公众混淆的考量,否则就不能称为“商标”相同或者近似,只能称为“标志”的相同或者近似。《商标法》第 32 条后半段规定“也不得以不正当手段抢先注册他人已经使用并有一定影响的商标”,此处的“商标”就是内含了特定商品,无须赘述“在相同或者类似的商品上”。建议《商标法》第 30 条和第 31 条分别将“商标相同或者近似”修改为“商标标志相同或者近似”,“相同或者近似的商标”修改为“相同或者近似的商标标志”,并增加“容易导致混淆”对同一种商品上的近似商标标志、类似商品上的相同或者近似商标标志的限定。抑或删除“在同一种商品上或者类似商品上”表述，因为商标近似本身是一种混淆性近似，将第30条直接表述为“申请注册的商标，凡不符合本法有关规定或者同他人已经注册的或者初步审定的商标相同或者近似的，由商标局驳回申请，不予公告”，第31条直接表述为“两个或者两个以上的商标注册申请人，以相同或者近似的商标申请注册的，初步审定并公告申请在先的商标；同一天申请的，初步审定并公告使用在先的商标，驳回其他人的申请，不予公告”。

同样，我国《商标法》第57条规定的“相同的商标”，是指相同的“商标标志”。否则，不仅与“商标”的界定不符，而且第1项中的“相同的商标”与第2项中的“相同的商标”将冲突，因为在类似商品上不可能出现与他人注册商标“相同的商标”，只能是在类似商品上使用与他人注册商标相同的标志。建议完善《商标法》第57条商标侵权行为的规定，将第1项修改为“未经商标注册人的许可，使用与其注册商标相同的商标的”，或者“未经商标注册人的许可，在同一种商品上使用与其注册商标相同的商标标志的”，将第2项修改为“未经商标注册人的许可，使用与其注册商标近似的商标，容易导致混淆的”，或者“未经商标注册人的许可，在同一种商品上使用与其注册商标近似的商标标志，或者在类似商品上使用与其注册商标相同或者近似的商标标志，容易导致混淆的”。

二、完善商标注册条件

(一)厘清标志可商标性与商标可注册性

我国《商标法》第8条是2001年修改时新增的规定，主要是为适应《与贸易有关的知识产权协议》的要求。[①] 但与《与贸易有关的知识产权协议》第15条第1款不同，我国《商标法》第8条并未先对商标进行定义，然后进一步规定可以作为商标申请注册的构成要素，而是将商标的定义与可以作为商标申请注册

① 2000年12月22日，时任国家工商行政管理局局长王众孚在代表国务院向全国人民代表大会常务委员会作《商标法修正案(草案)》汇报时指出，现行《商标法》第7条将商标构成要素限定于文字、图形或者组合。根据《与贸易有关的知识产权协议》第15条的规定，任何能够将一个企业的商品或者服务与其他企业的商品或者服务区分开的标记或者标记组合，尤其是文字、图形、字母、数字、颜色的组合，以及上述要素的任何组合，均可作为商标获得注册。因此，《商标法修正案(草案)》将现行《商标法》第7条修改为：“任何能够将公民、法人或者其他组织的商品与他人的商品区别开的可视性标志，包括文字、图形、字母、数字、三维标志和颜色组合，以及上述要素的组合，均可以作为商标申请注册”。参见王众孚：《关于〈中华人民共和国商标法修正案(草案)〉的说明——2000年12月22日在第九届全国人民代表大会常务委员会第十九次会议上》，载《全国人民代表大会常务委员会公报》2001年第7期。

的构成要素混杂在一起，混淆了商标构成要件与注册商标的条件的区别，忽视了商标注册条件中标志范围规定的法律规范功能，引起了不必要的争议。

理论上，有观点认为，《商标法》第 8 条是关于注册商标实质要件的一般规定，第 9 条至第 16 条是在该规定基础上的特别规定。[①] 也有观点认为，《商标法》第 8 条至第 16 条都是商标权取得的实质条件，《商标法》第 8 条仅仅是关于商标法定构成要素的规定。[②] 立法部门认为，"要成为注册商标，就应当具备识别商品或者服务来源的能力，这是商标的本质特征，也是建立商标制度的根本意义所在"[③]。

商标审查及审理实践中，对于商标注册申请是否属于《商标法》第 8 条规定的可以作为商标申请注册的要素，往往采取回避的态度，笼统以缺乏显著性为由予以驳回。但逻辑上，商标显著性审查以商标类型的确定和商标可注册性审查为前提。如克里斯蒂昂迪奥尔香料公司"迪奥真我香水瓶"立体商标驳回复审行政纠纷再审中，商标审查机关仍将其作为普通商标审查，最高人民法院认为商标审查机关的审查对象错误，并基于错误的事实基础作出错误的决定。[④] 在国际注册第 G1031242 号"红鞋底"图形商标驳回复审行政纠纷中，一审法院认定，商标评审机关未准确界定申请商标的商标标志及其构成要素，在此基础上作出的决定缺乏相应的事实依据，限定使用位置的单一颜色商标可以作为商标申请注册。二审法院特别指出，商标评审机关将"申请商标由常用的高跟鞋图形及鞋底指定单一的颜色组成"作为审查对象是错误的，并且认为，申请商标的标志构成要素不属于《商标法》第 8 条中明确列举的内容，并非都是不可以作为商标申请注册的标志构成要素。[⑤]

是否构成商标，与商标能否获得注册是两个不同层次的问题。不满足商标构成要件，也就谈不上可以作为商标申请注册。相反，构成商标也并不等于就能获得商标注册，应在满足商标构成要件的基础上，再审查商标合法性、显著性、非冲突性等注册条件。商标可注册性即可以作为商标申请注册的标志范围属于商标注册合法性条件之一，如视觉、听觉、嗅觉等标志，以及上述要素的组

---

① 参见孔祥俊：《论商标法的体系性适用——在〈商标法〉第 8 条基础上的展开》，载《知识产权》2015 年第 6 期。

② 参见王太平：《商标法：原理与案例》，北京大学出版社 2015 年版，第 53 页。

③ 郎胜主编：《中华人民共和国商标法释义》，法律出版社 2013 年版，第 21 页。

④ 参见最高人民法院行政判决书，(2018) 最高法行再 26 号。

⑤ 参见北京市高级人民法院行政判决书，(2018) 京行终 2631 号。

合，这主要是立法政策考量和立法技术选择问题。将商标构成要件与商标注册条件混为一谈，不仅模糊了商标与注册商标在识别商品来源属性上的区别，而且容易形成商标只能由法律规定的可以作为商标申请注册的标志构成的假象。其实，商标可注册性是对作为商标申请注册的标志范围的限定，这种限定并不是商标的本来属性，而是出于公共政策和立法技术的考虑，以及便于商标注册申请审查的实际需要。① 所以，应厘清商标构成要件与商标注册条件，对商标从识别商品来源的本质与构成要件角度加以界定，在此基础上再对可以作为商标申请注册的要素作为商标注册条件进行列举。

就识别商品来源属性而言，其不仅是商标基本构成要件，商标注册还对其提出了更高的要求。首先，《商标法》第 9 条规定申请注册的商标“应当有显著特征，便于识别”，是标志本身自然属性的规定，标志只有以一定形式存在、容易被人们感知，才能起到标识作用。当然，一般情况下，以某种特定表现形式呈现、容易被人们所感知的标志都具备第一层意义上的“识”，标志自然属性意义上的“识”的要求较低，甚至可以采用推定的方式进行认定。其次，“便于识别”中“便于”意味着在满足商标构成最低程度识别性的基础上需要更强的识别性，不具备一定强度的识别性，不“便于”被相关公众作为商品来源标志识别。最后，商标不同于商标标志本身，标志本身便于识别，并不意味着使用在指定的商品上当然具备识别商品来源功能。同样，在指定商品上使用的标志能够识别商品来源，也不意味着具备识别作为商品来源的任意市场主体的能力。②

所以，建议修改我国《商标法》第 8 条的规定，区分商标构成要件与商标注册条件两个层次。首先，就商标构成要件而言，将商标定义为任何能够识别商品来源的标志，保持标志范围的开放性，这是第一个层次。其次，就商标注册条件而言，在使用特定商品标志识别商品来源的基础上，进一步规定可以作为商

---

① 《商标法》2013 年修改时在第 8 条中增加“声音”要素的规定，即是修改前《商标法》对可以作为商标申请注册的标志范围的限定并不是商标本来属性的例证。

② 如“微信”商标驳回复审行政纠纷案，可从识别商品来源能力的角度进行解释。由于深圳市腾讯计算机系统有限公司（以下简称腾讯公司）在“微信”服务上的巨大商业成功，商标审查核准之时该标志已与腾讯公司建立了牢不可破的联系，该标志事实上已不可能再与创博亚太科技（山东）有限公司的相同或者类似服务形成商标关系，即不可能再用以识别创博亚太科技（山东）有限公司的商品来源，因而对于创博亚太科技（山东）有限公司的商品而言已构成相对的无区别能力。参见孔祥俊：《论商标法的体系性适用——在〈商标法〉第 8 条基础上的展开》，载《知识产权》2015 年第 6 期。

标申请注册的标志要素的法定范围，如包含文字、图形、字母、数字、三维标志、颜色、声音、位置、动态全息图，甚至是气味等，对可以作为商标申请注册的标志要素范围根据市场实际和审查实践作出立法选择，这是第二个层次。同时，完善可作为商标申请注册的标志的合法性条件的审查程序规则，借鉴《欧盟商标条例》第4条的规定，将违反“可以作为商标申请注册的标志”作为商标注册申请驳回、异议及注册商标撤销、无效宣告的绝对事由，明确法律依据，并完善程序保障。

（二）规制不以发挥识别功能为目的的商标注册申请

不以发挥识别商品来源功能的商标注册扰乱商标注册和使用秩序，甚至衍变成“符号垄断”，妨碍商标功能的发挥，造成有限商标资源的浪费。就商标识别商品来源功能来看，在相同或类似商品上恶意抢注他人在先使用的未注册商标、在不相同或者不相似的商品上大量抢注他人有一定知名度的商标，在不相同或不相类似商品上复制、模仿或翻译他人在中国注册的驰名商标等，注册申请人根本没有实际使用商标、发挥商标识别商品来源功能的真实意图，纯粹是为了阻碍他人识别商品来源功能的商标使用，进而待价而沽；或者虽已经或意图发挥商标识别商品来源功能，但与他人商业标识识别商品来源功能相冲突，容易导致相关公众对商品来源的混淆误认，都影响商标识别商品来源功能的发挥。因此，不以使用为目的的恶意商标注册申请缺乏商标私权保护的正当性，扰乱了商标注册和市场竞争秩序，是商标注册绝对禁止事由。

基于不以使用为目的商标注册申请与恶意注册关系的不同解读，有观点认为，应扩大解释“恶意注册”，将“不以使用为目的”的商标注册作为示例加以理解。[①] 从不以使用为目的主要规范商标囤积注册的立法目的出发，恶意注册涵盖不以使用为目的囤积注册这一类型，但从文义解释来看，“不以使用为目的”不等于“囤积”和“恶意”。“在一个法治国家里，人们应该考虑和遵循的仅仅是立法者表现在法律文字中的客观意思，而不应该是立法者的主观意思。”[②]既然不以使用为目的的立法文本客观上包含囤积以外的含义，也存在现实需求，则不应当人为地限制解释。而且，并非所有不以使用为目的的商标注册申请都属于“恶意”，如防御性注册。所以，“不以使用为目的”是商标注册条件的消极排

---

① 参见孙靖洲：《〈德国商标法〉的最新修订及其对我国的启示》，载《知识产权》2019年第6期。

② 张志铭：《法律解释操作分析》，中国政法大学出版社1999年版，第41页。

除,但仅是“不以使用为目的”不足以阻碍商标注册,还需进一步排除不具有主观恶意的正当理由。“恶意”也是此类商标注册消极条件的构成要素之一,甚至可以说审查不以使用为目的恶意商标注册申请最终落脚于禁止恶意注册。“不以使用为目的的恶意商标注册申请”具有特定的构成要件,需同时具备“不以使用为目的”与“恶意”两个要素。审查实践中,根据《商标法》第29条等相关规定,充分利用审查意见,要求申请人说明甚至提供必要证据证明其为真实使用进行准备、使用的可能性,或即使不以使用为目的但没有恶意,建立不以使用为目的的恶意商标注册申请的查明机制。

商标法规定了不以使用为目的的恶意商标注册申请人及其代理机构的行政责任。但是,商标异议、复审、无效宣告等审查及审理程序众多,相关程序费用及代理费用皆因不以使用为目的的恶意商标注册申请人而起,理应由其承担,提高商标恶意注册的成本。《欧盟商标条例》规定,在认定申请人不以使用为目的、恶意抢注他人在先使用并有一定影响的未注册商标等情形下,增加直接将注册商标转移给真正权利人作为替代性选择的规定,优化相关程序,减轻在先权利人的程序诉累及维权费用。① 不以使用为目的恶意注册申请,阻碍他人正当的商标注册和使用并给他人造成了损失,应进一步完善恶意商标注册申请民事责任,在民事诉讼中对是否构成不以使用为目的的恶意商标注册直接作出认定,促进商标授权确权纠纷行政程序与商标侵权纠纷民事程序衔接,实质性地解决纠纷。

(三)修改本商品通用名称通过使用取得显著特征作为商标注册的规定

商品通用名称标示和指代商品种类,是一种类型商品的统称。基于公共利益和公平竞争的需要,商品通用名称不能为个别市场主体控制。对于竞争者来说,通用名称是竞争必不可少的工具。② 相关公众不会将特定商品上使用的本商品的通用名称、图形、型号等作为商品来源标记识别,这些标志不能发挥识别商品来源功能,不管在该商品上如何使用,都无法构成商标,更不可能通过使用取得显著性进而作为商标注册。我国商标法规定“仅有本商品的通用名称、图形、型号的”标志可以经过使用获得显著性而作为商标注册,不仅有悖商标识别商品来源功能的基本原理,也容易导致别有用心的商标注册人不当霸占本商品

---

① 参见《欧盟商标条例》第22条。

② 参见曾陈明汝:《商标法原理》,中国人民大学出版社2003年版,第130~131页。

通用名称等公共资源，破坏市场竞争秩序，损害其他生产经营者合法权益。[①] 虽然立法者意识到允许本商品的通用名称、图形、型号经过使用取得显著特征可以作为商标注册可能导致利益失衡，规定了注册商标含有本商品通用名称、图形、型号等注册商标权人无权禁止他人正当使用，但不仅"含有"本商品通用名称的注册商标权人无权禁止他人正当使用与"仅有"本商品的通用名称经使用可以作为商标注册的概念范畴不同，而且正当使用的限制也改变不了对仅有本商品通用名称的标志给予商标注册、赋予注册商标专用权对公有领域的不当侵蚀。

我国商标法应将"仅有本商品的通用名称、图形、型号的"标志作为不得作为商标使用的情形加以规定，将其排除出可以经过使用获得显著性进而可以作为商标注册的范围，只保留直接表示商品的质量等特点的描述性标志经过使用取得显著性可以作为商标注册的规定。因为根据商标识别功能理论，"仅有本商品的通用名称、图形、型号的"标志的使用不可能是归属于特定主体、标示和区分商品来源的使用，应保留在公有领域，保持商标保护与商品通用名称、图形、型号等标志正常使用的合理边界。除非随着商品命名规则和市场实际动态变化，已经不再是本商品通用名称、图形、型号等标志，如果具备显著特征、便于发挥识别商品来源的功能，才可在该商品上作为商标注册。同样，注册商标的标志演变成本商品通用名称、图形、型号等，不能继续发挥识别商品来源功能，应当宣告该注册商标无效。

（四）修改地名不得作为商标使用的规定

我国商标法在商标合法性条款中对县级以上行政区划或者公众知晓的外国地名作出不得作为商标使用的规定。[②] 违背商标合法性规范属于商标注册与使用的绝对禁止条件，即便商标法规定了地名具有其他含义的例外，但也只限

---

① 《商标法》第 11 条第 1 款规定，"下列标志不得作为商标注册：（一）仅有本商品的通用名称、图形、型号的；（二）仅直接表示商品的质量、主要原料、功能、用途、重量、数量及其他特点的；（三）其他缺乏显著特征的"。第 11 条第 2 款规定，"前款所列标志经过使用取得显著特征，并便于识别的，可以作为商标注册"。该条第 1 款规定本身不存在大的问题，但第 2 款对第 1 款的 3 项规定不加区分，混淆了"仅有本商品的通用名称、图形、型号的"标志是不得作为商标注册还是不得作为商标注册并禁止使用的关系。

② 《商标法》第 10 条第 1 款规定，"下列标志不得作为商标使用……"这是对商标标识合法性提出的要求；第 10 条第 2 款规定，"县级以上行政区划的地名或者公众知晓的外国地名，不得作为商标。但是，地名具有其他含义或者作为集体商标、证明商标组成部分的除外；已经注册的使用地名的商标继续有效"。

于地名本身具有其他含义，排除了地名经过商标使用获得“其他含义”的可能。如果严格进行这样的解释，县级以上行政区划的地名和公众知晓的外国地名，将无法经过使用获得“第二含义”进而作为商标注册。所以，理论与司法实务中有对地名“不得作为商标”的性质作出禁止作为商标注册与禁止作为商标使用的区分。域外主要国家和地区对地名商标的描述性和欺骗性分别进行规制，即将“产地”等地理名称作为描述性要素的一种，规定在有关商标描述性条款中，而把地名商标可能具有的欺骗性纳入商标欺骗性条款。如《欧盟商标条例》有关驳回注册绝对理由的第 7 条第 1 款通过两项对地名商标的描述性和欺骗性分别规定。[①] 我国商标法应当将一般的地名标志作为普通的描述性标志进行规定，在删除《商标法》第 10 条第 2 款规定的同时，纳入第 11 条第 1 款第 2 项的规定，为地名商标经过使用取得显著特征、便于识别，可以作为商标注册留下空间。同时，如果地名商标的使用带有欺骗性，容易使相关公众对商品的产地等特点产生误认的，不予注册并禁止使用。

所以，建议商标法在明确商标定义和商标构成要件的基础上，规定商标注册的基本条件，对商标构成要件与商标注册条件进行区分和体系化安排，对商标注册申请审查进行商标构成要件与商标注册条件双重过滤，即首先审查是否具备识别商品来源能力的商标构成要件，在此基础上再审查商标注册的合法性、显著性和非冲突性等条件。商标法实施条例、司法解释、商标审查及审理规则等应对商标注册条件中“具有显著特征、便于相关公众识别”进行细化，增强可操作性，统一法律适用和裁判标准。

三、强化商标识别商品来源使用

我国 2013 年《商标法》第三次修改吸收原《商标法实施条例》有关商标使用的规定，进一步突出了商标使用的地位，明确商标使用“用于识别商品来源”的本质属性，对科学认识商标的本质和商标法律保护宗旨具有非常积极的意义。2019 年《商标法》第四次修改在第 4 条中增加了不以使用为目的的恶意注册申请应当予以驳回的规定，并通过明确将其作为异议及无效法律依据加以程序保

---

① 《欧盟商标条例》第 7 条驳回注册的绝对理由第 1 款规定，以下商标不得予以注册：……(c)仅由在商业活动中用于标明商品的种类、质量、数量、用途、价值、原产地、生产日期，或提供服务的时间的符号或标志组成的商标，或标明商品或服务的其他特征的符号或标志组成的商标……(g)带有欺骗性质的，例如有关商品或服务的性质、质量或地理来源的商标。

障，为规制不以使用为目的的恶意商标注册提供了明确的法律依据。但《商标法》在第六章“商标使用的管理”中界定商标使用，采用定义与使用方式相结合的规定方法未对互联网等新兴领域的商标使用作出回应，需要进一步完善。

（一）总则中界定和统领商标使用

商标的生命在于使用，商标使用贯穿商标及商标法的始终，具有根本性、全局性。仅将商标使用在《商标法》第六章商标使用的管理部分进行界定显然无法统领整部商标法，应对目前的立法体例作出调整，在总则部分对商标使用加以规定，增加商标使用对商标注册、维持、许可、管理及保护等商标法律体系的统领性、普适性，进一步彰显识别商品来源的商标使用在商标法中的重要地位。而且，商标法总则有关条文在没有对商标及商标使用进行界定的情况下已经使用了“商标使用”的概念，直到第六章商标使用的管理中才对商标使用进行界定，这种先使用、后界定，也不符合逻辑。所以，从商标使用在商标法的重要地位以及与商标法律规范的逻辑关系来看，应当在商标法总则中对商标使用进行界定，增强总则商标使用概念界定对商标法分则的统领作用。

我国《商标法》将商标使用界定为“用于识别商品来源的行为”，抓住了商标的本质属性，有利于商标保护理论的完善和商标法律适用，非常值得肯定。将商标使用界定为识别商品来源的行为，从商标基本属性出发，既能满足商标保护目的的规范需要，保护商标所有人的正当权益，防止其他生产、经营者损害商标所有人的合法权益，维护公平竞争秩序，也将非用于识别商品来源的正当使用排除在商标权保护范围之外，防止符号垄断、过度保护和妨碍自由竞争秩序，合理平衡商标权人与其他生产、经营者和社会公众之间的利益，以识别商品来源功能为基点构建商标使用制度，能够很好地实现规范目标和利益平衡。但仅停留在“用于识别商品来源”层面还未切中商标使用的核心，商标使用是一种事实行为，不以生产、经营者“用于”识别商品来源的内心意图为要件，也不是所有在商品上物理性贴附商标标志的行为都能用于识别商品来源，关键是相关公众识别商品来源的客观效果。

从商标识别功能发挥角度来看，只有生产经营者作为商标使用的事实行为与相关公众能够以其识别商品来源客观效果相统一，商标识别商品来源功能才能真正实现。在商标识别功能保护方面，也是只有生产经营者实施了商标使用的事实行为，并且他人未经许可使用该商标、利用其识别商品来源或破坏其识别商品来源功能，相关公众无法根据该商标识别真正的商品来源，才有商标法介入和保护的必要。否则，要么根本就不是作为识别商品来源的商标在使用,不享有受商标法保护的利益;要么由于商标未实际用于识别商品来源,商标识别功能保护应受到相应的限制。因此,识别商品来源是生产经营者将特定商标用于识别商品来源的事实行为与相关公众通过商标识别商品来源的客观效果的统一。而且,相关公众通过商标识别商品来源的客观效果具有决定性。

所以,建议商标法从生产经营者用于识别商品来源的事实行为和足以使相关公众识别商品来源的客观效果统一的角度科学界定商标使用。在完善商标法商标使用定义的基础上,统一商标注册审查及审理标准、商标权民事纠纷的司法解释以及刑法等相关法律法规有关商标使用的界定,防止民事、行政、刑事执法与司法的冲突。① 在具体法律规范方面,我国商标法将商标使用的定义与具体使用方式的规定杂糅在同一款条文中,使商标使用的定义不够简练、清晰。建议商标法将商标使用的定义和使用方式分款规定,并在具体使用方式中因应互联网等新兴技术的发展增加网络领域的使用方式,逻辑上更加清晰和更具条理化,定义发挥概括统领作用,具体使用方式的体系化列举更便于法律适用。具体建议如下:

> 本法所称商标的使用,是指将商标用于商业活动,足以使相关公众以其识别商品来源的行为。
>
> 下列将商标用于商业活动的行为,均属商标的使用:
>
> (一)将商标用于商品、商品包装或容器;(二)将商标用于服务或服务有关的物品;(三)将商标用于商品或服务交易文书;(四)将商标用于商品或服务广告宣传、展览;(五)将商标用于互联网、移动通信等媒介;(六)将商标用于其他商业活动中。

(二)商标使用制度类型化

识别商品来源是商标使用的本质属性,但识别商品来源有用于识别商品来源的意图、行为和客观效果等层次之分。在商标注册申请、注册商标维持、商标

---

① 最高人民法院、最高人民检察院《关于办理侵犯知识产权刑事案件具体应用法律若干问题的解释》(法释〔2004〕19号)第8条第2款规定,《刑法》第213条规定的"使用",是指将注册商标或者假冒的注册商标用于商品、商品包装或者容器以及产品说明书、商品交易文书,或者将注册商标或者假冒的注册商标用于广告宣传、展览以及其他商业活动等行为。

权保护等不同程序和制度中对识别商品来源属性的要求不尽相同，表现出一定的差异，需要根据不同制度的立法目的分别加以认定。因此，在商标法总则对商标使用进行界定后，在商标授权确权、商标许可、商标侵权等制度中，需要通过司法解释、司法政策、指导案例或典型案例等方式对不同制度中商标使用的法律适用规则进行类型化，在立法目的指引下准确把握不同制度中商标使用的认定标准。

商标授权确权制度侧重审查商标所有人是否具备诚信使用商标识别商品来源的主观意图，如在无正当理由连续3年不使用撤销制度中，即使商标所有人没有达到使用商标识别商品来源的客观效果，如果商标所有人已经做好使用商标的准备，也应维持该商标注册。当然，司法实践中对连续3年不使用撤销纠纷商标使用的要求相对宽松，在撤销申请提出之后乃至诉讼中才开始的商标使用也可作为判断是否维持商标注册的可以考虑的证据的做法，不利于规制没有发挥商标识别商品来源功能的意图及行为的商标恶意抢注。连续3年无正当理由不使用中商标使用证据审查及适用标准应在目前相对宽松的基础上适当从严，特别是严格把握商标真实、公开使用证据的审查标准，回归商标识别商品来源的本质属性，切实维护商标注册和使用秩序。① 相反，在恶意商标注册申请及注册商标无效宣告审查制度中，若商标申请人或注册人不以发挥商标识别商品来源功能为目的，而是通过抢注、囤积商标来牟取不正当利益，也应驳回商标注册申请或宣告注册商标无效。

商标侵权行为制度侧重审查被控侵权行为识别商品来源的可能性，即被控侵权行为是否具备识别商品来源的功能，在识别商品来源可能性的基础上判断混淆可能性。商标侵权损害赔偿制度，尤其是未使用不赔偿抗辩制度应侧重审查商标所有人使用注册商标实际发挥识别商品来源的客观效果，商标实际发挥识别商品来源功能，商标标识与相关商品之间才能获得稳定联系，基于识别商品来源才能产生受商标法保护的特定利益。连续3年不使用撤销制度在司法实践中也确实贯彻了对确有实际使用或实际使用意图的商标使用标准酌情从

---

① 如"湾仔码头"商标连续3年不使用撤销纠纷案，审理法院将使用的目的(善意或恶意)、使用行为本身(真实使用、象征使用甚至虚假使用)以及使用的后果(区分的市场效果还是混淆的市场效果)进行了整体考虑，对真实使用的认定即采用了较为严格的标准。参见北京市高级人民法院行政判决书，(2014)高行终字第1934号。而且，"如果维持商标的结果导致与相关商标基本上无法区分，从而涉及公共利益和消费者权益保护的，就要适当从严把握"。参见最高人民法院行政裁定书，(2011)知行字第28号。

宽把握的司法政策。① 甚至复审商标在商标评审或其后续的行政纠纷中才恢复使用，也被接受进而维持商标注册，可见商标撤销制度中对商标使用的认定标准规定的较为宽松。② 而针对商标注册申请，经使用取得显著性的商标使用要求相对较高，本来不具备显著特征的标志必须通过识别商品来源的商标使用，即通过长期大量的使用才能产生独立于其固有含义的“第二含义”，便于相关公众将其作为识别商品来源的标记对待。

商标识别功能的本质在于商标与商品及商品来源的联系，商标权正是对这一联系的支配和控制，确保通过识别商品来源的使用建立唯一联系。③ 但在商标法的不同法律制度中，识别商品来源的认定标准和司法政策具有层次性，连续 3 年不使用撤销制度中商标使用的要求相对较为宽松，缺乏显著性、经使用取得显著性的商标使用要求相对较高，商标侵权认定及损害赔偿中商标使用要求居中，④应充分把握识别商品来源属性的层次性，在商标使用共性的基础上有针对性地把握不同制度和程序中的商标使用标准，完善商标使用的类型化和精细化。

四、确立侵害识别功能判定标准

保护商标权的实质是通过保护商业活动中商标功能的正常发挥而实现财

---

① 如“红牛”商标连续 3 年不使用撤销行政纠纷案，最高人民法院认为，商标 3 年不使用撤销制度的确有鼓励商标使用、防止浪费商标资源的立法目的，因此为实现该制度的价值，在确有实际使用或实际使用意图情况下，可以酌情从宽掌握使用标准，尤其是可以从证据及证据标准、情事变更等方面进行适当从宽把握。参见最高人民法院行政裁定书，(2011) 知行字第 28 号。

② 有学者认为，因“已连续三年停止使用”而被商标局撤销，但在商标评审或者司法审查程序中已经实际使用的，行政撤销的事实基础已不存在，可以恢复其注册商标。因为此类行政撤销行为毕竟不是行政处罚，不过是为了促使商标注册人实际使用和清除“闲置”商标，以情势变更原则进行处置，符合公平原则。参见孔祥俊：《商标法适用的基本问题》，中国法制出版社 2012 年版，第 233 页。

③ 参见王莲峰：《商标的实际使用及其立法完善》，载《华东政法大学学报》2011 年第 6 期。

④ 有学者认为，对于维持商标权的商标性使用，是为了避免没有进行任何形式使用的注册商标给他人商标选择的自由造成过大妨碍，当然应该对该使用进行严格解释，即要求其使用必须是发挥识别功能的使用。普通商标侵权中也以商标使用为前提，当然，对于特殊侵权中的使用范围应不限于商标性使用，如驰名商标侵权的判断中，被侵害的商标往往是已经使用并积累了商标权人市场信用的商标，为切实保护商标权人已经积聚的市场信用，此时，对使用应进行扩大解释，即其使用甚至不限于发挥识别功能的使用。参见李扬：《注册商标不使用撤销制度中的“商标使用”界定》，载《法学》2009 年第 10 期。

产利益和竞争优势，商标权救济就是对损害商标功能的行为进行制止，补偿商标权人因他人损害其商标功能所遭受的利益损失。

(一)侵害商标识别功能的基础性

设定商标排他性权利，目的在于保障商业活动中商标功能的实现。侵害商标权就是对他人商标功能的不法侵害，不损害商标功能的使用行为，也就无所谓商标侵权行为，商标功能是确定商标侵权的基础。

商标基本功能是识别商品来源，在此基础上延伸出品质保证功能、广告功能、商誉功能等。商标不同功能具有不同的内涵，发挥不同的作用，具有各自独立的价值。不同类型的商标侵权行为侵害了商标不同的功能，如商标识别功能、品质保证功能、商誉功能等，这也正是以侵害商标功能为基础对商标侵权行为进行类型化的理论基础。识别商品来源功能意味着商标所有人有权控制商标识别商品来源，并禁止他人实施商标假冒和仿冒混淆行为。品质保证功能意味着商标权人有权禁止他人未经许可损害商品品质的商标使用行为。在有些特殊情况下，商标识别商品来源的功能并未受到侵害，但由于他人未经许可实施的分装、修理、重制等行为，使商品品质改变而未真实地披露相关信息，容易导致相关公众对商品品质的混淆误认和利益受损，也影响了商标权人的信誉，损害了商标品质保证功能。表彰商誉功能意味着为相关公众熟知的商标承载着积极评价和良好信誉，赋予商标所有人在不相同和不类似商品上的保护。商标功能具有多重性，从功能视角的商标保护也呈现标准的多元化。尽管如此，商标的基本功能为识别商品来源，品质保证功能、表彰商誉功能等都是在此基础上的延伸，侵害商标识别功能对商标侵权行为的判定具有基础性。

(二)侵害商标识别功能的表现

保护商标识别功能就是保护商标权人利用注册商标识别商品来源的专有和控制，商标权人控制利用商标识别商品来源，并通过商标正常地发挥识别商品来源功能，确保相关公众通过商标正确地识别商品来源。相关公众无法根据注册商标识别商品真正来源，通过注册商标建立起的指定商品与商品来源之间的唯一联系受到阻隔，就是对注册商标识别功能的侵害。

商标识别功能包括标识性和区别性两个层次，商标混淆侵权行为的保护基础是商标识别商品来源功能中的区别性，而假冒注册商标是未经许可在相同商品上使用与他人注册商标相同的标识，虽然容易导致商品来源混淆，但首先侵害的是商标权人通过商标标示商品来源的专有和控制。同样，未经许可去除他人注册商标，并将该去除注册商标的商品又投入市场的反向假冒行为，割断了商标标志与商品及商品来源的联系,剥夺了他人商标标示商品来源的机会。

五、促进商标侵权行为类型化

2013 年修改后的《商标法》在立法上明确了混淆可能性作为商标侵权认定的关键作用和独立价值,明确了商标混淆性侵权行为的主导类型,奠定了我国商标侵权行为类型化基本制度,与驰名商标特殊保护共同构成商标侵权行为制度体系。商标法及相关行政法规、司法解释的细化规定主要是从行为表现的角度对混淆性商标侵权行为进行列举,但行为表现并不能准确反映商标侵权的内在规定性。混淆性商标侵权行为的本质是侵害商标区分商品来源功能,以侵害商标功能为线索对商标侵权行为进行梳理,根据侵害商标功能的类型和方式对商标侵权行为进行类型化,是促进商标侵权行为立法体系化的有效路径。

(一)侵害商标识别功能的假冒行为

商标识别商品来源功能的保护,即赋予商标所有人对商标识别商品来源的专有和控制,排除他人的利用和妨碍。假冒行为,是未经许可侵害他人商标的标识商品来源功能。如假冒注册商标,是对他人商标识别商品来源专有和控制的侵犯与不法利用,也公然践踏了商标注册和管理秩序,商标法应严格禁止,无须考虑混淆可能性的后果。因为这是注册商标所有人的固有权利,如果此类行为不构成侵权,那么注册商标专用权的核心内容就具有很大的不确定性,注册商标专用权的核心内容不清晰,其基本功能的发挥会有重大障碍,这与法律授权的精神背道而驰。[①] 反向假冒同样也妨碍他人商标识别功能发挥,窃取商标所有人为提高商品品质和良好信誉而做出的努力和劳动成果。将他人商标作为商品名称等其他商业标识使用在相同商品上,要么是未经许可利用他人商标识别商品来源功能,要么是将他人识别商品来源的商标用作识别经营主体、经营活动等。虽然具体表现形式不同,但有一定影响的商品名称等商业标识同样具有识别商品来源的功能,也是未经许可利用他人商标识别商品来源功能的行为;将他人商标用作一般的商品名称,甚至有使他人商标退化为商品通用名称、不能发挥识别商品来源功能的危险。而将他人商标所识别的商品来源转为识别经营主体、经营活动等,用于相同商品的经营活动中,也割断了他人商标与其所识别商品来源之间的联系。因此,侵害商标识别功能的假冒行为具体类型化

---

① 孔祥俊:《商标与不正当竞争法:原理和判例》,法律出版社 2009 年版,第 311 页。

为假冒注册商标行为、反向假冒行为以及将他人商标作为其他商业标识在相同商品上突出使用行为等。

有关反向假冒行为的规定,我国《商标法》第57条仅有“更换”他人注册商标行为构成商标侵权的规定,对于覆盖、去除原商品商标后再次出售的反向假冒行为未予以明确。首先,将“更换”改为“覆盖、去除、更换等”,使覆盖、去除等对隐性反向假冒的规制有法可依。在商标法条文未修改之前,可通过司法解释或指导意见的形式对“更换”进行扩张解释,即商标反向假冒行为既包括更换商品上他人商标后将商品重新投入市场流通,也包括覆盖或去除商品上他人商标又将商品投入市场流通,明确隐形反向假冒的法律规制。其次,对“投入市场”作出合理解释。“投入市场”构成要件主要是为了排除最终用户使用商品过程中覆盖、去除、更换商标行为的商标反向假冒属性,在这个意义上说,所有能在流通领域发挥商标识别功能的行为都应属于“投入市场”范畴,无论投入本国市场还是他国市场,均构成反向假冒,不仅包括在市场中销售的行为,还应包括任何利用被反向假冒的商品进行的宣传、试用、推销、赠送等一系列的不以直接销售为目的的商业行为。[①] 再次,由于注册商标专用权以核准注册的商标和核定使用的商品为限,反向假冒的规定也是“未经商标注册人同意,更换其注册商标”,显然目前我国商标法将商标反向假冒的对象限定为注册商标,无法将未注册的驰名商标纳入商标反向假冒的保护范围。与一般的注册商标相比,驰名商标是经商标权人长期使用,被相关公众广为知晓,蕴含巨大商业价值的商标,更容易成为假冒的对象,对未注册的驰名商标加以保护同样重要。我国商标法的立法理念也是赋予未注册驰名商标与注册商标同等法律地位。因此,应扩大商标反向假冒的保护范围,将未注册的驰名商标纳入商标反向假冒制度加以规制。最后,假冒与反向假冒都是割断商标标志与商品及来源联系的行为,虽然前者是假冒商标、后者是假冒商品,但都是破坏商标标志与商品及商品来源的唯一联系、扰乱商标注册和管理秩序的行为。从社会危害性角度来看,商标反向假冒并不比假冒注册商标行为的社会危害性小,不科以刑事处罚,不利于保护商标专用权和消费者的利益。[②] 所以,建议研究制定相关司法解释,对具有严重社会危害性的商标反向假冒行为进行刑事追诉。

---

① 参见丁乐超、李静、于宏伟:《关于新〈商标法〉反向假冒规定的几点认识》,载《烟台大学学报(哲学社会科学版)》2003年第4期。

② 参见任彦君:《论我国刑法漏洞之填补》,载《法商研究》2015年第4期。

关于将他人注册商标作为商品名称等其他商业标识在相同商品上突出使用的行为，虽然生产、经营者是作为商标以外的其他商业标识使用，但由于突出使用该商业标识，使用在相同商品上，相关公众仍然容易将其作为商品来源的标记加以对待，实质上仍然是发挥着识别商品来源的功能，也是未经许可对他人商标识别商品来源功能的利用，损害了注册商标的识别功能。此类商标侵权行为认定必须同时满足3个条件：一是将他人注册商标作为其他商业标识使用，如作为商品名称、企业名称中的字号等；二是使用在相同商品上，不包括在类似商品上使用；三是突出使用，即在商品上或广告等商业活动中的显著位置以醒目的颜色、不同的字体标注等方式使用，相关公众容易将其作为商品来源的标记加以对待，并以此区分商品来源。

（二）侵害商标识别功能的仿冒行为

侵害商标识别功能的仿冒行为是商标侵权行为的主要类型，妨害他人商标识别商品来源之区分性发挥，降低相关公众对商标区分不同商品来源能力的认知，容易导致相关公众混淆误认。我国《商标法》第57条第2款所列举商标混淆性使用行为，以及相关司法解释规定的在我国未注册的驰名商标的混淆性使用、将他人商标作为其他商业标识的混淆性使用等，其中其他商业标识混淆性使用根据商业标识表现形式不同又可细分为商品名称、企业字号、域名等。与假冒行为侵害商标权人对商标识别功能之标识性不同，仿冒行为并未直接使用他人注册商标，未侵犯商标权人对商标识别功能的专有，但使用与他人注册商标近似的商标，影响了注册商标区分来源功能的发挥，容易导致相关公众混淆误认，侵害了商标权人对商标识别商品来源功能的排他性控制。

（三）侵害商标识别功能的帮助侵权行为

未直接实施侵害商标识别功能的行为，但故意为他人实施侵害商标识别功能行为提供便利条件，帮助他人实施侵害商标识别功能的行为，也作为商标侵权行为处理，如为他人实施商标侵权行为提供仓储、运输、邮寄、印刷、经营场所、网络交易平台等，其中印刷包括印刷他人注册商标标识或者销售印刷的注册商标标识。

此外，商标功能还包括品质保证功能、广告宣传功能、表彰商誉功能。一般而言，侵害商标不同的功能，对商标造成的损害结果不同。即使同样侵害商标识别功能，也可能采用不同的方式，属于侵害识别功能类型商标侵权行为的不同行为表现。但是，由于商标识别商品来源是商标最基本的功能，品质保证、广告宣传、表彰商誉等功能是识别功能的延伸，侵害商标识别功能是商标侵权行为的主要形式,如果从商标是标志、商品及商品来源的有机体意义上来看,侵害商标品质保证功能往往是商品已经发生改变,破坏了标志、商品及商品来源的联系,损害的仍然是商标识别商品来源功能。当然,表彰商誉与识别商品来源机理不同,侵害商誉功能是对商标所承载及表彰商誉的不法利用,贬损了他人商标的商誉。由于注册商标专用权以核准注册的商标和核定使用的商品为限,侵犯商标识别功能的商标侵权行为以商品类似、商标标志近似和容易导致混淆为限。突破类似商品、近似商标标志的范围使用他人知名度高的商标,虽然不容易导致相关公众混淆误认,但也有可能构成侵权。只不过与侵害商标识别功能的商标侵权行为不同,这种商标侵权行为侵害的是商标的表彰商誉功能,国外有些国家甚至认为其是独立于商标侵权行为之外的一种特殊侵权行为。

六、健全商标侵权抗辩体系

商标法在保护商标识别功能的同时,不断完善商标识别功能保护限制与例外制度。我国《商标法》历经 4 次修改,初步形成了以在先使用抗辩、描述性正当使用抗辩为主体的商标权限制与抗辩制度,如《商标法》第 48 条对商标使用的界定反过来明确了未发挥商标识别功能、不构成商标使用的情形;第 59 条第 1 款规定的描述商品的功能、原料、用途、数量、质量等的使用,第 2 款规定的功能性使用等非识别商品来源意义的使用,第 3 款规定的发挥识别商品来源的使用但使用在先;第 64 条规定的无正当理由连续 3 年不使用,对于未发挥识别功能的注册商标的损害赔偿限制。如在先使用抗辩制度,正是基于对在先将商标实际用于识别商品来源的保护,这既是对商标实际发挥识别功能的肯定,反过来也是对在后注册商标识别功能的限制,确立了在先使用的未注册商标在商标法上的地位,体现商标法不但保护商标注册,还保护商标识别商品来源的实际使用的精神,进一步明确了识别功能的法律保护,较好地平衡了注册与使用的利益冲突。

但是,随着商标财产化趋势盛行,商标权保护范围扩张明显,执法与司法实践中将加大商标权保护力度机械地理解为扩大商标权保护范围,将本不属于商标权保护范围的正当使用作为商标侵权处理,造成了对商标符号的垄断,损害了自由和公平竞争的市场秩序,法律构筑的利益平衡被打破,亟须回归商标保护的本源,齐抓共举商标权保护与商标权限制及侵权责任抗辩,尤其是完善商标权利用尽、指示性使用和商标权滥用制度,[①]以及商标共存等商标权限制与侵权抗辩制度。因此,根据商标识别功能对商标权限制制度进行完善,区分未识别商品来源的标志使用、发挥商标识别商品来源功能未实质影响商标权人利益的使用、商标权滥用,以及出于促进商品流通等公共政策需要对商标识别商品来源功能的限制,构建基于识别商品来源的商标秩序,维护商标权人与市场竞争者及消费者的利益平衡。

(一)指示性正当使用

描述性使用未发挥标志识别商品来源功能,不构成商标法意义上的商标使用。与描述性使用不同,指示性使用是直接使用他人商标指示该商品来源于商标所有人,或者用以说明使用者自己商品的性质、功能或用途等,正是使用他人商标的识别商品来源功能,只不过该商标识别的商品来源系商标权人,并非使用人。商标指示性使用存在两种常见类型,即在推销商标权人商品过程中使用他人商标,或者为了说明自己商品的用途或服务范围而使用他人商标。对于为说明自己商品的用途、服务范围而使用他人商标,与商标法规定的描述性使用的区别在于,指示性使用是利用了他人商标识别商品来源功能,只不过识别的商品来源仍是商标权人,未识别使用人的商品来源,仅说明使用人的商品可用于商标权人商品的性质、功能与用途等,如与商标权人商品存在组装、匹配关系。而描述性使用直接表示商品质量、功能、用途等特点,与商品来源无关。经销商标权人或经其许可投放市场的商品在市场流通过程中,对商标权人而言,基于该商品上的商标权利已经用尽,商标权人不仅无权干涉带有商标的商品的流通,而且在推销该商品过程中他人在广告宣传、展览以及其他商业活动中善意地、必要地、合理地使用商标,是为了说明商品的真实信息所必需,商标权人也无权干涉。

当然,经营者在广告宣传、展览以及其他商业活动中使用他人商标推销他人商品,目的是传递商品的真实信息,应在合理、必要的范围内善意使用,客观地指示自己经销的商品来源于商标权人或其许可投放市场的商品。如果超出了传递商品真实信息的目的,突出使用他人商标,或者将他人商标作为店铺招牌、企业名称或用于识别经营者自己的商品来源,则已经超出了指示商标权人商品来源的范围。将他人商标用于经营者自身商业活动中,识别自己的商品来

---

① 参见王太平:《商标指示性正当使用与商标权用尽的区分》,载《中华商标》2019 年第 3 期。

源，容易导致相关公众混淆误认，可能构成商标侵权或不正当竞争。司法实践中对诸如修理商、经销商的识别商品来源是否超出必要范围、容易导致混淆误认存在很大的争议，需要在立法上加以明确，防止法律依据的不足和司法裁量标准的混乱。如在芬迪爱得乐有限公司诉上海益朗国际贸易有限公司、首创奥特莱斯（昆山）商业开发有限公司商标侵权与不正当竞争纠纷案中，由于该案涉及使用"FENDI"标识行为较为多样，涉案使用商标行为是否为指示说明商品的真实来源，两审法院作出了截然不同的认定。[①] 同样，未经商标权人许可的"双相同"使用，是否一定就侵害了注册商标的识别功能，是否存在注册商标识别功能未受损害的可能，严格按照《商标法》第 57 条第 1 项的规定似乎排除了此种可能性。

所以，虽然我国商标法构建了描述性正当使用、在先善意使用等商标权限制与例外制度体系，但对经销他人商品，以及说明自己商品的用途、功能等不妨碍他人商标识别功能发挥的指示性使用行为没有明确的规定，需要在立法上加以明确，并通过司法解释明确商品合法来源举证责任的分配，使经营者的指示性使用有章可循，为解决指示性使用商标纠纷提供明确的法律依据和适用标准。为此，建议在《商标法》第 59 条中增加一款规定，"在商业活动中为说明自己商品的性质、功能或用途等信息之必要而在合理范围内善意使用注册商标，注册商标专用权人无权禁止他人正当使用"。

（二）不以发挥商标识别功能为目的

2019 年《商标法》修改新增驳回不以使用为目的恶意商标注册申请的规定，并明确了其在异议、无效等行政程序的适用。但在商标民事侵权纠纷中，除未实际使用仅支持合理维权费用赔偿、无正当理由连续 3 年不使用不支持赔偿请求等，能否加大商标恶意注册甄别和认定力度，不经注册商标确权程序，直接以恶意注册、权利滥用为由进行抗辩，需要进一步在制度上加以完善。

不以使用为目的的恶意注册商标，阻碍他人以真诚使用为目的甚至是已经实际使用的在后商标注册申请，这与促进商标使用宗旨相悖。商标法仅排除了 3 年不使用注册商标侵权诉讼赔偿请求权，对注册商标的诉前禁令、停止侵害、排除妨碍等请求权未予限制，近年来商标侵权纠纷司法实践中逐渐开始关注对

---

① 参见上海市浦东新区人民法院民事判决书，(2016) 沪 0115 民初 27968 号；上海知识产权法院民事判决书，(2017) 沪 73 民终 23 号。

商标恶意注册的规制,驳回恶意注册人滥用商标权的侵权之诉,[①]并支持追究恶意注册、恶意投诉或诉讼的行为给他人造成损失的法律责任的主张。[②] 但对不以使用为目的或未使用的在先注册商标请求权的限制并不彻底,在民事诉讼中人民法院对当事人主张的商标恶意注册抗辩直接作出认定与商标确权程序还存在冲突,不以使用为目的的恶意商标注册申请人给他人造成的损失也无从救济。所以,应完善不以识别商品来源的使用为目的的恶意注册的抗辩,促进商标授权确权纠纷行政程序与商标侵权纠纷民事程序衔接,针对不以使用为目的的恶意注册行为阻碍他人正当的商标注册和使用给他人造成的损失,结合民法典和反不正当竞争法等相关法律法规的规定,进一步完善规制不以使用为目的的恶意商标注册民事责任的法律规范,加强法律适用与案例指导。

第三节　商业标识保护立法体系化

商标是商业标识的一种,识别性是商标与其他商业标识的共同属性,识别对象的不同构成了商标与其他商业标识的根本区别。商标法主要保护注册商标,未注册商标、企业名称等其他商业标识主要由反不正当竞争法等加以保护,商标法和反不正当竞争法等法律法规共同构成了商业标识法律保护体系。识别性是商业标识保护立法体系化的纽带,不同类型商业标识识别对象的差异是商业标识保护立法体系化的基础,促进不同类型商业标识保护制度衔接配合、协调运行是商业标识保护立法体系化的关键。

一、识别功能统领商业标识保护立法

(一)商业标识的界定

商业标识的界定,还存在一定的争议。有的学者认为,"商业标识泛指在商业活动中具有识别性或者区分性的标识"。[③] 有些学者对商业标识进行广

---

① 参见最高人民法院民事判决书,(2018)最高法民再396号。

② 参见江苏省高级人民法院民事判决书,(2017)苏民终1874号;杭州市余杭区人民法院民事判决书,(2017)浙0110民初18627号。

③ 孔祥俊:《商标与不正当竞争法:原理和判例》,法律出版社2009年版,第21页。

义与狭义的区分。[①] 还有的学者认为，在知识产权法学领域，商业标识应采其狭义解释。[②] 基于不同含义的界定，对商业标识的分类也各不相同。有的学者将商业标识分为“商品来源的标识、经营者的标识”。[③] 有的学者将商业标识分为“区别商品或服务的标识、经营主体的标识和经营活动的标识”。[④] 我国立法工作中曾使用商业标识概念并明确界定，标志着商业标识从纯粹法学研究的理论概念正式进入立法层面。[⑤]

商业标识是生产经营者在商业中使用、识别其从事的经营行为并与其他经营者从事的经营行为区别开的标志，识别性是商业标识的基本功能，是区别于其他标识的根本属性，是经营者将特定标志作为商业标识使用、用于识别经营活动的事实行为和相关公众以该标志识别相关经营活动的客观效果的统一。随着商业标识自身发展和互联网飞速发展引起的商业标识形态的变化，商业标识呈现出新型化、复杂化、复合化的趋势。根据商业标识不同的识别对象，可将其分为识别商品或服务来源标识、识别经营主体标识、识别经营活动标识和其他商业标识四类。识别商品或服务来源的商业标识如商标以及商品名称、包装、装潢等，识别经营主体的商业标识如企业名称、姓名等，识别经营活动的商业标识如广告语，其他商业标识主要是指不能被上述 3 种商业标识涵盖，或不能简单划归某一类的商业标识，如网页等。所以，建议在立法中明确使用商业

---

① 如有的学者认为，广义来讲，其意是指商业活动中使用的任何具有某种特定指向意义的符号、记号；狭义上来讲，其指一切用以将不同的产品、服务或其生产者、提供者区分开来的符号、记号。参见刘春田：《知识产权法》，法律出版社 2009 年版，第 225 页。有的学者认为，狭义的商业标识是指经营主体在商业活动中使用的具有识别功能的文字、图形、字母、数字、三维标志和颜色的组合，以及上述要素的组合。广义上商业标识泛指经营主体在商业活动中使用表明商品或服务一定特征的标记，其外延除狭义的商业标记外，还包括商品的认证标志、名优标志、通用名称等商务标记以及特殊标志等。参见王莲峰：《商业标识立法体系化研究》，北京大学出版社 2009 年版，第 8 页。

② 参见张耕：《商业标志法》，厦门大学出版社 2006 年版，第 1 页。

③ 王莲峰：《商业标识立法保护的新发展》，载《重庆邮电大学学报（社会科学版）》2014 年第 6 期。

④ 孔祥俊：《商标与不正当竞争法：原理和判例》，法律出版社 2009 年版，第 21 页。

⑤ 参见 2015 年 12 月原国家工商行政管理总局向国务院报送的《中华人民共和国反不正当竞争法（修订草案送审稿）》。从国务院提请全国人民代表大会常务委员会审议的《修订草案》开始就回避了商业标识的用语，删除了有关商业标识的概念界定。但在 2017 年 11 月 4 日全国人民代表大会法律委员会向全国人民代表大会常务委员会所作的《关于〈中华人民共和国反不正当竞争法（修订草案三次审议稿）〉修改意见的报告》中，全国人民代表大会法律委员会仍然将修订草案三次审议稿第 6 条概括为“擅自使用他人有一定影响的商业标识混淆商品来源的不正当竞争行为”。

标识术语，采用概念定义方式界定其内涵，在此基础上根据商业标识识别对象的不同对其进行类型化，并对典型的商业标识进行列举，以内涵界定、类型化列举相结合的方式对商业标识进行定义，这是增强立法的前瞻性和适应性、提高立法质量和增强法律适用可操作性的有效方法，避免单纯列举的不周延，也满足了立法体系化的要求，增强了对《反不正当竞争法》第6条规定的不正当竞争行为的统领。

（二）以识别性为主线统一商业标识立法

商标注册申请获得核准需具备识别性，商标之外的其他商业标识虽然也能够发挥识别商品来源的功能，但商标法注册取得商标权的立法体例决定了其主要保护注册商标，对发挥识别商品来源功能的未注册商标的保护有限，注册商标以外具有识别商品来源功能的其他商业标识无法全部纳入当前立法体例下的商标法进行保护，只能通过反不正当竞争法有关禁止仿冒的不正当竞争行为的规定进行补充保护，体现了商标法与反不正当竞争法立法宗旨和规范目的的分工与配合。这两种法律采用不同的保护方式、保护期限、保护范围、救济途径等方面的具体制度设计和司法政策，共同实现对具有识别性的注册商标和具备识别商品来源功能的未注册商标的恰当保护，体现了保护商标识别功能法律规范的层次性、完整性和体系化。而且，商业标识并非全部是用于识别商品来源的标志，还包括识别经营主体、经营活动等其他类型的商业标识，非用于识别商品来源的商业标识不能归入未注册商标之列，厘清商标识别商品来源的本质，对纠正目前理论界盛行的将反不正当竞争法规定的商业标识都等同于未注册商标的错误倾向，具有积极而深远的意义。

所以，建议商标法进一步强化识别商品来源功能保护，将具有识别商品来源功能的商业标识进行统一规范，在商标法体系下区分具有识别商品来源功能的注册商标与未注册商标，摒弃创设专有权模式和行为规范模式之争，毕竟纳入商标法调整并不意味着当然就是“设权”，商标法中同样也有保护“法益”的空间。除识别商品来源功能商业标识外，有些商业标识识别的是经营主体、经营行为等商业来源，这些商业标识的使用规范不能被狭义的商标法所调整，但由于商业标识具有识别来源的共同特征，可借鉴《德国商标与其他标志保护法》的统一商业标识法。

二、有一定影响商业标识识别功能的保护

虽然商标法体现了对未注册商标识别商品来源功能的保护，如禁止抢注他

人在先使用并有一定影响的未注册商标，赋予在先使用人不侵权抗辩等，但这种规定主要是一种消极保护，并不能依据商标法获得积极意义的实体权利，不能向他人主张停止侵害和损害赔偿，除非构成《商标法》第 13 条第 2 款规定的未注册驰名商标。反不正当竞争法保护未注册商标，修订后的《反不正当竞争法》第 6 条完善了商业标识仿冒行为的规定，删除了假冒注册商标和商品质量等虚假表示的规定，进一步厘清了反不正当竞争法与商标法的关系和界限，以及反不正当竞争法规定的商业标识仿冒行为与虚假宣传的界限，使该条成为名副其实的规制商业标识仿冒不正当竞争行为的条款。

反不正当竞争法禁止的仿冒混淆不以商业标识是否注册、登记为条件，只要违背诚实信用原则和商业惯例，实施商业标识仿冒引人误认为是他人商品或者与他人存在特定联系即可。无论商业标识以何种形式表现，只要通过实际使用，发挥识别来源的作用，为相关公众所知悉，具有一定的知名度，他人擅自使用容易导致相关公众混淆误认，就有通过商业标识仿冒不正当竞争行为进行规制的必要。但 1993 年《反不正当竞争法》规制的商业标识仿冒不正当竞争行为中使用“知名商品”的表述加以限定，实践中容易被滥用为荣誉称号，或者误解为对知名商品本身的保护，修改后的《反不正当竞争法》第 6 条删除了“知名商品”的措辞，使用“有一定影响”的表述作为商业标识受禁止仿冒保护的条件，将 1993 年法律规定的“知名商品特有的名称、包装、装潢”“企业名称或者姓名”的保护要件统一为“有一定影响”。

反不正当竞争法对于商业标识的保护不以是否注册、登记为条件，而是以实际发挥识别来源为基础。只有通过发挥识别来源功能的实际使用，才能为相关公众所知悉，才可能导致相关公众对来源的混淆或误认。根据商业标识法律保护的立法目的和制度构造，识别性是商业标识受到法律保护的前提和基础。《反不正当竞争法》第 6 条规定的“有一定影响”事实上是对商业标识已实际发挥识别来源功能、具有一定知名度的要求。否则，相关公众不能以其识别来源，更不可能因此发生混淆误认。从“有一定影响”的内涵来看，根据立法机关的解释，“一定影响”有其特定含义，需要达到“为相关公众所知悉”的程度，[①]即通过识别来源的持续实际使用，为相关公众知悉。

---

① 立法机关的解释是对有些委员提出商业标识仿冒行为一般以被仿冒的标识在相关领域中有一定影响、为相关公众所知悉为前提的回应。参见 2017 年 10 月 31 日《全国人民代表大会法律委员会关于〈中华人民共和国反不正当竞争法（修订草案）〉审议结果的报告》。

从商业标识法律保护体系来看,“有一定影响”的表述出现在多个条文中,[①]就未注册商标而言,《反不正当竞争法》第 6 条与《商标法》第 32 条及第 59 条第 3 款有一定影响商标的保护实现了衔接。而且,从法律后果角度来看,《反不正当竞争法》针对违反第 6 条商业标识仿冒行为规定的民事责任、行政责任与商标法针对商标侵权行为规定的民事责任、行政责任也基本相同。[②]

所以,无论何种商业标识,能够识别来源是获得禁止仿冒保护的前提,同时也是其获得反不正当竞争法保护的前提。在能够识别来源的基础上,经过识别来源的实际使用,为相关公众所知悉,成为有一定影响的商业标识,是获得反不正当竞争保护的关键。

三、将他人商标用作其他商业标识的保护

我国《商标法》第 58 条规定,将他人注册商标、未注册的驰名商标作为企业字号,误导公众,构成不正当竞争行为的,依照《反不正当竞争法》处理,体现了商业标识法律保护的体系化。但是,修改后《反不正当竞争法》并未实现有效衔接,[③]仅是增加了“其他足以引人误认为是他人商品或者与他人存在特定联系

---

① 《商标法》第 32 条规定:“申请商标注册不得损害他人现有的在先权利,也不得以不正当手段抢先注册他人已经使用并有一定影响的商标。”《商标法》第 59 条第 3 款规定:“商标注册人申请商标注册前,他人已经在同一种商品或者类似商品上先于商标注册人使用与注册商标相同或者近似并有一定影响的商标的,注册商标专用权人无权禁止该使用人在原使用范围内继续使用该商标,但可以要求其附加适当区别标识。”

② 民事责任方面,参见《商标法》第 63 条第 1 款、第 3 款和《反不正当竞争法》第 17 条第 2 款、第 3 款的规定。行政责任方面,参见《商标法》第 60 条第 2 款和《反不正当竞争法》第 18 条第 1 款的规定。

③ 从原国家工商行政管理总局公布的《反不正当竞争法(修订草案征求意见稿)》,到国务院法制办公开征求意见的《反不正当竞争法(修订草案送审稿)》,再到后来的全国人民代表大会常务委员会审议的《反不正当竞争法(修订草案)》一次审议稿,都试图与《商标法》第 58 条的规定衔接,规定了“将他人注册商标、未注册的驰名商标作为企业名称的字号使用,误导公众”的混淆行为,《反不正当竞争法(修订草案)》二次审议稿将其表述修改为“将他人商标作为企业名称中的字号使用”的混淆行为规定。但是,在提交全国人民代表大会常务委员会的《反不正当竞争法(修订草案)》三次审议稿第 6 条又删除了“将他人商标作为企业名称中的字号使用”的相关内容,而且全国人民代表大会法律委员会在作审议结果的报告时未就此作出任何说明。

的混淆行为”的兜底条款。[①] 那么,如何理解《反不正当竞争法》修订过程中的这种变化?《反不正当竞争法》与《商标法》第58条的规定如何衔接?

首先,要理解这种变化,需要对前后的变化作细致比较。《反不正当竞争法(修订草案送审稿)》与《反不正当竞争法(修订草案)》第一次审议稿,都与《商标法》第58条的表述一致,均禁止“将他人的注册商标、未注册的驰名商标作为企业名称的字号使用,误导公众”。《反不正当竞争法(修订草案)》第二次审议稿将其表述修改为“将他人商标作为企业名称中的字号使用”,修改前突出注册商标、未注册驰名商标的限定,修改后则将其扩大到所有商标,体现了反不正当竞争法对商业标识仿冒行为的规制不以注册商标和未注册的驰名商标为限。该规定一方面要落实与《商标法》第58条的衔接,但又不能止步于此,毕竟反不正当竞争法与商标法的定位和立法宗旨有所不同,反不正当竞争法要承担起对未注册商标在商标法之外提供法律保护的主导功能。所以,《反不正当竞争法》仅照搬《商标法》第58条的规定显然是不够的,要对所有将他人商标作为企业名称中的字号使用的混淆行为纳入调整范围。

其次,修订后的《反不正当竞争法》第6条为何删除了草案中“将他人商标作为企业名称中的字号使用”的规定?虽然立法机关所作的修改情况汇报、审议结果报告中都未此作出明确说明,但从该条文的内容来看,商标与企业名称(字号)本应属于不同类型的商业标识,有着各自的独立保护范围,都应受到法律保护,将他人商标作为企业名称中的字号使用一律作为不正当竞争行为处理,恐有损商标与企业名称等商业标识业已形成的共存和相对稳定的利益平衡格局,即使有“混淆行为、导致引人误认是他人商品或者与他人存在特定联系”的构成要件限定,也不易把握,容易被滥用。而且,本次《反不正当竞争法》修改是因当前深化社会主义市场经济体制改革的需要,暂时搁置有待进一步研究的问题,是立法技术使然。况且虽然《反不正当竞争法》第6条删除了将他人商标(包含注册商标、未注册驰名商标、未注册普通商标)作为企业名称中的字号使用的有关规定,但增加了第4项“其他足以引人误认为是他人商品或者与他人存在特定联系的混淆行为”作为该条的兜底条款,更加灵活,也为司法机关制定

① 2017年11月4日,全国人民代表大会法律委员会作了《关于〈中华人民共和国反不正当竞争法(修订草案三次审议稿)〉修改意见的报告》,阐述了第6条增加第4项兜底条款的原因,但仍未就删除“将他人商标作为企业名称中的字号使用”的原因作任何说明。最终审议通过的《反不正当竞争法》第6条中也没有“将他人商标作为企业名称中的字号使用”的规定。

相应的司法解释提供了明确的法律依据，实现了法律的稳定性与适应性的平衡。所以，这种商业标识仿冒混淆行为可适用《反不正当竞争法》第 6 条第 4 项兜底条款的规定，实现与《商标法》第 58 条的有效衔接。

最后，仅有行为假定没有法律后果的法律规范是不完整的，《反不正当竞争法》进一步明确了登记的企业名称违反本法第 6 条应当及时办理名称变更登记的责任及强制变更措施，[①]该规定适用于第 6 条第 2 项规定的擅自使用他人有一定影响的企业名称（包括简称、字号等）的混淆行为，但能否适用于“将他人商标作为企业名称中的字号使用”的混淆行为？答案是肯定的。因为“将他人商标作为企业名称中的字号使用”的混淆行为可解释为第 4 项“其他足以引人误认为是他人商品或者与他人存在特定联系的混淆行为”，当然属于“违反本法第 6 条”，如果经营者是将他人商标作为字号使用登记为企业名称，完全符合《反不正当竞争法》第 18 条的适用范围和条件，应该承担及时办理名称变更登记的责任。

所以，将他人商标作为企业名称中的字号使用，使用在相同或类似的商品生产经营活动中，不仅割断了他人商标与商品来源的联系，侵害了他人商标的识别商品来源功能，也容易导致相关公众混淆商品来源或者误认为与他人存在特定联系。同样，将他人商标标识作为企业名称以外的其他商业标识，使用在相同或类似商品上，也割裂了他人商标标志与商品及商品来源之间的稳定联系，使商标识别商品来源能力弱化，经长期不当使用甚至丧失识别商品来源的能力，退化为商品通用名称，属于侵害他人商标识别商品来源功能的行为。

当在先商业标识的使用与在后注册商标冲突时，应秉持诚实信用原则，保护在先权益、防止市场混淆。只要在后的注册商标与他人有一定影响的商业标识构成近似，使用在相同或类似商品上，容易导致相关公众混淆误认，即使是注册商标，因其侵害在先权益，商标注册和使用违背诚实信用原则，无论在后注册商标是否已经通过行政程序宣告无效，都可以直接以扰乱市场竞争秩序，侵犯在先商业标识权益，容易导致相关公众混淆误认为由，认定构成不正

---

① 《反不正当竞争法》第 18 条第 2 款规定：“经营者登记的企业名称违反本法第六条规定的，应当及时办理名称变更登记；名称变更前，由原企业登记机关以统一信用代码代替其名称。”

当竞争行为。①

四、商业标识识别功能保护的限制

他人正当使用直接表示商品质量、功能、用途等特点的标志，未发挥该标志识别商品来源的功能，或者在相同或类似商品上使用与注册商标相同或近似的标志，虽发挥了识别商品来源功能，但属于在先使用等情形，商标权人无权禁止。但商标法和反不正当竞争法等相关法律没有对注册商标之外的其他商业标识的使用秩序作出类似的安排。② 在实践中，商业标识使用之间经常出现冲突，甚至有的生产经营者使用的商业标识含有直接表示商品质量、功能、用途等特点的标志，通过主张构成有一定影响的商业标识反不正当竞争保护，禁止其他生产经营者使用，意图将其他竞争者排除出市场，显然不符合市场经济自由、公平竞争之精神。

所以，厘清商业标识识别性的保护界限，防止商业标识保护的不合理扩张及商业标识保护之间的冲突，保障经营者对直接表示商品质量、功能、用途等特点和描述经营主体、经营活动等特点的标志的正当使用权利，维护公平有序的市场竞争秩序。

---

① 如新百伦贸易(中国)有限公司诉纽巴伦(中国)有限公司、上海市浦东新区康桥镇城鹏运动鞋店不正当竞争纠纷案中，法院认为，新百伦贸易(中国)有限公司主张"New balance"运动鞋两侧N字母为有一定影响的商品装潢，虽然被告纽巴伦(中国)有限公司在运动鞋两侧所使用的"斜杠N标识"与其第4236766号注册商标基本一致，但解决以上问题应秉持诚实信用基本原则，遵循保护在先权益和防止市场混淆的规则，作为同业竞争者，被告纽巴伦(中国)有限公司在明知原告的"New balance"运动鞋两侧N字母装潢具有一定影响的情况下，仍然在其生产的同类商品的相同问题上使用与原告近似的标识，攀附原告商誉、造成市场混淆的主观过错明显，客观上足以导致消费者对商品来源产生混淆、误认，违背了诚实信用原则和商业道德，构成不正当竞争。参见上海市浦东新区人民法院民事判决书，(2017)沪0115民初1798号。

② 最高人民法院《关于审理不正当竞争民事案件应用法律若干问题的解释》(法释〔2020〕19号)第2条规定，知名商品特有的名称中含有本商品的通用名称，或者直接表示商品的质量、主要原料、功能、用途、重量、数量以及其他特点，或者含有地名，他人因客观叙述商品而正当使用的，不构成不正当竞争行为。但是，一方面，这一规定仅是针对"特有的名称、包装、装潢"，不能涵盖其他商业标识；另一方面，商业标识识别对象不同，使用相同的商业标识，但识别对象不同，如同样的标志可以作为商标使用，也可以作为商品名称使用，同样还可以作为企业名称的字号使用，同样的标志作为不同的商业标识识别不同的对象，容易产生纠纷，需要厘清商业标识识别性的保护界限，防止商业标识的不合理扩张及商业标识之间的冲突。

本章小结

保护商标识别功能决定了商标法的存在和制度构造，作为商标基本功能的识别功能的保护状况也是衡量商标法律保护水平的重要标准。商标法和反不正当竞争法等相关法律应从保护商标识别功能的理念和制度设计方面进行重新审视，充分认识保护商标识别功能的重要意义，在确立促进、保障商标功能发挥的立法理念和基本原则的基础上，从商标整个生命周期的角度构建促进、保障商标识别商品来源功能的商标法律制度体系，完善商标的概念界定，明确相关公众识别商品来源客观效果，厘清识别商品来源商标构成要件与注册条件，强化以识别商品来源为中心的商标使用制度，规制不以实际发挥商标识别商品来源为目的的恶意注册，确立侵害商标识别功能的商标侵权判定标准，从侵害商标功能角度对商标侵权行为进行类型化分析，更好地保护商标权人利益，维护社会公共利益和公平有序的市场竞争秩序。在此基础上，以识别对象的联系与区别为线索，将具有识别商品来源功能的商业标识统一纳入商标法的调整范围，对发挥识别商品来源功能以外的其他商业标识，如识别经营主体、经营行为等的字号、装潢，不能被狭义的商标法所调整，但由于商业标识具有识别来源的共同特征，也应作为商业标识法律保护体系进行整体考虑，时机成熟时可制定类似《德国商标与其他标志保护法》的统一商业标识法，加强商业标识使用秩序的规范和协调，维护自由与公平竞争的市场秩序，营造良好的营商环境，促进社会主义市场经济健康发展。

结　语

“在商事领域中不同商品和服务之间唯一真实及有意义的区别，不是相互竞争的商品和服务的质量，也不是价值——而是商标本身。”①商标功能是商标存在的基础，也是对商标提供法律保护的基本动因。识别功能处于商标功能的基础和核心地位，贯穿商标的整个生命周期和商标法律保护制度始终。以商标识别功能保护为选题，从商标保护的原点出发，运用系统和科学的功能分析方法，在商标显著性和商标混淆理论基础上进一步抽象出商标识别理论，并以此解释、检验和引导商标实践，整合商标法原理与制度逻辑体系。传统商标显著性理论将商标显著性界定为标志与商品之间的自然属性，或者用商标显著性包罗万象商标所有属性，导致商标显著性理论争议，对商标授权确权及侵权纠纷实践重要问题解释不能，厘清识别功能理论与商标显著性理论的关系，弥补了显著性理论的缺陷，深化了显著性理论研究成果与实践应用。商标识别功能研究事关商标属性及其法律保护正当性等基础理论问题，并直接回应商标法立法宗旨、制度顶层设计，以及商标注册审查、司法保护等立法、行政与司法实践重大问题的社会关切，具有极高的理论价值和重要的现实意义。

---

① ［英］杰里米·菲利普斯：《商标法实证性分析》，马强等译，中国人民大学出版社2014年版，第562～563页。

商标识别功能,是指商标所发挥的足以使相关公众将商标作为商品来源标记对待并据此区分商品来源的属性,包括标识性和区别性两个方面。商标识别功能本质上是商标标志与商品及商品来源之间的联系。商标因识别商品来源而生,与识别商品来源功能相辅相成。是否具备识别商品来源的功能,是标志能否成为商标的前提,关乎商标性质问题,并进而决定其能否可以作为商标注册和保护。识别来源功能是商标其他功能赖以存在的基础,品质保证、广告宣传等功能都是在此基础上的延伸。保护识别来源功能是维护商标构造系统的内在需要,是划分商标保护与其他商业标识保护及公有领域的标尺,划定了商标与其他法律保护对象及公有领域的界限,是贯穿商标保护制度历史发展的一条主线。商标识别功能之于商标和商标法至关重要,商标构成、商标注册、商标使用与保护等基本问题都与其息息相关,商标和商标权保护研究基本都需要从商标识别功能出发。

商标权不是保护商标标志本身,而是保护商标识别商品来源功能。传统商标显著性理论在识别功能保护方面存在明显的缺陷,应从识别主体、识别对象、识别场景和识别效果等构建商标识别功能保护理论,合理确定适当范围和相应注意力程度的相关公众为识别主体,将识别场景限定为市场交易环境下的商品选购过程,坚持商标识别对象为商品来源的本质属性,审查识别效果的客观性等,克服传统商标显著性理论在商标标识性保护方面的不足,促进商标保护理论研究的深入和完善。

具备显著特征、便于识别,是商标注册的基本条件和商标注册申请审查的重要内容。使用在商品上的标志不能被相关公众作为商品来源标记,不具有可商标性;能够作为商品来源标记但不便于区分商品来源的,不具有可注册性。具有可商标性但尚不便于区分商品来源的标志可以通过使用取得商标注册所要求的区分能力,此时商标使用是商标获得显著性的主要途径。有些特殊类型商标的识别功能与普通的注册商标不同,如证明商标实际上识别的并不是商品来源,立体商标的识别功能审查中普遍存在将三维标志的功能性解释为不具备识别商品来源功能的倾向,将识别性与功能性混为一谈。商标持续地发挥识别商品来源才能维持商标注册,并逐渐建立商标的市场声誉。未将商标实际用于识别商品来源,仅是象征性使用,不构成商标的使用。注册商标不再便于识别商品来源或者未实际发挥识别商品来源的状态持续一定时间,商标保护的动因不复存在,商标权将归于消灭,商标无效、商标撤销、商标注销等商标权终止,归根结底都是商标无法或不再继续便于识别商品来源而产生的法律效果。

是否侵害商标识别功能是商标侵权的重要判定标准之一。使用商标识别该特定商品来源,只能为商标权人专用。未经商标权人许可,使用其商标识别商品来源,或破坏商标权人将商标用于识别商品来源的努力,导致商标无法正常地识别商品来源,都是对商标识别功能的侵害。侵害商标识别功能可从侵害商标标识性、区别性以及帮助他人实施侵害商标识别功能等方面进行类型化,具体表现为假冒注册商标、混淆性使用、伪造或擅自制造他人注册商标标识、将他人注册商标作为商品名称等。侵害商标识别功能标准的确立和商标识别功能保护内容的明确为侵害识别功能商标侵权行为的甄别指明了方向。当然,商标识别功能保护有一定的限度,未发挥商标识别商品来源功能,或即使发挥了商标识别商品来源功能,但对商标权人未造成实质损害,都不属于侵害商标识别功能的商标侵权行为。

商标识别功能保护需要立法加以确认,保护商标识别功能是商标法的基本动因,决定了商标法的存在和制度构造。我国《商标法》《反不正当竞争法》等相关法律体现了商标识别功能保护的理念和制度安排,但保护商标识别功能的理念还不够鲜明,立法架构和具体制度安排也存在保护不周。商标法应确立促进商标功能发挥的立法理念与基本原则,从商标生命周期的角度构建促进、保护商标识别功能发挥的商标法律制度体系,即完善商标的界定,明确商标是识别商品来源的标志,强化相关公众的识别主体地位;细化商标注册条件,进一步厘清具备标识性与区别性要件的界限;明确商标使用的识别商品来源本质及核心地位,构建商标使用制度;规制不以实际发挥商标识别商品来源为目的的恶意注册,从注册源头清除妨害商标识别功能发挥的障碍;完善侵害商标识别功能的商标侵权制度,从侵害商标功能角度判定商标侵权和促进商标侵权行为类型化。在此基础上,以识别对象的联系与区别为线索对商业标识法律保护进行宏观研究,加强反不正当竞争法对未注册商标识别功能的补充保护,促进商业标识保护立法体系化。

当前,商标呈现财产化扩张趋势,商标保护逐渐超越识别商品来源理论,出现了商标功能不断强化但商标功能保护理论趋于式微的情形,商标保护朝着远离识别商品来源的根本属性而向财产保护强化的趋势,财产化观念可能侵蚀保护商标识别商品来源功能、防止混淆误认的传统商标法律保护理论根基,疏远商标标志与商品、商品来源之间的联系,背离了商标法律保护消费者利益和维护市场竞争秩序的立法宗旨,加剧了商标恶意抢注和囤积,妨碍了商标功能的发挥,甚至衍变成“符号垄断”,侵害了社会公共利益。虽然有些学者认识到商标法律保护财产化理论自身的不足，运用竞争属性对商标财产属性进行限制，但其阐释的商标财产论不仅财产属性与竞争属性难以自洽，而且缺乏传统财产理论的有效支撑。正如国外学者对商标财产化进行的反思，批判“将商标看作一种财产，而不是一种手段”的现象，正本清源地指出，“法律为什么要为商标创设财产权，尤其是当前的商标财产权概念中暗藏着一种强烈的、不受限制的财产权？我们很难找到将商标看作财产的任何合理依据。我们保护商标，并不是像保护其他知识产权那样，是为了鼓励发明创造……商标保护的目的只有一个，就是便于相关公众识别商品来源”。[①] 绝对的商标财产化意味着，商标无须使用，只要具备固有显著性，就能获得法律保护，甚至脱离特定的商品或服务，势必导致商标符号的“商品化”“垄断化”和商标权人的“准作者化”，打破商标权人、竞争者和消费者的利益平衡，严重阻碍商标法促进竞争和增加社会福利的宗旨，侵蚀商标保护的正当性基础。

商标是商业活动中使用于商品上的符号语言，商标法扮演的角色就是商标这种“商品语言”的“语法”。商标保护的不是标志、商品或商品生产经营者某一单一要素，而是立足于标志与商品、商品来源之间的联系，这种联系是标志与商品及商品来源之间的纽带，也承载着商品质量、商标知名度、商业信誉等经营信息。[②] 这种联系包含两个层次：第一个层次是便于相关公众辨识和区分商品生产经营者意义上的商标标志、商品和商品来源之间的联系；第二个层次是通过商标使用，相关公众在辨识和区分商品来源的基础上对商标与商品的质量、知名度、商品来源的积极评价等建立的联系。第一个层次的联系是商标的存在基础；第二个层次的联系赋予了商标更丰富的内涵，有些学者将其概括为商誉，并认为商标主要保护商誉，并形成了商标商誉保护理论，这也是商标财产理论的主要依据之一。

---

① Mark A. Lemley, *The Modern Lanham Act and the Death of Common Sense*, 7 The Yale Law Journal 108 (1999).

② 如有的学者认为，商标与企业联系起来后，作为企业开拓产品市场的先锋，其含义已远超出作为产品或服务的识别标记本身，而成为产品、服务质量、信誉、知名度的载体。参见冯晓青：《企业知识产权战略》（第3版），知识产权出版社2008年版，第223页。

参考文献

一、中文著作

1. [日]江口俊夫:《日本商标法解说》,魏启学译,专利文献出版社1982年版。

2. [日]纹谷畅男编:《商标法50讲》,魏启学译,法律出版社1987年版。

3. [日]田村善之编:《日本现代知识产权法理论》,李扬等译,法律出版社2010年版。

4. [日]田村善之:《田村善之论知识产权》,李扬等译,中国人民大学出版社2013年版。

5. [美]谢尔登·W. 哈尔彭、克雷格·艾伦·纳德、肯尼思·L. 波特:《美国知识产权法原理》,宋慧献译,商务印书馆2013年版。

6. [美]E. 博登海默:《法理学——法哲学及其方法》,邓正来译,华夏出版社1987年版。

7. [澳]彼得·德霍斯:《知识财产法哲学》,周林译,商务印书馆2008年版。

8. [澳]布拉德·谢尔曼、[英]莱昂内尔·本特利:《现代知识产权法的演进:英国的历程(1760—1911)》,金海军译,北京大学出版社2012年版。

9. [英]杰里米·菲利普斯:《商标法实证性分析》,马强等译,中国人民大学出版社2014年版。

10. [美]弗兰克·I. 谢克特:《商标法的历史基础》,朱冬译,知识产权出版社2019年版。

11. [英]Della Thompson 主编:《牛津现代英汉双解词典》,外语教学与研究出版社 2003 年版。

12. 范晔:《后汉书》,陈芳译注,中华书局 2016 年版。

13. 王泽鉴:《民法总则》,北京大学出版社 2014 年版。

14. 马俊驹、余延满:《民法原论》(第 4 版),法律出版社 2010 年版。

15. 王利明:《民法总论》(第 2 版),中国人民大学出版社 2015 年版。

16. 朱庆育:《民法总论》(第 2 版),北京大学出版社 2016 年版。

17. 徐国栋:《民法基本原则解释——成文法局限性之克服》,中国政法大学出版社 1992 年版。

18. 郑成思:《知识产权论》(第 3 版),法律出版社 2003 年版。

19. 黄晖编:《郑成思知识产权文集:商标和反不正当竞争卷》,知识产权出版社 2017 年版。

20. 吴汉东:《知识产权基本问题研究》,中国人民大学出版社 2005 年版。

21. 吴汉东:《无形财产权基本问题研究》(第 3 版),中国人民大学出版社 2013 年版。

22. 吴汉东:《知识产权法》(第 5 版),北京大学出版社 2011 年版。

23. 吴汉东:《知识产权总论》(第 4 版),中国人民大学出版社 2020 年版。

24. 吴汉东主编:《知识产权法》,中国政法大学出版社 2002 年版。

25. 吴汉东主编:《知识产权法》,北京大学出版社 2007 年版。

26. 吴汉东主编:《知识产权法》,北京大学出版社 1998 年版。

27. 刘春田主编:《知识产权法教程》,中国人民大学出版社 1995 年版。

28. 刘春田主编:《知识产权法》,高等教育出版社、北京大学出版社 2000 年版。

29. 刘春田主编:《知识产权法》(第 2 版),高等教育出版社、北京大学出版社 2003 年版。

30. 李明德:《美国知识产权法》(第 2 版),法律出版社 2014 年版。

31. 李明德、闫文军、黄晖、郃中林:《欧盟知识产权法》,法律出版社 2010 年版。

32. 王莲峰:《商业标识立法体系化研究》,北京大学出版社 2009 年版。

33. 王莲峰:《商标法学》(第 2 版),北京大学出版社 2014 年版。

34. 黄武双、刘维等著译:《商标共存:原理与判例》,法律出版社 2013 年版。

35. 王迁:《知识产权法教程》(第 5 版),中国人民大学出版社 2016 年版。

36. 王迁、王凌红:《知识产权间接侵权研究》,中国人民大学出版社 2008 年版。

37. 何敏:《知识产权基本理论》,法律出版社 2011 年版。

38. 陶鑫良、袁真富:《知识产权法总论》,知识产权出版社 2005 年版。

39. 孔祥俊:《商标与不正当竞争法:原理和判例》,法律出版社 2009 年版。

40. 孔祥俊:《商标法适用的基本问题》(增订版),中国法制出版社 2014 年版。

41. 孔祥俊:《中国知识产权保护的创新和升级》,法律出版社 2014 年版。

42. 张玉敏:《商标注册与确权程序改革研究——追求效率与公平的统一》,知识产权出版社 2016 年版。

43. 曾陈明汝:《商标法原理》,中国人民大学出版社 2003 年版。

44. 谢晓尧:《在经验与制度之间:不正当竞争司法案例类型化研究》,法律出版社 2010 年版。

45. 李琛:《论知识产权法的体系化》,北京大学出版社 2005 年版。

46. 李琛:《知识产权法关键词》,法律出版社 2006 年版。

47. 王太平:《商标法:原理与案例》,北京大学出版社 2015 年版。

48. 杜颖:《社会进步与商标观念:商标法律制度的过去、现在和未来》,北京大学出版社 2012 年版。

49. 杜颖:《商标法》,北京大学出版社 2010 年版。

50. 张耕:《商业标志法》,厦门大学出版社 2006 年版。

51. 胡开忠:《商标法学教程》,中国人民大学出版社 2008 年版。

52. 李亮:《国际商标法律制度研究》,法律出版社 2015 年版。

53. 邓宏光:《商标法的理论基础——以商标显著性为中心》,法律出版社 2008 年版。

54. 黄晖:《商标法》(第 2 版),法律出版社 2016 年版。

55. 黄晖:《驰名商标和著名商标的法律保护》,法律出版社 2001 年版。

56.《法国知识产权法典(法律部分)》,黄晖、朱志刚译,商务印书馆 2017 年版。

57. 张淑亚:《台湾地区知识产权制度之评鉴》,法律出版社 2016 年版。

58. 刘孔中:《商标法上混淆之虞之研究》,台北,五南图书出版股份有限公司 1997 年版。

59. 刘孔中:《解构知识产权法及其与竞争法的冲突与调和》,中国法制出版出版社 2015 年版。

60. 李扬:《知识产权法总论》,中国人民大学出版社 2008 年版。

61. 李扬:《知识产权法基本原理》,中国社会科学出版社 2010 年版。

62.《日本商标法》,李扬译,知识产权出版社 2011 年版。

63.《日本知识产权法》,杨和义译,北京大学出版社 2014 年版。

64. 冯晓青:《知识产权法哲学》,中国人民公安大学 2003 年版。

65. 冯晓青:《知识产权法利益平衡理论》,中国政法大学出版社 2006 年版。

66. 彭学龙:《商标法的符号学分析》,法律出版社 2007 年版。

67. 李雨峰:《侵害商标权判定标准研究》,知识产权出版社 2016 年版。

68. 冯术杰:《知识产权法:国际的视野与本土的适用》,法律出版社 2015 年版。

69. 冯术杰:《商标注册条件若干问题研究》,知识产权出版社 2016 年版。

70. 文学:《商标使用与商标保护研究》,法律出版社 2008 年版。

71. 汪泽:《中国商标法律现代化——理论、制度与实践》,中国工商出版社 2017 年版。

72. 汪泽:《民法思维与商标权救济》,商务印书馆 2020 年版。

73. 周云川:《商标授权确权诉讼:规则与判例》,法律出版社 2014 年版。

74. 余俊:《商标法律进化论》,华中科技大学出版社 2011 年版。

75.《德国商标法(德国商标与其他标志保护法)》,范长军译,知识产权出版社 2013 年版。

76. 郑其斌:《论商标权的本质》,人民法院出版社 2009 年版。

77. 徐聪颖:《论商标的符号表彰功能》,法律出版社 2011 年版。

78. 罗晓霞:《竞争政策视野下商标法理论研究——关系、协调及制度构建》,中国政法大学出版社 2013 年版。

79. 张林:《商标显著性研究》,厦门大学出版社 2014 年版。

80. 张慧春:《商标显著性研究》,知识产权出版社 2017 年版。

81. 姚鹤徽:《商标混淆可能性研究》,知识产权出版社 2015 年版。

82. 姚鹤徽:《商标法基本问题研究》,知识产权出版社 2015 年版。

83. 张体锐:《商标法上混淆可能性研究》,知识产权出版社 2014 年版。

84. 卞耀武主编:《中华人民共和国商标法释义》,法律出版社 2002 年版。

85. 郎胜主编:《中华人民共和国商标法释义》,法律出版社 2013 年版。

86. 李阁霞:《论商标与商誉》,知识产权出版社 2014 年版。

87. 刘明江:《商标权效力及其限制研究》,知识产权出版社 2010 年版。

88. 刘维:《商标权的救济基础研究》,法律出版社 2016 年版。

89. 张今、郭斯伦:《电子商务中的商标使用及侵权责任研究》,知识产权出版社 2014 年版。

90. 付继存:《商标法的价值构造研究——以商标权的价值与形式为中心》,中国政法大学出版社 2012 年版。

91. 崔立红:《商标权及其私益之扩张》,山东人民出版社 2003 年版。

92. 北京市高级人民法院知识产权审判庭编著、陈锦川主编:《商标授权确权的司法审查》,中国法制出版社 2014 年版。

93. 张惠彬:《商标财产化研究》,知识产权出版社 2017 年版。

94. 朱冬:《财产话语与商标法的演进——普通法系商标财产化的历史考察》,知识产权出版社 2017 年版。

95. 臧宝清:《臧宝清说商标评审》,中国工商出版社 2017 年版。

96. 孙敏洁:《商标保护与商业表达自由》,知识产权出版社 2013 年版。

97. 张广良:《秩序与边界——知识产权相关竞争法问题研究》,知识产权出版社 2015 年版。

98. 王芳:《TRIPS 协定下注册商标的使用要求》,知识产权出版社 2016 年版。

99. 王坤:《知识产权法学方法论》,华中科技大学出版社 2016 年版。

100. 王小丽:《商标法功能性原则研究》,武汉大学出版社 2017 年版。

101. 刘铁光:《商标法基本范畴的界定及其制度的体系化解释与改造》,法律出版社 2017 年版。

二、中文期刊论文

1. 郑成思:《关于商标立法的几个问题》,载《法学动态》1980 年第 4 期。

2. 郑成思:《商标中的"创作性"与反向假冒》,载《知识产权》1996 年第 5 期。

3. 吴汉东:《关于知识产权本体、主体与客体的重新认识——以财产所有权为比较研究对象》,载《法学评论》2000 年第 5 期。

4. 刘春田:《商标与商标权辨析》,载《知识产权》1998 年第 1 期。

5. 刘春田:《商标法代表了我国民事立法的方向》,载《中华商标》2002 年第

8 期。

6. 刘春田:《知识财产权解析》,载《中国社会科学》2003 年第 4 期。

7. 刘春田:《知识产权的对象》,载刘春田主编:《中国知识产权评论》第 1 卷,商务印书馆 2002 年版。

8. 李明德:《商标、商标权与市场竞争——商标法几个基本理论问题新探》,载《甘肃社会科学》2015 年第 5 期。

9. 李明德:《关于知识产权损害赔偿的几点思考》,载《知识产权》2016 年第 5 期。

10. 王莲峰:《我国商标权限制制度的构建——兼谈〈商标法〉的第三次修订》,载《法学》2006 年第 11 期。

11. 王莲峰:《商标合理使用规则的确立和完善——兼评〈商标法(修改稿)〉第六十四条》,载《政治与法律》2011 年第 7 期。

12. 王莲峰:《商标的实际使用及其立法完善》,载《华东政法大学学报》2011 年第 6 期。

13. 王莲峰:《论我国商标法使用条款之完善——以 iPad 商标纠纷案为视角》,载《知识产权》2012 年第 4 期。

14. 王莲峰:《商业标识立法保护的新发展》,载《重庆邮电大学学报(社会科学版)》2014 年第 6 期。

15. 黄武双:《搜索引擎服务商商标侵权责任的法理基础——兼评“大众搬场”诉“百度网络”商标侵权案》,载《知识产权》2008 年第 5 期。

16. 孔祥俊:《商标的标识性与商标权保护的关系——兼及最高法院有关司法政策和判例的实证分析》,载《人民司法(应用)》2009 年第 15 期。

17. 孔祥俊:《商标权属性及其与商标权保护的关系》,载《人民司法》2009 年第 17 期。

18. 孔祥俊:《论商标法的体系性适用——在〈商标法〉第 8 条基础上的展开》,载《知识产权》2015 年第 6 期。

19. 孔祥俊:《论商标可注册性要件的逻辑关系》,载《知识产权》2016 年第 9 期。

20. 孔祥俊:《我国知识产权保护的反思与展望——基于制度和理念的若干思考》,载《知识产权》2018 年第 9 期。

21. 孔祥俊:《论商标的区别性、显著性与显著特征》,载《现代法学》2016 年第 6 期。

22. 张玉敏:《知识产权的概念和法律特征》,载《现代法学》2001 年第 5 期。

23. 张玉敏、王法强:《论商标反向假冒的性质》,载《知识产权》2004 年第 1 期。

24. 张玉敏:《国际贸易“定牌”加工性质分析》,载《重庆工学院学报(社会科学版)》2008 年第 1 期。

25. 张玉敏:《商标法基本原则论纲》,中国法学会知识产权法研究会 2009 年会暨经济全球化背景下的知识产权保护研讨会会议论文。

26. 李琛:《商标权救济与符号圈地》,载《河南社会科学》2006 年第 1 期。

27. 李琛:《知识产权法基本功能之重解》,载《知识产权》2014 年第 7 期。

28. 谢晓尧:《论识别性标示的竞争法保护》,载《法学评论》2000 年第 3 期。

29. 杜颖:《商标淡化理论及其应用》,载《法学研究》2007 年第 6 期。

30. 杜颖:《商标法律制度的失衡及其理性回归》,载《中国法学》2015 年第 3 期。

31. 杜颖:《广告语的商业标识功能及其法律保护》,载《法学》2018 年第 2 期。

32. 杜颖:《地名商标的可注册性及其合理使用》,载《法学》2007 年第 11 期。

33. 杜颖:《商标显著性与商标权的保护》,载《科技与法律》2006 年第 3 期。

34. 彭学龙:《商标显著性探析》,载《电子知识产权》2005 年第 12 期。

35. 彭学龙:《商标显著性传统理论评析》,载《电子知识产权》2006 年第 2 期。

36. 彭学龙:《商标五分法的法学与符号学分析》,载《电子知识产权》2007 年第 3 期。

37. 彭学龙:《商标法基本范畴的符号学分析》,载《法学研究》2007 年第 1 期。

38. 彭学龙:《商标法基本范畴的心理学分析》,载《法学研究》2008 年第 2 期。

39. 彭学龙:《论混淆可能性——兼评〈中华人民共和国商标法修改草稿〉(征求意见稿)》,载《法律科学》2008 年第 1 期。

40. 彭学龙:《商标混淆类型分析与我国商标侵权制度的完善》,载《法学》2008 年第 5 期。

41. 彭学龙:《信息经济学视角下的商标制度》,载《知识产权》2012 年第

8 期。

42. 彭学龙:《论连续不使用之注册商标请求权限制》,载《法学评论》2018 年第 6 期。

43. 邓宏光:《商标混淆理论之新发展:初始兴趣混淆》,载《电子知识产权》2007 年第 3 期。

44. 邓宏光:《为商标被动使用行为正名》,载《知识产权》2011 年第 7 期。

45. 邓宏光:《商标圈地运动的法律规制》,载《甘肃社会科学》2008 年第 1 期。

46. 邓宏光:《〈商标法〉亟需解决的实体问题:从"符号保护"到"防止混淆"》,载《学术论坛》2007 年第 11 期。

47. 张伟君:《论"不具有区别能力"作为拒绝商标注册理由的适用——与孔祥俊教授商榷》,载《知识产权》2015 年第 8 期。

48. 张伟君:《知识产权滥用的概念、表现和规制措施》,载《电子知识产权》2007 年第 12 期。

49. 张伟君:《警惕知识产权侵占公有领域》,载《中国知识产权报》2011 年 5 月 6 日。

50. 王太平:《商标侵权的判断标准:相似性与混淆可能性之关系》,载《法学研究》2014 年第 6 期。

51. 王太平:《论商标注册申请及其拒绝——兼评"微信"商标纠纷案》,载《知识产权》2015 年第 4 期。

52. 王太平:《论商标法中消费者的地位》,载《知识产权》2011 年第 5 期。

53. 王太平:《论商标使用在商标侵权构成中的地位》,载《法学》2017 年第 8 期。

54. 王太平:《〈商标法〉第 8 条地位辨析》,载《中华商标》2015 年第 12 期。

55. 王太平:《自己注册商标侵权抗辩研究》,载《现代法学》2020 年第 1 期。

56. 王太平:《商标共存的法理逻辑与制度构造》,载《法律科学》2018 年第 3 期。

57. 董炳和:《我国商标法上地名商标的其他含义——以"红河"商标争议案为切入点》,载《知识产权》2009 年第 2 期。

58. 李扬:《注册商标不使用撤销制度中的"商标使用"界定》,载《法学》2009 年第 10 期。

59. 李扬:《论商标授权确权行政案件中情势变更原则的不可适用性》,载

《法商研究》2017 年第 5 期。

60. 冯晓青:《商标通用名称化及相关侵权问题研究——以“金丝肉松饼”商标侵权纠纷案为考察对象》,载《政法论丛》2015 年第 3 期。

61. 冯晓青:《知识产权法中专有权与公共领域的平衡机制研究》,载《政法论丛》2019 年第 3 期。

62. 李雨峰:《重塑侵害商标权的认定标准》,载《现代法学》2010 年第 6 期。

63. 黄晖:《商标显著性对商标注册和保护的影响》,载《中华商标》1998 年第 6 期。

64. 张炳生:《论商标功能的实现途径与反向假冒的危害》,载《政法论坛》2005 年第 6 期。

65. 张德芬:《商标侵权中“使用”的含义》,载《知识产权》2014 年第 9 期。

66. 汪泽:《商标显著性研究》,载《商标通讯》2003 年第 4 期。

67. 王春燕:《商标保护法律框架的比较研究》,载《法商研究》2001 年第 4 期。

68. 戴怡婷:《广告语商标显著性的认定》,载《中华商标》2013 年第 4 期。

69. 徐升权:《〈反不正当竞争法〉修订草案稿中的商业标识条款评析》,载《法学杂志》2017 年第 5 期。

70. 徐升权:《商标广告功能的法律保护问题研究》,载《南京理工大学学报(社会科学版)》2014 年第 6 期。

71. 梁志文:《商标品质保证功能质疑》,载《法治研究》2009 年第 10 期。

72. 宋建宝:《论商标权的本质及其异化》,载《知识产权》2011 年第 1 期。

73. 周波:《“仅仅直接表示”商品自身特点的标志如何认定——卡尼尔研究中心“水润凝护”商标申请被驳回案评析》,载《科技与法律》2010 年第 2 期。

74. 周波:《对商号的使用不能等同于对未注册商标的使用》,载《中华商标》2013 年第 6 期。

75. 周波:《商标使用应发挥商品来源识别作用》,载《中华商标》2013 年第 1 期。

76. 芮松艳:《侵犯注册商标专用权行为的构成要件》,载《中华商标》2011 年第 1 期。

77. 王磊:《未与特定商品相关联的商标宣传行为的法律规制》,载《人民司法》2013 年第 12 期。

78. 罗东川:《审理“枫叶”诉“鳄鱼”案的几个问题》,载《中华商标》1998 年第 4 期。

79. 王范武:《一起“反向侵害商标权”引发的纠纷》,载《电子知识产权》2000 年第 1 期。

80. 何怀文:《“商标性使用”的法律效力》,载《浙江大学学报(人文社会科学版)》2014 年第 2 期。

81. 袁真富:《商标不是禁忌——谈个性化车牌是否侵犯商标权》,载《电子知识产权》2002 年第 10 期。

82. 丁乐超、李静、于宏伟:《关于新〈商标法〉反向假冒规定的几点认识》,载《烟台大学学报》2003 年第 4 期。

83. 任彦君:《论我国刑法漏洞之填补》,载《法商研究》2015 年第 4 期。

84. 成文娟、张书青:《破坏品质保证功能构成商标侵权——“不二家案”判前判后的思考》,载《电子知识产权》2016 年第 6 期。

85. 徐春成:《论商标的存储投资功能》,载《西南民族大学学报(人文社会科学版)》2016 年第 7 期。

86. 王国浩:《如何认定商标标识是否具有区分服务来源的功能》,载《中国知识产权报》2016 年 8 月 19 日,第 6 版。

87. 李士林:《商标质量功能论争与立法抉择》,载《法治研究》2013 年第 2 期。

88. 张林:《标示来源功能与商标显著性——兼与彭学龙老师商榷》,载《甘肃政法学院学报》2013 年第 5 期。

89. 沈志峰、余静等:《从商标的功能角度探讨商标权的保护范围——以“功夫熊猫”注册商标 VS“功夫熊猫 2”电影名称为例》,载《中华商标》2011 年第 7 期。

90. 余俊:《商标功能辨析》,载《知识产权》2009 年第 6 期。

91. 刘维:《商标识别功能损害判定研究》,载《知识产权》2014 年第 9 期。

92. 祝建军:《识别功能是确定商标侵权行为的基础》,载《人民法院报》2013 年 12 月 26 日,第 7 版。

93. 王坤:《商标显著性的层次及规律——以对商标概念的科学建构为分析起点》,载《知识产权》2016 年第 2 期。

94. 刘庆辉:《对商品来源的误导构成商标法上的不良影响——评析林肯环球有限公司诉国家工商行政管理总局商标评审委员会》,载《中国知识产权报》2013 年 2 月 22 日,第 8 版。

95. 罗晓霞:《商标权的双重属性及其对商标法律制度变迁的影响》,载《知识产权》2012 年第 5 期。

96. 杜志浩:《商标权客体“联系说”之证成》,载《政治与法律》2016 年第 5 期。

97. 周云川:《商品和来源混合的名称不属于通用名称——通用名称和特有名称之辨析》,载《中国专利与商标》2012 年第 1 期。

98. 冯术杰:《论商标固有显著性的认定》,载《知识产权》2016 年第 8 期。

99. 刘铁光:《商标显著性:一个概念的澄清与制度体系的改造》,载《法学评论》2017 年第 6 期。

100. 姚建军:《识别商品来源是商标权保护边界的基础》,载《人民法院报》2016 年 12 月 15 日,第 7 版。

三、中文学位论文

1. 李琛:《论知识产权法的体系化》,中国人民大学 2003 年博士学位论文。

2. 汪泽:《商标权之侵害及其民法保护方法研究》,中国人民大学 2004 年博士学位论文。

3. 张术麟:《企业商业标记权法律保护问题研究》,中央民族大学 2006 年博士学位论文。

4. 袁真富:《驰名商标异化的制度逻辑》,上海大学 2010 年博士学位论文。

5. 潘晓宁:《商标权限制制度比较研究》,华东政法大学 2010 年博士学位论文。

6. 徐聪颖:《论商标的符号表彰功能》,西南政法大学 2011 年博士学位论文。

7. 阮思宇:《论知识产权的权利限制》,吉林大学 2011 年博士学位论文。

8. 张体锐:《商标法上的混淆可能性研究》,西南政法大学 2012 年博士学位论文。

9. 徐升权:《商业标识权论》,武汉大学 2012 年博士学位论文。

10. 黄保勇:《未注册商标的法律保护研究》,西南政法大学 2012 年博士学位论文。

11. 石圣科:《侵权视域下的商标/商标标识二分论》,西南政法大学 2013 年博士学位论文。

12. 戴彬:《论商标权的取得与消灭》,华东政法大学 2013 年博士学位论文。

13. 刘维:《商标财产论》,华东政法大学 2014 年博士学位论文。

14. 李东海:《商标权边界研究》,西南政法大学 2014 年博士学位论文。

15. 王芳:《TRIPS 协定下注册商标的使用要求》,复旦大学 2014 年博士学位论文。

16. 刘海虹:《英美法"仿冒之诉"研究——以商业标识利用竞争关系的规范为视角》,华东政法大学 2016 年博士学位论文。

四、外文著作

1. Frank I. Schechter, *The Historical Foundations of Law Relating to Trade-Marks*, Columbia University Press, 1925.

2. Annette Kurvytautas Mizaras, *The Structure of Intellectual Property Law: Can One Size Fit All*, Edvard Elgar, 2011.

3. Arthur R. Miller & Michael H. Davis, *Intellectual Property: Patents, Trademarks and Copyright*, West Academic, 2000.

4. Steven D. Anderman, *Intellectual Property and Competition Law: New Frontiers*, Oxford University Press, 2011.

5. Deborah E. Bouchoux, *Intellectual Property: The Law of Trademarks, Copyrights, Patents, and Trade Secrets*, Thomson/Delmar Learning, 2005.

6. C. D. G. PICKERING, *Trade Mark in Theory and Practice*, Hart Publishing, 1998.

7. Cohen Jehoram, *European Trademark Law: Community Trademark Law and Harmonized National Trademark Law*, Wolters Kluwer Law & Business, 2010.

8. Carvalho & Nuno Pires de, *The TRIPS Regime of Trademarks and Designs*, Kluwer Law International, 2014.

9. Elkin-Koren & Niva, *The Law and Economics of Intellectual Property in the Digital Age: the Limits of Analysis*, Routledge, 2013.

10. Gosseries & Axel, *Intellectual Property and Theories of Justice*, Palgrave Macmillan, 2008.

11. Graeme B. Dinwoodie & Mark D. Janis, *Trademark Law and Theory: A Handbook of Contemporary Research*, Cheltenham: Edward Elgar, 2008.

12. Sheldon W. Halpern, *Fundamentals of United States Intellectual Property Law: Copyright, Patent, and Trademark*, Kluwer Law International, 2007.

13. J. Thomas McCarthy, *McCarthy on Trademarks and Unfair Competition*, Thomson Reuters/West, 2013.

14. Lionel Bently & Brand Sherman, *Intellectual Property Law*, Oxford University Press, 2001.

15. Lever & Annabelle, *New Frontiers in the Philosophy of Intellectual Property*, Cambridge University Press, 2012.

16. Robert P. Merges, *Economics of Intellectual Property Law*, Edward Elgar, 2007.

17. Miller & Arthur Raphael, *Intellectual Property: Patents, Trademarks, and Copyright in a Nutshell*, Thomson/West, 2007.

18. Morcom & Christopher, *The Modern Law of Trademarks*, LexisNexis, 2012.

19. Peter Drahos, *A Philosophy of Intellectual Property*, Dartmouth Publishing Company, 1996.

20. Per Mollerup, *Marks of Excellence: The History and Taxonomy of Trademarks*, Phaidon Press Ltd., 2010.

21. Peter B. Maggs & Roger E. Schechter, *Trademark and Unfair Competition Law: Cases and Comments*, West Group, 2002.

22. Paul Goldstein, *Copyright, Patent, Trademark, and Related State Doctrines: Cases and Materials on the Law of Intellectual Property*, Foundation Press, 2008.

23. Richard L. Kirkatrick, *Likelihood of Confusion in Trademark Law*, New York: Practicing Law Institute, 2010.

24. Stim & Richard, *Intellectual Property: Patents, Trademarks, and Copyrights*, Lawyers Cooperative Publishing, 1994.

25. Stim & Richard, *Trademark Law*, West Legal Studies, 2000.

26. Dana Shilling, *Essentials of Trademarks and Unfair Competition*, Wiley, 2002.

27. Shubha Ghosh, Richard Gruner, Jay P. Kesan & Robert I. Reis, *Intellectual Property: Private Rights, the Public Interest, and the Regulation of*

Creative Activity, Thomson/West, 2007.

28. Sakulin & Wolfgang, *Trademark Protection and Freedom of Expression: An Inquiry Into the Conflict Between Trademark Rights and Freedom of Expression Under European Law*, Kluwer Law International, 2011.

29. Tobias Cohen Jehoram, Constant Van Nispen & Tony Huydecoper, *European Trademark Law*, Wolters Kluwer, 2010.

30. Tomkowicz & Robert, *Intellectual Property Overlaps: Theory, Strategies and Solutions*, Routledge, 2012.

31. W. R. Cornish, *Intellectual Property: Patent, Copyright, Trademarks and Allied Rights*, Sweet & Maxwell, 1999.

32. William Cornish & David Llewelyn, *Intellectual Property: Patent, Copyright, Trade Marks and Allied Right*, Sweet & Maxwell Press, 2003.

33. William M. Landes & Richard A. Posner, *The Economic Structure of Intellectual Property Law*, Harvard University Press, 2003.

34. Zaichkowsky & Judith Lynne, *The Psychology Behind Trademark Infringement and Counterfeiting*, Lawrence Erlbaum, 2006.

五、外文期刊论文

1. Anthony L. Fletcher, *The Defense of Functional Trademark Use: If What Is Functional Cannot be a Trademark, how Can a Trademark be Functional*, 75 Trademark Roporter 249 (1985).

2. Alex Kozinski, *Trademarks Unplugged*, 68 New York University Law Review 960 (1993).

3. Ann Bartow, *Likelihood of Confusion*, 41 San Diego Law Review 721 (2004).

4. Alberts Wim, *Concurrent Trademark Use in the Common Law*, 14 Juta's Business Law 32 (2006).

5. Barbados, *Identification of Goods or Services*, 83 Trademark Reporter 1252 (1993).

6. Barton Beebe, *The Semiotic Analysis of Trademark Law*, 51 UCLA Law Review 621 (2004).

7. Barton Beebe, *Search and Persuasion in Trademark Law*, 103 Michigan Law Review 2020 (2005).

8. Stephen L. Carter, *Does it Matter Whether Intellectual Property is Property*, 2 Chicago-Kent Law Review 68 (1993).

9. Daniel L. Skoler, *Trademark Identification: Much ado about Something*, 76 Trademark Reporter 224 (1986).

10. Graeme B. Dinwoodie & Mark D. Janis, *Confusion over Use: Contextualism in Trademark Law*, 98 Trademark Reporter 1121 (2008).

11. Stacey L. Dogan & Mark A. Lemley, *The Trademark Use Requirement in Dilution Cases*, 24 Santa Clara Computer & High Technology Law Journal 541 (2008).

12. David W. Barnes, *Onr Trademark Per Source*, 18 Tex Intellectual Property Law Journal 1 (2009).

13. David A. Simon, *Register Trademarks and Keep the Faith: Trademarks, Religion and Identity*, The Intellectual Property Law Review (2009).

14. Dalila Hoover, *Coercion Will not Protect Trademark Owners in China, but an Understanding of China's Culture Will: A Lesson the United States Has to Learn*, Marquette Intellectual Property Law Review, Summer (2011).

15. David A. Simon, *The Confusion Trap: Rethinking Parody in Trademark Law*, 88 Washington Law Review 1021 (2013).

16. Edward S. Rogers, *Comments on the Modern Law of Unfair Trade*, 3 Illinois Law Review 551 (1909).

17. Edward S. Rogers, *The Lanham Act and the Social Function of Trade-Marks*, 14 Law & Contempt Problem 173 (1949), 62 Trademark Reporter 255 (1972).

18. William McGeveran, *Confusion Isn't Everything*, 89 Notre Dame Law Review 253 (2013).

19. Frank I. Schechter, *The Rational Basis of Trademark Protection*, 40 Harvard Law Review 813 (1927).

20. Glynn S. Lunney, *Trademark Monopolies*, 48 Emory Law Journal 367 (1999).

21. Greg Lastowka, *The Trademark Function of Authorship*, 85 Boston

University Law Review 1171 (2005).

22. Graeme B. Dinwoodie & Mark D. Janis, *Confusion Over Use: Contextualism in Trademark Law*, 92 Iowa Law Review 1597 (2007).

23. Henry G. Bisgaier & Monroe E. Price, *Quality Control and Antitrust Laws in Trademark Licensing*, 72 Yale Law Journal 1177 (1963).

24. Julius R. Jr. Lunsford, *Trademark Basics*, 59 Trademark Reporter 873 (1969).

25. John F. Coverdale, *Trademark and Generic Words: An Effect-on-Competition Test*, 51 University of Chicago Law Review 868 (1984).

26. Justin Hughes, *The Philosophy of Intellectual Property*, 77 Georgetown Law Journal 287 (1988 - 1989).

27. Jeremy N. Sheff, *The Rational Basis of Trademark Liability*, 15 Tex Intellectual Property Law Journal 331 (2006 - 2007).

28. Justin Hughes, *Cognitive and Aesthetic Functionality in Trademark Law*, 36 Cardozo Law Review 1227 (2015).

29. Keith M. Stolte, *How Early Did Anglo-American Trademark Law Begin? An Answer to Schechter's Conundrum*, 88 Trademark Reporter 564 (1998).

30. Lucy C. Ridgway, *Has Abercrombie Become Unfashionable? A Review of Trends in Product Configuration Trade Dress Case and A Proposed Test for Uniformity*, 20 Mississippi College Law Review 179 (2000).

31. Lionel Bently, *From Communication to Thing: Historical Aspects to the Conceptualisation of Trade Marks as Property*, in Graeme B. Dinwoodie & Mark D. Janis, Trademark Law and Theory: A Handbook of Contemporary Research. Cheltenham: Edward Elgar, 2008.

32. Michael J. Allen, *The Scope of Confusion Actionable Under Federal Trademark Law: Who Must be Confused and When*, 81 Trademark Reporter 209 (1991).

33. Mark A. Lemley, *The Modern Lanham Act and the Death of Common Sense*, 108 Yale Law Journal 1687 (1999).

34. Michelle S. Friedman, *Naked Trademark Licenses In Business Format Franchising: The Quality Control Requirement and the Role of Local Culture*, 10 Journal of Technology Law & Policy 353 (2005).

35. Mark P. McKenna, *The Normative Foundations of Trademark Law*, 82 Notre Dame Law Review 1839 (2007).

36. Mohammad Amin Naser, *Re-Examining the Functions of Trademark Law*, 8 Chicago-Kent Journal of Intellectual Property 99 (2008).

37. Mark P. McKenna, *Trademark Use and the Problem of Souce*, 2009 University of Illinois Law Review 773 (2009).

38. Margreth Barrett, *Reconciling Fair Use and Trademark Use*, 28 Cardozo Arts & Entertainment Law Journal 2 (2010).

39. Nicholas S. Economides, *The Economics of Trademarks*, 78 Trademark Reporter 523 (1988).

40. Rodolf Rayle, *The Trends towards Enhancing Trademark Owner's Right-a Comparative Study of U. S. and German Trademark Law*, 7 Journal of Intellectual Property Law 227 (2000).

41. Robert G. Bone, *Hunting Goodwill: A History of the Concept of Goodwill in Trademark Law*, 86 Boston University Law Review 547 (2006).

42. Robert G. Bone, *Schechter's Ideas in Historical Context and Dilution's Rocky Road*, 24 Santa Clara Computer & High Technology Law Journal 469 (2008).

43. Robert G. Bone, *Taking the Confusion out of Likelihood of Confusion: Toward a More Sensible Approach to Trademark Infringement*, 106 Northwestern University Law Review 1307 (2012).

44. Robert G. Bone, *Trademark Functionality Revisited and Revised*, 15 Ssrn Electronic Journal 24 (2014).

45. Robert G. Bone, *Trademark Functionality Reexamined*, 7 Journal of Legal Analysis 183 (2015).

46. Sidney A. Diamond, *The Historical Development of Trademarks*, 73 Trademark Reporter 222 (1975).

47. Stacey L. Dogan & Mark A. Lemley, *Trademarks and Consumer Search Cost on the Internet*, 41 Houston Law Review 777 (2004).

48. Stacey L. Dogan & Mark A. Lemley, *Grounding Trademark Law through Trademark Use*, 92 Iowa Law Review 1699 (2007).

49. Stacey L. Dogan & Mark A. Lemley, *A Search-Costs Theory of Limiting*

Doctrines in Trademark Law, 97 Trademark Reporter 1223 (2007).

50. Thomas D. Drescher, *The Transformation and Evolution of Trademarks-Form Signals to Symbols to Myth*, 82 Trademark Reporter 301 (1992).

51. Timothy Denny Greene & Jeff Wikerson, *Understanding Trademark Strength*, 16 Stanford Technology Law Review 535 (2013).

52. Uli Widmaier, *Use, Liability and the Structure of Trademark Law*, 33 Hofstra Law Review 603 (2004).

53. Uche U. Ewelukwa, *Compatative Trademark Law: Fair Use Defense in the United States and Europe—The Changing Landscape of Trademark Law*, 13 Widener Law Review110 (2006).

后　记

本书是在博士学位论文基础上修改而成的。商标功能是商标存在的价值和商标保护的基本动因,商标的本质、商标权保护和商标法基本原理,以及商标立法、执法与司法实践都需要诉诸商标目的和功能。与商标法具体制度的规范分析相比,从商标功能等商标基本范畴入手对商标法律保护理论与制度进行回归本源性的研究,具有基础性和全局性,也富有挑战。因为商标、商标的功能及其法律保护,这些基本问题看似简单易懂、谁都可以说出点道理,实际上往往争议较大和难以解决,对商标、商标功能的误读和习惯性偏见盛行。本书力图从商标界定入手,对商标识别功能进行理论澄清,并以此论证商标保护正当性基础,完善商标保护理论及法律制度。

感谢我的博士研究生导师王莲峰教授,王老师治学严谨、宁静致远,从论文的选题到资料的搜集、写作和完善,王老师都给予我莫大的鼓励和帮助。王老师赠书所题“天道酬勤”,一直激励着我。

在华东政法大学学习期间得到了很多师友的指导和帮助,使我能够顺利地完成博士学位论文的写作。感谢博士学位论文开题、预答辩、答辩过程中提出宝贵意见的黄武双教授、何敏教授、王迁教授、吕国强教授、孔祥俊教授、丛立先教授、许春明教授、马忠法教授等答辩老师和评审专家。博士学位论文选题和写作受益于孔祥俊教授、张伟君教授论著的启发，论文写作和本书修改过程中多次请教张伟君教授，特别致谢。

特别感谢家人的理解和支持。在我攻读博士学位期间，父母给予了无私的帮助，妻子在完成繁忙工作的同时默默承担了大部分家务，使我能够全身心投入学习。痛心遗憾的是，母亲未能看到本书的出版，谨以此书献给我敬爱的母亲。

本书作为上海对外经贸大学法学文库之一，得到上海对外经贸大学法学院的出版资助，在此表示感谢。本书也是王莲峰教授主持的国家社科基金重点项目“商标注册审查制度改革研究”(20AFX019)阶段性成果之一。

承蒙法律出版社法治与经济分社沈小英社长和刘晓萌编辑的厚爱和督促，以及所提的诸多宝贵修改意见，使本书得以顺利出版。

囿于学术积累和理论水平，书中难免存在疏漏和错误，恳请各位批评指正。

刘润涛

2021 年 5 月 6 日